심리학
일주일

기복 없고 단단한 감정을 만드는

심리학
일주일

| 박진영 지음 |

Monday   Tuesday   Wednesday   Thursday   Friday   Saturday   Sunday

시공사

인생이라는 마라톤을
멋지게 완주하기

"어떻게 살아야 할까?"

이 질문은 생각하기에 따라 너무 심오하고 무겁게 느껴지지만, 또 다르게 생각하면 정말 간단하게 답할 수 있을 것이다. 그냥 연속된 시간들을 '잘' 살면 된다고 답할 수 있으니까 말이다. 우리 삶은 끊임없는 '월화수목금토일'의 반복이다. 매일매일 이어지는 이런 시간들을 이번 주도 다음 주도 그다음 주도 계속해서 만족스럽게 보낸다면, 결국 우리 인생은 만족스러워지는 게 아닐까?

한편 우리의 심리 상태는 조금만 건드려도 와르르 무너지는 유리성과 같을 때가 종종 있다. 이제는 어느 정도 마음이 단단해졌다는 생각이 들다가도 예상치 못한 순간에 또다시 바닥을 치길 반복한다. 그래서 때로는 바닥난 정신력 때문에 우왕좌왕하거나 깊은 불안에 빠져 허우적대고 또 '나 같은 건…'이라는 자책 속에서 괴로워한다. 그런데 한 번뿐인 인생, 기왕이면 기분 좋고 당당하게 살아내야 하지 않을까?

이 책은 이런 발상에서 시작해서 전쟁 같은 하루하루를 잘 살아가는 데 도움이 될 만한 심리학 연구들을 소개한다. 다수의 실험과 연구로 얻은 결과들을 읽다보면, 어느새 마음속 요동치는 파도를 담담하게 받아들이고 대책 없이 휩쓸리지 않을 수 있는 안정적인 토대가 마련되는 것을 느낄 수 있을 것이다.

먼저 주초에는 월요병을 이겨내고 정신줄을 붙드는 것에서부터 한 주의 목표 달성을 도와주는 각종 전략들과 동기부여 방법, 그리고 목표 점검하기 등 '효과적으로 일하는 법'에 초점을 맞추었다. 주의 중후반으로 가서는 가던 길을 잠시 멈추고 그동안 묵혀두었던 내면의 문제들과 불안, 자존감 등에 대해 이야기한다. 마지막으로 주말에는 모든 이들의 궁극적 목표인 행복을 다룬다. 다양한 심리학 연구를 통해, 매일매일 부딪히는 문제들을 함께 고민해보고 해결해볼 수 있을 것이다.

이 책은 어떤 한 사람의 개인적 이야기나 의견이 아니다. 다년간의 과학적 연구를 통해 밝혀진 인간의 심리적 특성에 관한 이야기로, 우리가 일반적으로 어떤 내적, 외적 조건들이 갖춰졌을 때 일을 잘하고 목표를 수월하게 완수할 수 있으며, 불안해하지 않고 비로소 행복을 느낄 수 있는가에 대한 이야기다.

또 이 책에서는 우리가 살면서 갖게 된 믿음 중 일부를 배신하는 이야기도 있다. 예컨대 의지력을 발휘하는 것은 다 마음먹기에 달렸다는 믿음, 높은 목표와 꿈을 향해 달려가는 것은 무조건 좋다는 믿음, 부정적인 사고보다 긍정적인 사고가 절대적으로 좋다는 믿음, 자아실현은 고통을 동반한다는 믿음, 자존감은 높을수록 좋다는 믿음, 많은 것을 성취해야만 자신을 사랑할 수 있고 행복해진다는 믿음, 행복은 전적으로 개인적 문제라는 믿음 등 당연하게 생각했던 것들을 배반하는 새로운 시선을 제공한다.

이를 통해 우리가 실제로 어떤 존재인지를 깨닫고, "나는 어떻게 살면 좋을까?"라는 문제에 대해 깊이 있게 생각해보는 시간이 되었으면 한다.

그리고 마지막으로 사랑하는 남편, 소중한 친구 안윤지, 스승님과 동료들, 그 외 많은 분들께 감사드린다. 앞으로도 계속해서 심리학 지식 배달원의 하루하루를 이어갈 것을 다짐하며 이 글을 마친다.

들어가는 글 005

MONDAY

월요병
타파하기-
자기통제력이란?

살짝 풀린 나사를 조여야 할 때 013
몰라서 못하는 게 아니다 / 자기와의 싸움에서 이기게 하는 힘

의지력 똑똑하게 쓰는 법 022
다 쓰면 사라지는 것 / 설탕이 의지력을 돕는다 / 중요한 일은 아침에

설탕이 필요한 일들 033
사회성 높이기 / 자신을 숨기기 / 생각을 조절하기 / 감정을 다스리기

부록_ 가난이 IQ를 떨어뜨린다?

TUESDAY

효율적으로
일하기-
동기부여 방법

화가 나지 않는 화요일 살기 053
스트레스 줄이기 연습 / 믿음이 보약이다

기꺼이 그 일을 하고 싶은 마음 062
동기를 북돋우는 '의식' / 하나보다는 여러 개가 좋다 / 마지막이 의미 있는 이유

의지력을 단련하는 지름길 코스 073
무조건적 명령문 만들기 / 마음을 차갑게 만들기 / 팔을 안으로 구부리기 /
책상 혹은 냄새 활용하기

부록_ 지나친 이상화 경계하기

WEDNESDAY

왔던 길
돌아보기-
목표 점검

완벽한 게 좋기만 할까? 091
완벽주의를 강요하는 사회 / 타인의 높은 기대는 독이다 /
완벽한 선택은 가능할까?

완벽하지 않아도 괜찮아 102
사람에 대한 기대 / 관계의 완벽주의에서 벗어나기

긍정적 사고와 부정적 사고 활용하기 109
긍정적 사고는 만능일까? / 잘될 거라고 생각하면 정말 잘될까? /
현실 직시를 돕는 부정적 사고 / 비관주의자도 적응적일 수 있다 /
자기구실 만들기의 함정

부록_ 무조건적인 노력에 대한 경고
　　　긍정이 문제를 정당화한다?

THURSDAY

나는
왜 살까?-
슬럼프 극복

내 인생의 진정한 의미 찾기 133
불안은 적이자 동반자다 / 우리는 의미를 찾는 동물 /
삶에 대한 의지를 높여주는 것

부록_ 불확실성이 얼마나 싫기에?

내가 중요하게 생각하는 게 뭘까? 147
나의 가치관 알아보기 / 그 사람이 부정행위를 한 이유는?

나는 언제 기쁘고 즐거울까? 159
자아실현은 고통 끝에 오는 것일까? / 행복은 의미의 탐지기

FRIDAY

나 자신을
사랑하는 것-
자존감 점검

자존감, 넌 대체 누구냐 169
능력이나 자신감이 자존감일까?/ 자존감에 목숨을 걸다/
자존감은 무조건 높은 것이 좋을까?

건강한 자존감 만들기 178
내 자존감이 걸려 있는 영역은?/ 내 인생을 송두리째 바꿀 일?/
비교하기, 서로를 끌어내리기/ 나의 자존감 지지대는 어디에?

사회적 동물의 자존감 196
소속감이 자존감을 돕는다/ 건강한 자존감을 위한 운동법

부록_ 감사와 격려에는 힘이 있다

SATURDAY

행복을
찾아서-
행복의 실체

행복한 삶은 어디서 오는가? 209
불행하지 않다고 행복한 건 아니다/ 행복은 타고나는 것이다?/
어떤 성격이 더 행복할까?/ 신경증과 행복의 관계/ 성격이 행복을 만든다

당신의 스펙이 행복에 미치는 영향 221
얼마를 쌓느냐보다 중요한 것/ 그래도 돈은 중요하다

부록_ 불공평하다는 느낌

행복을 뒤흔드는 조건이 있을까? 234
연봉과 결혼 여부가 미치는 영향/ 진짜로 행복하게 만드는 것/
어떻게 살면 좋을까?

부록_ 예쁘고 잘생기면 더 행복할까?

SUNDAY

행복해지는
방법-
행복 만들기

행복으로 가는 마지막 비밀 247

넓은 관계보다 깊은 관계/ 행복에 대한 긍정적 태도

익숙한 일도 낯선 일처럼 하기 253

불확실성이 주는 기쁨/ 흥미로운 관계 만들기/
'평범'을 '특별'로 바꾸는 감사/ 마음의 여유를 가져라

소중한 돈 행복하게 쓰기 264

물건이 아닌 경험을 사라/ 과시를 경계하기/ 현명한 선택하기

세상이 만든 불행, 고통받는 우리 272

한국이 불행한 이유/ 행복을 저해하는 물질주의

부록_ 공동체 의식도 지나치면 병이다

마치는 글 284
출처 286
참고문헌 288

Monday
월요병 타파하기-자기통제력이란?

"내일은 내일의 태양이 뜨지 않기를!"

일요일 저녁이 되면 어김없이 이런 외침이 여기저기서 흘러나온다. 주말의 여유와 자유를 잠시 떠나보내야 하는 순간, 바로 월요일이 코앞에 다가왔기 때문이다. 월요일, 그 이름만 들어도 무시무시한 이 존재는 왜 그렇게 우리의 신경을 곤두서게 하는 걸까?

월요일에는 달콤한 늦잠의 끈을 놓아야 하는 것은 물론, 다시 일상으로 돌아가 상사나 동료, 고객 앞에서 사람 좋은 미소를 지어야 하고, 각종 잔소리, 지겨운 업무, 릴레이 회의 등 다양한 과제들을 온몸으로 맞이해야 한다. 이런 일상의 쳇바퀴 속에서 우리는 차라리 머리 깎고 산으로 올라가는 것이 낫겠다는 생각을 하기도 한다. 하지만 결국 다시 마음을 가다듬고 책상에 앉는 우리들.

이렇게 월요일을 두려워하지 않고 월요병도 뻥 하고 날려버릴 수 있는 방법은 무엇이 있을까?

살짝 풀린 나사를
조여야 할 때

　주말 동안 놓고 있던 업무에 복귀한 월요일. 쏟아진 메일과 밀린 회의를 처리하다 보면 어느 순간 영혼은 빠져 나가고 정신은 느슨하게 풀리기 마련이다. 한번 끈을 놓치면 하늘 위로 훨훨 날아가버리는 풍선처럼 월요일 우리의 정신줄은 아슬아슬 불안하기만 하다. 그렇다면 이런 정신줄을 꽉 붙들어 월요일을 효율적으로 보내게 해줄 좋은 방법은 없을까?

　월요일은 주말의 여파를 뒤로 한 채 다시 마음을 다잡는 날이고, 밀린 업무를 처리하느라 살짝 나사가 풀리기도 하는 날이다. 따라서 월요일에는, 원하는 결과를 얻기 위해 감정, 생각, 행동 등을 바람직한 방향으로 이끌어주는 어떤 힘이 필요하다. 그 힘은 바로 '자기통제력'으로, 쉽게 말해 '하기 싫지만 해야 하는 일'을 하게 해주는 힘이다. 이는 지각하지 않기 위해 꿀맛 같은 잠의 유혹을 물리치는 것, 원만한 관계를 위해 짜증 나는 말이나 메일에도 친절하게 답하는 것, 좋은 인사평가를 받기 위해 하기 싫은 업무도 꾹 참고 해내는 것 등등 귀찮고 하기 싫은 일들을 해내도록 돕는다. 또 '정신력'이나 '의지력willpower'과 같은 의미로도 쓰인다.

이렇게 정신줄을 꽉 붙잡고 행동을 적절히 조정하게 해주는 자기통제력은 '불필요한 욕구를 억제하는 것'에서부터 시작된다. 그럼 이제 월요일에 닥치는 괴로운 일들 앞에서 자기통제력이 발휘되는 과정에 대해 살펴보자.

┄▶ 몰라서 못하는 게아니다

우리는 원하는 일을 이루기 위해 어떤 일을 해야 하는지 너무나 잘 알고 있다. 학업 성적 향상을 위해서는 책상에 진득하게 앉아 열심히 공부해야 한다는 것, 체중 감량을 위해서는 식단을 조절하고 꾸준히 운동을 해야 한다는 것, 원만한 인간관계를 위해서는 껄끄러운 동료나 고객 앞에서도 항상 미소로 대해야 한다는 것 등등 몰라서 못하는 일은 거의 없을 것이다.

이렇게 머리로 잘 알고 있는 것들을 실제로도 거침없이 실행할 수 있다면 정말 좋겠지만, 실상은 공부를 하려고 책상에 앉으면 자꾸 다이어리를 정리하고 싶고, 다이어트를 하려고 마음먹으면 자꾸 현관문에 붙어 있는 치킨집 전단지가 아른거리며, 화가 나는 일에 맘껏 화내고 싶은 충동을 쉽사리 억누르지 못한다.

결국 문제가 되는 것은, 방법은 알지만 짜증 나고 귀찮다는 것, 그리고 왠지 내키지 않는다는 것, 즉 '생각대로 몸과 마음이 따라주지 않는다는 것'이다. 따라서 이러한 우리에게 필요한 것은 단순한 방법론적인 지침이 아니다. 우리에게는 무엇보다 목표 달성에 방해가 되는 욕구들을 억누르는 힘이 필요할 것이다.

자기통제는 바로 이 '목표 달성에 불필요한 욕구나 감정'을 억누르는 것에서부터 시작된다. 상사나 고객 앞에서 욱하는 감정을 다스리는 것, 지루한 회의에서 졸음과 싸우며 정신을 다잡으려 하는 것, 충동구매를 부추기는 마음을 잠시 접어두는 것과 같이 하루에도 몇 번씩 나를 시험에 들게 하는 유혹들을 내 의지로 꺾는 과정이다.

정리하면, 자기통제력이란 우리가 유혹에 넘어가거나 주의가 흐트러지는 것을 방지하고 끝끝내 목표를 달성하게 해주는 힘이다. 즉 목표 달성 과정에서 벌어지는 자신과의 수많은 싸움을 승리로 이끌어주는 힘이라고 할 수 있다. 따라서 우리가 목표 달성을 실패하는 이유는 이 자기통제를 실패했기 때문인 경우가 많다.

✳✳ 나의 자기통제력 수준은? ✳[1]

	NO				YES
• 유혹에 잘 넘어간다.	1	2	3	4	5
• 집중을 잘 못하고 금세 주의가 흐트러진다.	1	2	3	4	5
• 잘못된 습관을 고치느라 크게 고생한 적이 있다.	1	2	3	4	5
• 사소한 일에 정신이 팔려 정작 해야 할 일을 못한 적이 많다.	1	2	3	4	5

점수가 20점에 가까울수록 자기통제력이 낮은 편이다.

┈┈▶ 자기와의 싸움에서 이기게 하는 힘

　자기통제는 앞에서 언급한 욕구들처럼 하루에도 몇 번씩 시험에 들게 하는 유혹들을 나 자신의 의지로 뿌리치는 과정을 포함한다. 그 때문에 학자들은 자기통제력이 발휘되는 모습을 '내 삶의 운전대를 잡는 것'에 비유하기도 한다.

　우리는 우리 자신의 모든 생각과 행동을 언제나 우리의 의지대로 통제하지는 않는다. 매일 아침에 눈을 뜨면 익숙한 순서대로 세수를 하고 이를 닦고 후다닥 나가 똑같은 버스와 지하철을 타고 직장과 학교로 가는 습관적인 행동들처럼, 우리의 일상적인 행동의 많은 부분은 잦은 반복을 통해 자동화되어 있다. 아침마다 어떻게 세수를 하고 어떻게 이를 닦는지, 어느 길로 가서 어떤 버스나 지하철을 탈지를 심각하게 고민하며 행동 하나하나에 일일이 의지를 반영하는 사람들은 아마 거의 없을 것이다.

　한편 우리의 사소한 행동들은 우리가 의식하지 못하는 사이에 스쳐 지나간 작은 단서나 신호에 의해서도 영향을 받는다. 여러 연구에 의하면 '건망증', '주름'같이 늙음을 연상시키는 단어들을 어렴풋이 본 사람들은, 이 단어들을 보지 않은 사람들에 비해 잠시 동안 걸음이 느려지는 현상을 보인다. 또 방에 지폐 그림이 걸려 있었던 사람들은 이 지폐 그림을 본 직후 다른 그림을 본 사람들에 비해 사람들에게 도움을 덜 주고 비교적 적은 돈을 기부하는 등 이기적인 모습을 보이기도 한다. 또한 사람들은 똑같은 제품인데도 자신이 선호하는 쪽에 놓여 있는 물건을 무의식적으로 더 좋게 생각하고 선택하는 경향이 있다. 그런가 하면 길거리

에서 특정 장소에 쓰레기를 버린 행동이 실은 이미 쓰레기들이 많이 쌓여 있는 곳이라서 '여기에는 버려도 되겠지'라는 무의식적인 동조심이 생겼기 때문일 수도 있다(실제로 거리에 버려진 쓰레기를 살펴보면 산발적으로 흩어져 있기보다 이미 쓰레기가 쌓여 있는 곳에 계속해서 쌓이는 경향이 있다).

이렇게 우리의 일상적인 행동의 상당 부분이 우리의 의지와 별 상관없이 자동적으로 이루어진다. 때문에 현대 심리학에서 무의식에 대한 연구로 유명한 심리학자 티모시 윌슨*Timothy D. Wilson*은 우리 삶의 많은 부분은 '자동항법장치'에 의해 굴러간다고 이야기했다. 하지만 필요에 의해 욕망을 잠시 억누르는 일들은 자동항법장치를 통해 이루어지는 일이 아니다. 비행기도 평소에는 자동항법장치를 이용해서 운행하다가 특별할 때에는 수동으로 운전한다고 하지 않는가? 마찬가지로 우리도 특정 방향으로 자신을 움직이기 위해서는 욕구대로 흘러가던 행동을 멈추는 행위, 즉 자동항법장치를 잠시 끄고 직접 핸들을 잡는 행위가 필요하다.

저명한 심리학자 로이 바우마이스터*Roy F. Baumeister*는 자기통제력은 자아가 운전대를 잡고 욕망과 행동을 직접 조절하는 과정이며 욕망대로 휘둘리며 살지 않을 자유를 얻는 과정이라고 보았다. 또 자기통제력이 있을 때 우리의 자아는 삶의 주체, 집행자*executive*가 될 수 있다고도 했다. 이렇게 우리가 우리의 의지로 삶을 운전할 수 있게 도와주는 자기통제력은 소위 인간다운, 또는 성공적인 삶을 사는 데 매우 중요한 역할을 한다. 이 자기통제력 덕분에 우리는 볼일이 급하다고 해서 아무 데나 실례를 하지 않을 수 있고, 남의 것이 탐난다고 해서 마구 빼앗지 않을 수 있으며, '바람직한 사회인'이라는 목표를 이루기 위해 인내심을 갖고 정진할 수 있다.

　자기통제력은 사회성을 포함한 다양한 성과들을 잘 예측해낸다. 그 중 대표적인 것이 바로 성적이다. 학창 시절에는 대부분의 학생들이 성적 문제로 고민을 한다. 아마 당신도 다르지 않았을 것이다. 그런데 당신의 성적이 오르지 않았던 이유는 지능IQ이나 능력이 부족해서가 아닐 수도 있다. 시험기간에는 유독 평소 거들떠보지도 않던 9시 뉴스가 너무 재미있게 느껴지고, 갑자기 책상 정리가 하고 싶어지고, 잠이 쏟아져서 초저녁부터 꿈나라로 들어가게 된다. 밤새서 열심히 공부했는데도 불구하고 성적이 나오지 않았던 것이 아니라, 이런저런 핑계로 정작 공부는 별로 해보지도 않고 시험을 치렀기 때문일 가능성이 더 크다는 말이다. 이때 우리에게 필요한 힘이 바로 자기통제력이다.

　한 연구에 의하면 어렸을 때 자기통제를 잘했던 아이들은 그렇지 않은 아이들에 비해 대학입학시험SAT 점수가 더 높았다. 또 다른 연구에서는 자기통제력이 높은 아이들은 그렇지 않은 아이들에 비해 학교 출석을 잘하고 숙제를 미루지 않으며 더 오랜 시간 동안 앉아서 공부하는 모습을 보였다. 여기서 놀라운 사실은 아이들의 지능보다 자기통제력이 점수와 더 높은 관련성을 보였다는 것이었다. 이는 지능이 아무리 높아도 지루한 학습 과정을 버텨낼 자기통제력이 변변치 않다면 높은 성적을 기대하기 어렵다는 말이 된다. 공부는 머리보다 엉덩이로 한다는 말에 일리가 있다는 것이다.

　또한 연구에 의하면 자기통제력은 건강한 생활습관을 유지하거나

안전한 성생활을 하는 것, 그리고 각종 범죄, 약물이나 도박 중독에 빠지지 않는 것, 도덕성을 유지하고 폭력을 행사하지 않는 것 등 다양한 중독이나 범죄 행위를 멀리하는 데에도 중요한 역할을 한다.

한편 우리 생활 가운데 가장 빈번하게 자기통제력이 필요한 것은 무엇일까? 여러 가지가 있겠지만 그중에서도 특히 다이어트를 꼽을 수 있을 것이다. 실제로 자기통제력을 이용하여 좀 더 수월하게 다이어트를 할 수 있을까?

여기 식욕이 왕성한 사람과 자기통제력이 약한 사람이 있다. 둘 중 어떤 사람이 더 다이어트에 실패할 확률이 높을까? 왕성한 식욕은 당연히 다이어트의 가장 큰 적이다. 따라서 우리는 식욕이 왕성한 사람들이 다이어트에 더 불리할 거라고 쉽게 추측할 수 있다. 그런데 최근 한 연구에서는 의외로 그렇지 않다는 결과가 나왔다. 식욕의 강도와 다이어트 성공률 사이에는 큰 상관이 없었던 것이다. 식욕이 많다고 해서 다이어트를 잘 못하는 것도, 적다고 해서 다이어트를 잘하는 것도 아니었다. 이 연구에서는 오직 자기통제력만이 다이어트 성공률에 영향을 미쳤다. 식욕과는 상관없이 자기통제력이 약한 사람이 다이어트에도 쉽게 실패한다는 것이다. 이런 말이 있다. "배고프면 먹고 싶은 건 다 똑같아. 다만 참는 게 다른 거지." 참 와 닿는 말이 아닌가?

이렇게 자기통제력은 우리가 삶의 고삐를 잡고 '인간답게' 살 수 있게 해준다. 이는 자기통제력이 내적 욕구가 행동으로 이어지느냐 이어지지 않느냐 하는 문제를 결정하는 일종의 차단제 역할을 하기 때문에 가능한 일이다. 자기통제력은 '두더지 게임'을 연상시키기도 하는데, 별로 도움이 되지 않는 몹쓸 욕구가 두더지처럼 시시때때로 튀어나오면 자기통제력이라는 망치가 이 욕구를 두들겨 패서 다시 집어넣는 것을 떠올려볼 수 있다.

두더지를 때려서 땅속으로 다시 들어가게 하는 두더지 게임처럼 자기통제력은 부적절한 욕구가 행동으로 나오지 못하게 하는 역할을 한다. 이러한 면에서도 자기통제력은 우리를 단순히 '욕망의 노예'로 살게 하지 않고 삶의 주체가 될 기회를 준다.

따라서 어떤 행동의 직접적인 원인을 무조건 내적 욕구라고 생각해서는 안 된다. 진짜 문제는 욕구 자체보다 자기통제력일 수도 있다. 예컨대 어떤 사람이 자주 폭력성을 드러내는 이유는, 그 사람이 폭력에 대한 욕구를 크게 갖고 있기 때문일 수도 있지만, 어쩌면 화를 참고 행동을 조절하게 해주는 자기통제력이 매우 약한 것이 주된 원인일 수도 있다. 많은 경우, 맨 처음 욕구의 크기가 같아도 자기통제력의 정도에 따라 행동의 결과가 달라진다.

비슷한 맥락으로, 일상생활에서 유혹에 져버리는 흔한 경우들은 욕구 자체가 어마어마해서라기보다 잠깐을 참지 못해서인 경우가 많다. 이미 배가 부르지만 눈앞에 있는 음식을 그냥 지나칠 수가 없어서 결국 과식을 했다든가, 필요 없는 물건이지만 그 순간 갖고 싶은 걸 참지 못해 결국 샀다든가 하는, 나중에 돌이켜보며 '조금만 참을 걸' 하고 후회했던 경험들이 많이 있을 것이다. 그러니 이제 우리는 실패한 결과에 대해 높은 식욕과 구매욕을 탓할 것이 아니라 약하디 약한 자기통제력을 탓해야 할 것이다.

자기통제력을 적절히 발휘하지 못하면 우리는 각종 충동과 유혹에 빠져 해야 할 일들을 잘 해내지 못하고 부적응적인 행동을 보이기 쉽다. 따라서 다양한 과제들이 우르르 몰려오는 월요일을 성공적으로 보내기 위해서는 무엇보다 자기통제력을 현명하게 활용하는 것이 필수적일 것이다.

　그런데 문제는 이 자기통제력을 '어떻게' 활용할 수 있느냐는 것이다. 왜 우리는 항상 의지가 약한 걸까? 이제 그에 대한 답을 찾아보자.

의지력
똑똑하게 쓰는 법

　우리가 무슨 일을 할 때면 의지력은 항상 우리의 발목을 잡는다. 마음만 먹으면 못 해낼 일도 없다고 하는데 그놈의 마음먹기는 왜 그렇게 힘이 든 것인지. 우리는 엄마, 상사, 선생님, 심지어 나 자신으로부터 끊임없이 잔소리를 듣고 산다. 그런데 이런 마음먹기나 정신 차리기 등의 일들이 생각보다 훨씬 어려운 일이라는 사실을 알고 있는가?

　무엇을 얻으려면 그만한 대가를 지불해야 한다는 뜻으로 쓰이는 '등가교환'이라는 말처럼 세상의 일들은 그만큼의 대가를 치러야 얻을 수 있는 것들이 있다. 또 '싼 게 비지떡'이라는 말처럼 중요하고 좋은 것일수록 비싼 대가를 치르는 것이 합당한 경우도 있다. 자기통제력의 경우에도 이러한 법칙들이 적용된다. 우리의 멋진 기술인 자기통제력은 절대로 아무 대가 없이 쓸 수 있는 게 아니다. "내 마음속에서 일어나는 일인데,

공짜가 아니라니 무슨 황당한 얘기야?"라고 생각할 수도 있지만, 이는 분명한 사실이다. 그렇다면 도대체 어떤 대가를 지불해야 하는 걸까?

····▶ 다 쓰면 사라지는 것

자기통제력은 한정되어 있다. 마르지 않는 샘물처럼 내가 원할 때 얼마든지 꺼내 쓸 수 있다면 좋겠지만, 슬프게도 자기통제력은 그럴 수가 없다. 다음의 상황을 한번 살펴보자.

> 지루한 회의를 이어가는 도중에 당신은 상사가 우스꽝스럽게 조는 모습을 발견했다. 그 모습을 보며 '품' 하고 웃음이 나오려 했지만 버릇없는 후배로 찍힐까 봐 애써 꾹 참았다. 회의가 끝나고 자리로 돌아간 당신은 책상 위에 있던 과자를 우적우적 먹으며 인터넷 창을 켠다. 무심코 들어간 사이트에서 반짝 반짝 빛나는 신상을 발견한 당신. 고민할 것도 없이 바로 결제를 해버렸다. 과자도 거의 다 먹어버렸다.

아주 평범해 보이는 일상이지만 여기에는 비밀이 하나 숨어 있다. 만약 당신이 회의 도중 웃음을 참지 않고 호탕하게 웃어버렸다면, 책상 위 과자를 먹지 않은 것은 물론 충동구매도 하지 않았을지도 모른다는 사실이다. 이렇게 '앞서 자기통제력을 사용했는가'의 여부는 이후의 자기통제력에 큰 영향을 미친다.

바우마이스터와 동료들은 다음과 같은 연구를 진행했다. 실험 참가자들에게 갓 구운 쿠키를 갖고만 있게 하고 못 먹게 하는 등 참을성과 끈기, 다시 말해 자기통제력이 필요한 과제를 준다. 첫 번째 과제가 끝난 후 다시 두 번째 과제를 주는데, 이번에는 자기통제력이 필요한 과제를 주거나 수학계산 문제 등 자기통제력이 필요하지 않은 단순 과제를 주었다. 그러면 1차 과제에서 이미 자기통제력을 발휘한 사람들은 2차에서 자기통제력이 필요 없는 과제는 잘하지만 자기통제력이 필요한 과제는 잘하지 못한다.

즉 1차에서 감정을 억누르거나(웃음이 나오는데 웃음을 참는 것), 식욕을 꺾어야 했던(눈앞의 쿠키를 먹지 않는 것) 사람들은 2차에서 단순 계산 문제나 암기 과제는 별다른 어려움 없이 잘 해낸다. 하지만 똑같이 자기통제력이 필요한 과제를 할 때면 빨리 포기하거나 성공적으로 해내지 못한다.

만약 1차 과제가 자기통제력이 필요 없는 것이었다면 2차 과제에서 자기통제력을 발휘하는 데에 문제가 없었을 것이다. 오직 1, 2차 과제 모두 자기통제력을 필요로 하는 상황에서만, 즉 자기통제력을 연달아 발휘해야 하는 상황에서만 두 번째에 어려움을 겪게 된다. 자기통제력이 바닥이라도 난 것일까?

회의시간에 필기를 열심히 했다든가 어떤 사항을 암기했다든가 하는 등 단순히 머리만 굴린 일만으로는 이후 과식을 하거나 충동구매를 하는 등 의지력이 약한 행동을 하게 되지 않는다. 그러나 지루함을 꾹 참았다든가 화나 웃음 등 감정을 억눌렀다든가, 즉 의지력이 필요한 일을

한 후에는 고삐가 조금 풀리게 된다. 이렇게 한번 풀린 고삐는 어느 정도 휴식을 취한 후에야 다시 조일 수 있다. 의지력은 연달아 발휘하기 힘든 존재다.

그렇다면 "자기통제력은 마치 물질처럼 쓸수록 줄어드는 것일까?" 많은 연구를 통해 이와 같은 현상을 반복적으로 확인한 바우마이스터와 그의 동료들은 이런 의문을 가졌다. 그리고 그들은 우리의 마음속에는 혹시 자기통제력을 위한 일종의 '연료'가 존재하는 것이 아닐까라는 생각을 했다.

아무리 제 속력을 내며 쌩쌩 달리던 자동차도 연료가 다 떨어져버리면 다시 연료를 채우기 전에는 무슨 짓을 해도 달리지 못한다. 일정한 크기만큼 사용한 후에는 곧바로 다시 사용할 수 없는 자기통제력 또한 정말로 어떤 한정된 연료 같은 것이 있는 게 아닐까? 그래서 연료가 다시 채워지기 전에는 그것을 발휘하기가 힘든 것이 아닐까? 학자들은 이를 '의지력의 에너지 모델energy model of self-control'이라고 부른다. 자기통제력을 뜻하는 다른 말인 '의지력力', 영어로 'willpower'라는 단어가 뜻하듯 자기통제력에 실제로 어떤 파워, 에너지원이 필요하다.

이것이 바로 우리가 의지력이 항상 부족한 것처럼 느끼는 이유 중 하나다. 물론 천성이 유독 게을러서, 또는 유혹에 한없이 약해서일 가능성도 배제할 수 없지만 우리가 마음먹고 어떤 일을 수행하기가 힘들었던 이유는 다른 무엇보다도 '그럴 에너지가 없어서'일 가능성이 높다. 어떤 일을 실패하는 데 있어 우리의 의지력, 자기통제력 수준보다 그 순간의 에너지 부족을 탓할 수 있다는 것이다.

자기통제력을 발휘하기 위한 에너지_self-control energy_가 고갈되어 자기통제력을 잘 발휘할 수 없는 상태를 '자아 고갈_ego-depletion_' 상태라고 한다. 자기통제 에너지 수준이 낮아지면, 운전대를 잡고 우리의 몸과 마음을 조절하는 자아의 집행 능력이 잠시 사라진다는 뜻이다. 자아의 영향력이 잠시 사라진 상태, 즉 운전자로부터 버려진 자동차 같은 상태라고 할 수 있겠다.

⋯▶ 설탕이 의지력을 돕는다

한편 우리의 정신력은 은근히 쉽게, 자주 방전된다. 충분한 휴식 등으로 다시 채워지기 전에는 제 기능을 하지 못하는데, 따라서 중요한 일을 할 때에는 그 일을 계속해서 붙들고 있기보다 중간 중간 휴식시간을 가지면서 진행하는 게 좋다.

그런데 방전된 정신력에 필요한 이 연료의 정체는 과연 무엇일까? 많은 연구 끝에 이 에너지원이 포도당_glucose_과 관련이 있음이 밝혀졌다. 연구에 의하면, 자기통제력을 발휘하고 난 후 설탕물을 마신 사람들은 자기통제력이 회복되는 모습을 보였으나 인공감미료로 단맛만 낸 물을 마신 사람들은 회복되지 않는 현상이 나타났다. 자기통제력을 발휘하고 난 후의 혈당 수치가 이후의 자기통제력과 관련성을 보이기도 했다.

그래프를 보면 1차 과제에서 자기통제력을 쓰지 않은 사람들(회색 막대)은 포도당 공급원인 설탕을 먹든 단맛만 나는 인공감미료를 먹든, 2차 자기통제 과제에서 큰 차이가 나타나지 않는다. 이미 연료가 가득한

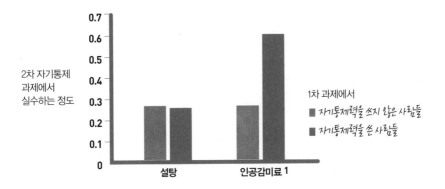

2차 자기통제 과제에서 실수하는 정도

1차 과제에서
■ 자기통제력을 쓰지 않은 사람들
■ 자기통제력을 쓴 사람들

설탕   인공감미료 1

차에 연료를 더 주입한다고 해서 자동차가 더 빨리 나가는 것이 아니듯 에너지를 소모하지 않은 상태에서는 추가 에너지가 별 영향을 끼치지 않는 것이다.

이번엔 1차 과제에서 자기통제력을 발휘한 사람들(파란색 막대)을 살펴보자. 만약 자기통제력이 포도당을 연료로 쓴다면, 1차 과제에서 자기통제력을 발휘하고 설탕(포도당)을 먹은 사람들은 2차 과제도 문제없이 잘해내야 한다. 파란색 막대그래프에서, 우리는 인공감미료를 먹은 사람들의 실수가 훨씬 많다는 것을 확인할 수 있다. 설탕을 먹은 사람들은 자기통제 에너지가 채워진 상태라 볼 수 있고, 인공감미료를 먹은 사람들은 자기통제 에너지가 채워지지 않은 상태라고 볼 수 있다. 그리고 설탕을 먹은 사람들의 경우 1차에서 자기통제력을 쓰지 않은 사람들과 비슷한 수준의 결과가 나왔음 또한 확인할 수 있다.

여기서 한 가지 짚고 넘어갈 것이 있다. 위에서도 이야기했지만 이 연구는 바닥난 연료가 채워지면서 능력이 더 뛰어나게 되었음을 보여주는 것이 아니라 자기통제력이 원래 수준으로 회복되었음을 보여준다는 사실이다. 연료가 바닥난 자동차에 연료를 채우면 다시 주행이 가능해지는 것이지 갑자기 속력이 더 잘 나오는 것은 아니다.

이렇게 낮아졌던 자기통제력이 포도당에 의해 다시 회복된다는 것은 이것이 '진짜 에너지'를 필요로 함을 의미한다. 즉 자기통제는 호락호락한 상대가 아니다. 또한 우리의 정신력은 언제든 원할 때 공짜로 펑펑 쓸 수 있는 게 아니라 실제 연료를 필요로 하는 매우 비싼 것임을 의미한다. 그러니 시시때때로 의지력이 많이 필요한 삶을 살고 있는 우리들이 의지력을 늘 부족하게 느끼는 것은 어쩌면 당연한 일일지도 모른다.

따라서 자기통제력이 특히 더 요구되는 월요일에는 더욱더 충분한 에너지를 갖추어야 한다. 에너지가 충분하지 않으면 아침에 일찍 일어나는 것도, 회의에서 졸음을 참는 것도, 사람들 앞에서 미소를 지어 보이는 것도, 식욕과 충동구매를 억누르는 것도 다 어려워진다. 즉 에너지가 부족해서 쉽게 고삐를 놓게 되고 결국에는 후회가 가득한 월요일을 보낼 확률이 높다.

학자들은 거듭된 연구를 통해 자기통제력이란 뇌의 활동 중에서도 대표적으로 에너지 소모적인 활동이라고 잠정적인 결론을 내렸다. 포도당이 많이 소모되는 자기통제력을 발휘하고 나면 뇌에서 쓸 수 있는 에너지가 급격히 줄어들게 되고, (자기통제를 포함한) 에너지가 많이 필요한 다른 활동들에 지장을 주게 된다는 것이다. 더 중요한 사실은 우리의 정신 과정 중 의지력만이 많은 에너지를 소모시키는 게 아니라는 것이다. 의지력뿐 아니라 비교적 고급 기술에 속하는 다양한 인지능력들도 많은 에너지를 필요로 한다.

자기통제력이 필요 없거나 비교적 자동적으로 이루어지는 단순 암기, 단순 계산 과제 등은 급격한 에너지 소모를 불러오지 않는다. 하지만 논리적 사고나 정보의 재구성, 추론을 요하는 독해 과정, 각종 의사결정 행위 등은 순식간에 많은 에너지를 고갈시킨다. 그리고 그 결과 에너지가 다시 채워지기 전까지 잠시 기능 정지 상태인 자아고갈 상태를 만든다.

결국 자기통제력을 비롯해 우리가 "잠깐, 이게 아니지"라며 정신줄을 붙들고 고삐를 잡아당기는 거의 모든 과정들이 꽤 힘든 일이라는 이야기가 된다. 그리고 이런 일들이 우르르 요구되는 월요일이 고될 수밖에 없다.

···▶ 중요한 일은 아침에

아침에는 쌩쌩했던 집중력이 오후가 될수록 흐트러지는 느낌을 받았던 적은 없는가? 최근의 한 연구에서는, 사람들은 오후보다 오전에 더 도덕적인 모습을 보인다는 것을 밝혀냈다. 돈을 건 과제를 시켰을 때 사람들은 오전보다 오후에 더 속임수를 쓰거나 거짓말을 하는 등 부정한 방법으로 돈을 많이 가져가려고 하는 모습을 보인다. 언제나 같은 수준을 유지할 것 같은 우리의 도덕성이 오후에는 갈수록 약해질 수 있다는 사실이 재미있지 않은가? 연구자들은 이익을 위해서라면 부정이라도 저지르겠다는 달콤한 유혹과 싸워 이기는 데에도 상당한 의지력과 에너지가 필요한데, 오후가 될수록 에너지가 고갈되기 때문에 이런 현상이 나타나는 거라고 설명했다. 도덕성도 에너지를 필요로 한다는 얘기다.

따라서 자기통제력, 논리적 사고, 집중력, 추론 등이 필요한 중요한 일들은 오후보다 오전에 하는 것이 더 유리할 수 있다. 이렇게 고도의 정신력을 발휘하기 위해서는 충분한 에너지가 있어야 하는 것은 맞지만 그렇다고 해서 에너지가 모든 일에 만능인 것은 아니다. 에너지 외에도 그 일에 대한 간절함, 자신감, 보상 등 자기통제 과정에 영향을 미치는 요소는 매우 많다(이에 대해서는 뒤에서 자세히 살펴보겠다). 다만 충분한 에너지는 자기통제력의 기본 조건이라는 얘기다. 자기통제를 잘하고 싶은 마음이 아무리 커도 이를 실행에 옮길 만한 충분한 에너지가 없으면 우리는 실패하게 된다. 따라서 바우마이스터는 자기통제 에너지가 동기를 행동으로 실현시키는*operate* 과정의 열쇠가 된다고 보았다.

또 한 가지 중요한 사실은 방전이 된다고 해서 몸 안의 에너지가 완전히 사라지지는 않는다는 것이다. 다시 채워지기까지 약간의 빈틈이 발생하고, 그동안에는 무리해서 에너지를 소모하지 않을 뿐, 어떻게든 무리해서 쓰려면 계속 쓸 수는 있다. 즉 일의 중요성이 높거나 일을 잘해내고자 하는 '동기'가 매우 높을 때는 자아고갈 현상이 비교적 덜 나타난다. 하지만 모든 일에 에너지를 무리해서 쓰게 되면 결국 해가 될 수 있다. 만약 우리가 완급조절 없이 무리해서 힘을 쓴다면 우리 몸은 피로를 느끼게 되고, 우리는 그것을 잠시 멈추라는 신호로 받아들여 휴식을 갖게 될 것이다. 이렇게 에너지를 과도하게 썼을 때 육체에는 피로감이 찾아오듯 우리의 정신에는 자아고갈 현상이 찾아온다. 에너지가 일정 수준 이하로 떨어졌을 때 자기통제를 잠시 멈춤으로써 에너지가 한계까지

소모되는 것을 막아주는 것이다.

이러한 점에 착안해서 심리학자 마크 무레이븐*Mark Muraven*과 동료들은 자아고갈 현상의 근본적인 목적이 결국 '에너지 보존'이라고 보았다. 에너지가 적정 수준 이상으로 떨어지면 정신력의 사용을 멈추게 되는 이 자아고갈 현상 덕분에 정신력과 에너지가 한계까지 소모되는 일을 막는다는 것이다.

즉 몸이든 마음이든 피곤이 몰려오는 데는 다 이유가 있다. 이들은 "에너지가 슬슬 모자라기 시작하니 이제 좀 쉬는 게 좋을 걸?"이라고 말하는 경고장이다. 그러므로 이런 중요한 신호들을 쉽사리 무시해서는 안 될 것이다. 정신줄을 다잡기 힘들다고 느껴질 때는 반드시 쉬어가도록 하자. 휴식은 '옵션'이나 '사치' 같은 게 아니라 우리가 지속 가능한 삶을 살 수 있게 해주는 하나의 열쇠니까 말이다.

한편 바우마이스터는 '귀차니즘' 역시 어떤 활동을 할 에너지가 모자라다거나 에너지를 보존하고 싶다는 신호일 수 있다고 보았다. 생각해보면 몸과 마음이 지쳤을 때 우리는 손 하나 까딱하기도 싫을 정도로 매사가 너무 귀찮게 느껴진다. 연구에 의하면, 특히 에너지 소모가 클 것으로 예상되는 활동일수록 큰 귀찮음을 느끼는 현상이 나타난다.

물론 귀찮은 마음이 단순히 '하기 싫은 마음'을 반영할 때도 많다. 하지만 만약 에너지 수준이 낮은 것이 원인이라면 휴식이나 음식 섭취를 통해 간편하게 귀차니즘에서 벗어날 수 있을 것이다.

월요일을 잘 보내기 위해서는 충분한 휴식을 취해야 한다. 무엇보다 주말을 흡족하게 잘 보내는 것이 매우 중요할 것이다. 이런 맥락에서 보면, 월요병이란 상당한 에너지 소모가 예상되는 월요일의 힘든 일들을 감당할 휴식과 재충전이 부족해서 생긴 결과가 아닐까? 월요병, 귀차니즘 등을 이기고 싶다면 먼저 충분한 휴식을 가져보자.

설탕이
필요한 일들

이제 일상생활에서 도대체 어떻게 하면 정신줄을 붙들어 맬 수 있는지 이야기해보자. 욕구를 억제하고 행동을 조절하는 자기통제 과정과 기타 에너지 소모가 많은 고급 인지능력들을 필요로 하는 일들은 어떤 것들이 있을까?

월요일부터 우리에게 닥치는 '힘든' 일들을 떠올려보자. 이미지 관리하기, 감정 다스리기 등등 다양한 일들이 있을 것이다. 하루 동안 이런 일들을 반복적으로 하고 있다면 에너지(포도당) 보충과 적절한 휴식은 필수다. 그리고 이렇게 삶 속에서 우리의 에너지를 소모시키는 일들 중에는 우리의 의지와 상관없이 에너지를 앗아가는 것들도 있다. 바로 사회적 '편견'이나 '가난' 같은 환경적 요소들이다. 이것들은 일상생활에서 우리에게 어떤 영향을 미칠까?

정리하면, 우리의 삶에서 에너지 소모가 많은 일들은 어떤 것들이 있는지 살펴보고 개인과 사회가 이들에 어떻게 대응할 수 있는지 생각해 보도록 하자.

⋯▶ 사회성 높이기

인간의 가장 중요한 특징 중 하나는 '사회적 동물'이라는 것이다. 심리학에서 사회적 동물이라는 말은 우리가 단순히 무리를 지어 산다는 것 이상을 의미한다. 인간은 '하드코어한' 사회적 동물, 즉 태어남과 동시에 본능적으로 타인을 끊임없이 신경 쓰고 타인에 의해 크고 작은 영향을 받으며 사는 존재다. 아침마다 세수하고 이 닦고 머리 빗고 괜찮은 옷을 입어가며 자신을 치장하는 데 많은 시간을 쏟는 것부터 멋지게 나온 사진을 페이스북*facebook*에 올리는 것, 남들이 알아주는 좋은 학교, 좋은 회사에 가는 것을 목표로 삼는 것 등등, 학자들은 우리의 행동 중 대부분이 타인의 영향권 안에 있다고 보고 있다.

이렇게 인정받고 받아들여지는 것이 중요하기에 우리 인간에게 있어 사회생활은 자연스럽게 가장 많은 노력과 에너지가 소모되는 부문 중 하나가 된다. 일례로 우리 뇌는 부피 대비 가장 많은 양의 에너지를 소모하는 장기다. 그런데 학자들은 영장류의 경우 자신이 속한 사회가 복잡할수록 뇌(신피질)의 부피가 크다는 사실을 발견했다. 그리고 이를 근거로 우리 뇌와 다양한 인지능력들이 사회생활을 잘해내기 위해, 즉 각종 어려운 사회적 과제들에 잘 대처하기 위한 도구로서 발달되었다고

보았다. 우리 뇌가 이렇게 발달한 이유는 '복잡한 사회생활을 잘하기 위해서'라는 것이다. 그런 의미에서 학자들은 우리 뇌에 '사회적 뇌social brain'라는 이름을 붙이기도 했다.

이렇게 가뜩이나 에너지 소모가 많은 뇌가 우리의 사회생활을 돕기 위해 특히 열심히 굴러가고 있다는 사실을 고려하면, 우리가 사회적 영역에서 상당히 많은 에너지를 소모한다는 사실은 꽤 자연스러운 일로 보인다. 실제로 흔히 부딪히는 사회적 과제들을 떠올려보면 우리가 사회생활 속에서 얼마나 머리를 많이 쓰는지 쉽게 알 수 있다. 예컨대 회식 자리에서 부장님이 "편하게 있어"라는 말을 했다고 해서 정말 그렇게 하라는 게 아니었음을 우리는 잘 안다. 그래서 우리는 회식 시간 내내 부장님의 술잔이 비지 않도록 신경을 곤두세우고 부장님의 말씀에 눈치껏 맞장구와 추임새를 내놓는다. 이처럼 과하지도 않고 소극적이지도 않은 적절한 선의 반응을 하려면 상황을 해석하고 추론하는 능력뿐 아니라 부장님의 입꼬리 움직임 같은 미묘한 단서에도 주의를 기울이는 등 엄청난 집중력이 필요하다. 상상만으로도 벌써 피곤이 몰려오는 것 같지 않은가?

이렇게 타인의 마음 상태를 추론하고 적절한 대응을 하는 것, 이미지 관리 등 원만한 사회생활을 위해 필요한 대부분의 행동들이 자기통제력뿐 아니라 논리적 사고력, 고도의 집중, 추론 능력 등의 고급 인지능력들을 요구한다.

실험 참가자들에게 비판적인 청중들 앞에서 유능하고 호감 가는 모습으로 이미지 관리를 하거나, 그냥 원래의 자기 모습대로 행동하게 한

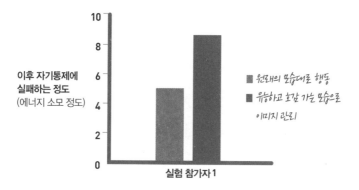

이후 자기통제에
실패하는 정도
(에너지 소모 정도)

■ 원래의 모습대로 행동
■ 유능하고 호감 가는 모습으로
  이미지 관리

실험 참가자 1

다. 그러면 다음의 그래프에서 볼 수 있듯 비판적인 청중들 앞에서 유능하고 호감 가는 사람을 연기한 사람들은 원래의 모습대로 행동한 사람에 비해 이후 자기통제력이 크게 떨어지는 현상이 나타난다.

사람들의 기대에 부합하도록 자신의 행동과 이미지를 조절하는 일은 상당한 양의 에너지를 소모한다는 것이다. 면접이나 수많은 회의, 프레젠테이션, 회식 등의 사회생활은 이런 이미지 관리의 연속이라는 것을 고려하면 역시 만만한 일이 아님이 무겁게 느껴진다.

사회생활은 이렇게 에너지 소모가 크기 때문에 사회성이 좋은 사람이 되기 위해서는 일단 필요한 에너지를 갖추는 것이 중요할 것이다. 또 반대로 생각해보면 에너지가 충분하지 않으면 자칫 사회성이 낮은 사람이 될 수도 있다.

실제로 자아고갈 상태에 빠진 사람들은 비교적 '활동적이지 않음', '친절하지 않음', '말이 없음', '공격적'이라고 인식되는 경향이 나타났다. 평소 사회적 활동에 별 거리낌이 없던 사람들도 정신력이 바닥난 후에는 사회성이 낮은 사람들과 마찬가지로 소극적인 모습을 보였다는 연

구도 있다.

적극적인 사교성과 이미지 관리가 많이 요구되는 면접이나 미팅을 앞두고는 정신력 소모를 최소화하고 당분을 충분히 섭취하는 것이 도움이 될 수 있을 것이다.

···▶ 자신을 숨기기

앞서 사람들에게 인정받는 것이 삶의 가장 중요한 목표 중 하나인 우리 인간은 사회생활을 잘해내는 데 상당히 많은 노력과 에너지를 쏟게 된다고 했다. 이런 노력 중 하나가 바로 '두 개의 자아'를 갖는 것이다. 당신은 지금 이 책을 어디에서 읽고 있는가? 혹시 방에서 혼자 읽고 있다면 다리를 책상에 올리고 있거나 코를 파고 있거나 그 외 설명할 수 없는 기이한 자세를 취하고 있지는 않는가?

타인의 시선이 존재하지 않는 사적 공간인 내 방에서는 별의별 자세를 다 취할 수 있다. 책을 볼 때 책상에 다리를 떡 올려놓는 것뿐 아니라 바닥을 구르면서 볼 수도 있고 건강에 좋다는 특이한 요가 동작을 하면서도 볼 수 있다. 책을 보다가 심심하면 잠깐 일어나서 괴상한 춤을 출 수도 있다. 하지만 타인의 시선이 존재하는 직장이나 학교에서는 이렇게 하기란 쉽지 않을 것이다.

우리의 행동 패턴은 타인의 존재 여부에 따라 상당히 달라지고 그 차이는 꽤 크다. 심리학자들은 이 둘을 '사적자아private self'와 '공적자아public self'로 분류했다. 아무 시선도 느끼지 않는 편한 상황의 나를 사적자아,

타인의 시선을 신경 쓸 때의 나를 공적자아라고 한다. 우리는 모두 일정 부분 '본래의 나'와 '껍질을 쓴 나'로 나뉜 채 살아간다.

혹시 자신의 이런 간극 때문에 '나는 위선적인 인간이 아닐까?' 하고 고민한 적이 있는가? 위로의 말을 하자면, 우리는 원래 생겨먹은 게 그렇기 때문에 어느 정도 다 그럴 수밖에 없는 존재들이다. 두 자아의 차이가 전혀 없어도 사회적으로 바람직한 인간으로써 기능하는 데 어려움을 겪을 것이다.

문제는 두 자아의 간극이 너무 심하게 벌어져 있을 때 발생한다. 연구에 의하면, 사적자아와 공적자아 사이에 큰 간극이 발생할 경우 우리는 스트레스나 우울증상 등 심리적으로 상당한 괴로움을 겪게 된다. 그리고 특히 사회적 편견(인종, 성별, 출신 지역)이나 집단의 압력 등을 이유로 자신의 진짜 모습이 '감춰야 할 무엇'이 될 때에는 연기해야만 하는 공적자아와 진짜 내 모습(사적자아) 사이의 간극과 이로 인한 괴로움은 감당할 수 없을 정도로 커진다.

당신의 성향은 매우 조용하고 내향적인데, 회사는 당신에게 외향적으로 활동하길 요구한다고 가정해보자. 평소 목소리가 크거나 나서는 편이 아닌데도 회식 자리에서는 이를 악물고 앞에 나가 노래를 부르고, 거래처와는 보란 듯 큰 소리를 내며 싸운다. 성향이 맞지 않는 회사 분위기나 업무도 힘이 들지만, 당신은 무엇보다 회사의 가치관에 별로 동의할 수 없다. 겉으로는 불만이 없는 척, 수긍하는 척하지만, 속으로는 회사에 대한 불만과 투쟁하고픈 마음이 가득하다. 또 당신은 어떤 섬세한 취미를 가지고 있는데 다른 사람들의 눈에 이상하게 보일 것을 염려

하여 절대로 자신의 취미에 대해 이야기하지 않는다. 이렇게 공적자아가 일반적인 '포장' 수준에서 벗어나 내 모습과는 아주 달라져버리면, 그것은 마음의 고통을 넘어서 객관적 수행을 크게 떨어뜨리는 요인이 된다.

캘리포니아대학 버클리 캠퍼스의 연구자 클레이튼 크리처*Clayton R. Critcher*와 동료들은 다음과 같이 인터뷰 형식의 실험을 했다. 한 조건의 사람들에게는 인터뷰 내내 성적 지향 등 자신에 대한 중요한 사실을 숨기라고 지시한다. 다른 조건의 사람들에게는 숨기는 것 없이 편하게 이야기하게 한다. 그러고 나서 두 조건의 사람들 모두에게 공간지각력 테스트, 지구력 테스트(악력기를 잡고 오래 버티기), 감정조절 테스트(짜증나는 메일에 정중하게 답하기)를 시킨다. 그러면 인터뷰 동안 자신에 대한 사실을 숨긴 사람들은 그렇지 않은 사람들에 비해 공간지각력이 약 17퍼센트, 지구력이 약 20퍼센트 떨어지는 현상이 나타난다. 또 그들은 욱하는 성질을 잘 참지 못하고 화를 내는 모습을 보이기도 한다. 단 몇 분 동안이었지만 자신을 감추는 것의 비용은 엄청났다.

뿐만 아니라 단지 자신의 정체성 때문에 어떤 불이익을 받을 수 있다는 위협을 느끼기만 해도 수행 능력이 떨어진다. 여성들이 수학시험 전에 '여성은 수학을 잘 못한다'라는 이야기를 듣기만 해도 실제로 시험 성적이 좋지 않게 나오는 것이 한 예다.

이런 현상이 나타나는 이유에는 "아, 나는 이걸 못하는구나"라는 인식에서 오는 무력감도 포함된다. "여자니까, 어디 출신이니까, 무슨 인종이니까"라는 차가운 시선의 대상이 되면 우리는 누구나 절망하게 되고 스스로 "나는 정말 별 볼일 없을까?"라는 의심을 하게 된다. 그래서 결국 포기한 채 쓸쓸히 왔던 길을 돌아가게 된다. 이렇게 사회적 편견은 파괴적인 예언자가 되어버린다.

그런데 편견의 파괴적인 영향력은 이런 현상이 일어나기 훨씬 이전부터 나타난다. 절망과 무력감을 심어주기 이전에 우리가 그 존재를 눈치채게 만드는 순간부터 우리의 정신을 지치게 하는 것이다. 엄청난 스트레스를 받으며 이 편견을 떨쳐보려 안간힘을 쓰는 과정은 그 자체가 벌써 상당히 소모적이다. 예를 들어 길을 지나가다가 어떤 사람이 당신을 향해 "어머, 저 사람 옷 입은 것 좀 봐"라고 말하는 것을 들었다고 해보자. 당신은 우선 얼굴이 화끈거릴 것이고 입은 옷이 뭐가 어땠는지를 열심히 생각하게 될 것이며 결국 옷매무새를 수정하게 될 것이다.

실제로 많은 연구들이, 이 검열과 수정 과정이 촘촘히 쌓인 편견에 맞춰 매우 세밀한 수준으로 일어나며 편견을 접하는 순간 자기도 모르는 사이에 엄청난 노력들을 쏟게 됨을 보여준다. '흑인은 폭력적이다'라는 메시지를 접한 흑인들은 그 메시지를 접하지 못한 흑인들에 비해 자동적으로 사람을 만날 때 '열심히 미소 짓는 것'을 중요시하게 되고, '비만은 더럽다'는 메시지를 접한 비만인들은 메시지를 접하지 못한 비만인들보다 '깨끗이 하는 것'을 중요시하게 된다는 연구 결과가 있다.

사람들은 편견의 내용을 정확하게 수신하는 예민한 안테나를 가지고 있다. 또 수신한 내용에 따라 금세 자신의 행동을 변화시키려 애쓴다. 이렇게 편견은 컴퓨터에 깔린 악성코드처럼 우리가 눈치채지 못하는 사이에도 계속해서 우리의 신경과 에너지를 좀먹는 역할을 한다. 그

리고 그 결과 바이러스에 감염되어 버벅거리는 컴퓨터처럼 온갖 성능을 떨어뜨린다.

또 정체성에 대한 위협에 대응하느라 정작 업무를 잘해내는 데 필요한 에너지는 고갈되어버린다. 그 결과 부정적인 시선에 시달리는 사람들은 그렇지 않은 사람들에 비해 자기통제력 및 에너지 소모가 많은 어려운 과제들을 잘해내기 어려워진다. 개인의 정체성에 대한 부정적인 시선이나 억압이 사람에 따라 '출발선'을 들쭉날쭉하게 만들 수 있다는 것이다.

때문에 연구자들은 특히 직장같이 생산성이 중요한 곳에서는 개인이 자신의 정체성에 대한 위협을 받을 만한 일이 벌어지지 않도록 신경써야 한다고 이야기한다. 도덕적 이유에서뿐만 아니라 객관적으로도 큰 손실을 가져올 수 있는 만큼 사람들이 자신의 정체성을 잘 유지할 수 있게 도와줘야 한다는 것이다. 비슷한 맥락에서 연구자들은 성적 소수자 등을 차별하지 않는 차별금지법이 사회적 손실을 막기 위해서도 중요할 수 있다고 이야기한다.

따라서 조직 내에서 지역, 성별, 기타 개인적 취향 등을 이유로 차별받는 사람은 없는지, 선호하는 성격 특성이 있다든가 결혼을 해야 어른 취급을 해준다든가 하는 것처럼 '올바른 조직원'의 기준이 너무 높은 것은 아닌지 점검해봐야 할 것이다. 조직 내 차별과 억압으로 인한 에너지 고갈 때문에 정작 자기통제력이 요구되는 업무를 수행하는 데 어려움을 겪는 일이 없도록 말이다.

만약 당신이 현재 하고 있는 일이 딱히 안 맞거나 어려운 건 아니지만 정신적으로 힘들고 항상 소모되기만 하는 것 같다면 자신의 정체성이 조직에서 요구하는 바른 인간상과 큰 괴리가 있는 것은 아닌지 생각해보는 것이 좋겠다. 능력뿐 아니라 정체성이 잘 받아들여질 수 있는 곳이 바로 내가 있을 곳이라는 점을 기억하자.

···▶ 생각을 조절하기

생각을 특정 방향으로 조절하려는 노력 또한 의지력이 많이 필요하다. 보고 싶은 것만 보고 듣고 싶은 것만 듣고 생각하고 싶은 것만 생각하지 '않는' 활동들이 모두 에너지가 많이 들어가는 일이라는 것이다.

일상생활에서 이러한 생각조절이 가장 많이 필요한 상황은 바로 '관용'을 발휘할 때다. 관용은 내 의견과 다른 의견에 대해 동의하지는 않더라도 그런 의견이 있을 수 있다는 것에 대해 존중할 줄 아는 마음가짐으로, 원만한 관계를 위해 중요한 요소다. 하지만 이것이 말처럼 쉽지만은 않다. 나와 다른 의견을 듣다 보면 "말이 되는 소리를 해"라고 말하며 그 입을 다물게 하고 싶어진다. 다른 의견을 받아들이는 것이 이렇게 힘든 이유는 애초에 가장 익숙한 '나의 세상'을 벗어나 내가 잘 모르는 '다른 세상'이 있을 가능성을 생각하는 것, 즉 기존에 갖고 있던 관념의 틀을 깨고 나와 새로운 것을 이해하는 일들이 상당히 어렵기 때문이다. 그래서 차라리 혼자 일하고 생활하는 게 더 편할 것 같다는 생각이 들기도 한다.

이렇게 관용에는 많은 인지적 노력과 끈기, 의지력이 필요하다. 나에

게 익숙한 것들만 보고 듣고 생각하고, 내 의견에 토를 다는 사람들이 단 한 명도 없는 세상에 살면 얼마나 편할지를 생각해보면 관용이 얼마나 힘든 일인지 알 수 있다. 그러다 보니 에너지 소모가 많은 상태에서는 관용을 잘 발휘하지 못하는 현상이 나타난다. 자기통제력이 필요한 과제를 하는 등 에너지를 많이 소모한 사람들은 그렇지 않은 사람들에 비해 자신의 입장(예컨대 정치적 입장)과 다른 의견을 듣는 것을 더 꺼려하는 현상이 관찰된 바 있다. 에너지가 소모된 상태에서는 내 의견과 다른 의견은 "별로 중요하지 않고 믿을 수 없다"고 응답하는 경향을 보인다. 역시 비슷하게 성별, 인종 특정 지역 출신에 따른 고정관념을 벗어나는 데에도 에너지가 필요하다는 사실이 밝혀지기도 했다.

또한 일상생활에서 생각조절이 요구되는 것 중에는 '내가 정말 옳은가?'라는 문제가 있다. 살면서 자신의 오류를 깨닫는 것은 무척 마음 아픈 일이다. 그래서 우리는 가급적 틀리지 않으려고 애쓰지만 인간은 완벽할 수 없는 법. 결국 우리는 실제와 상관없이 "어쨌든 내가 옳아!"라는 믿음을 유지하기 위한 다양한 기술들을 갖게 되었다.

이와 관련된 오류가 바로 '확증편향'이다. 우리는 어떤 말이 정말 옳기 때문에 지지하기도 하지만, 지지하기로 한 입장과 맘에 드는 결론을 먼저 정한 다음 거기에 맞는 증거들을 수집하기도 한다.

A와 B 중 확증편향의 예시는?

A: 자 여기 근거가 있어. 어떤 결론을 도출할 수 있을까?

B: 자 여기 결론이 있어. 이 결론을 지지하는 근거들은 무엇이 있지?

즉 우리 마음에는 강력한 필터가 있어서 기존의 내 생각과 어긋나는 정보들은 무시하고 내 입장을 지지해주는 정보들만 쏙쏙 받아들여서 "거봐 역시 내가 맞지?" 하고 나 좋은 대로 생각하게끔 만든다는 것이다.

자신이 지지하는 정치인이나 좋아하는 사람들이 어떤 잘못을 했을 때 "그 사람이 그랬을 리가 없어!"라고 생각하며 그 사람에게 유리한 정보만을 귀신같이 찾아내서는 "역시 그럴 리가 없지!" 하고 안도하는 것들이 그 예다. 이렇게 우리들은 내가 옳다고 믿고 싶은 만큼 이를 실현시켜주는 강력한 필터를 장착하고 있어서, 웬만하면 자기가 틀렸다는 것을 시인하지 않는다. 그리고 정신력이 소모되면 이런 확증편향 또한 강해진다.

다시 말해 정신력 소모가 많을수록 관용은 낮아지고 확증편향은 강해져서 눈과 귀를 틀어막고 자기 얘기만 하는 고집불통 인간이 될 수 있다. 따라서 소통이 중요한 회의나 협상을 앞두고 있다면 컨디션을 특별히 조절해보자.

⋯▶ 감정을 다스리기

우리는 일상생활에서 사랑, 화, 질투 등 넘쳐나는 감정을 제어하려 애쓰며 살고 있다. 즉 거의 매 순간 감정을 조절하며 사는 것이다. 감정 조절은 좋든 나쁘든 사회인으로서 적절하게 기능하기 위해 매우 중요한 요소다. 이 역시 많은 에너지를 필요로 하는데, 그 때문에 정신력이 많이 소모되는 일을 한 후에는 더 쉽게 화를 내거나 쉽게 울음이 터져 나오

기도 한다. 오늘따라 실없이 웃음이 나오거나 화가 솟구쳐 오르는 등 감정이 널을 뛰는 자신을 발견했다면 혹시 에너지 소모가 많았던 것은 아닌지 생각해보자.

대표적인 자기통제 과제인 감정조절은 원만한 관계를 만드는 데 매우 중요하기 때문에 서비스 산업 종사자뿐 아니라 사회생활을 하는 모든 사람들이 반드시 익혀야 하는 능력이다. 이제 에너지를 비교적 덜 들이고 감정을 조절하는 법, 감정을 지나치게 '억제'할 때 생기는 일들 등 감정조절에 도움이 될 만한 것들을 살펴보자.

우선 감정조절은 어떻게 하는 걸까? 당신은 감정을 조절할 때 어떤 방법을 쓰는가? 무작정 꾹꾹 참고 없었던 일인 것처럼 구는가 아니면 님들과 다른 자기만의 조절법이 있는가? 흔히 쓰이는 감정조절 방법에는 크게 두 가지가 있다. 즉 '억제suppression'와 '재평가reappraisal'로, 억제는 말 그대로 밀려오는 감정을 꾹꾹 누르면서 잠재우는 방법(예를 들어 마음속에 참을인忍 자를 그리면서 이를 악물고 감정 발산을 참아내는 것)이고, 재평가는 그 감정을 일으킨 사건에 대해 다시 생각해보는 방법(예를 들어 화가 났을 때 "그 사람이 그렇게 행동한 데에는 그럴 만한 이유가 있었겠지"라고 생각하면서 자연스럽게 "사실 그렇게 화낼 일이 아닐지도 몰라"라며 마음을 누그러뜨리는 것)이다. 당신은 이 둘 중 어떤 방법을 더 자주 쓰는가?

연구에 의하면 감정을 무조건 억제하는 것보다 감정을 일으키는 요소 자체를 조절하는 재평가 방법이 감정조절에 있어서 더 쉽고 효과적이라고 한다. 마구 번지고 있는 불을 앞뒤 없이 무작정 끄려고 하는 것과 불길을 찾아내 차근차근 해결하는 것 중 어떤 게 더 효과적이겠는가?

또 자기통제력이 분출하는 욕구를 억제하는 것에서부터 시작한다는 점을 고려해봐도 감정 분출 욕구가 커지기 전에 감정을 제어하는 것이 자기통제력도 덜 쓰고 그로 인한 에너지 소모도 줄이는 '덜 힘든' 길이 된다는 것을 알 수 있다. 실제로 연구에 의하면, 이미 커진 감정을 마구 억제해봤자 잘 통하지 않을 때가 많을 뿐더러 큰 스트레스까지 일으킨다. 특히 인간관계에 있어 화나 슬픔 같은 감정을 무작정 억제하는 것은 본인뿐 아니라 상대방에게도 스트레스를 주게 되고 결국 관계의 질을 해치게 된다.

한 실험에서, 사람들에게 분노나 슬픔을 일으키는 영상을 보게 했다. 그리고 나서 둘씩 짝지어 그 내용과 관련된 대화를 하게 했는데, 둘 중 한 사람에게는 감정을 꾹 누르며 억제하라고 하거나(억제 조건), 감정에 대해 재해석을 해보라고 하거나(재평가 조건), 별다른 지시 없이 그냥 대화하도록 했다(통제 조건). 연구자들은 그들이 대화하는 동안 참가자들의 스트레스 수준을 잘 반영하는 혈압을 측정했는데, 그 결과 재미있는 현상이 나타났다.

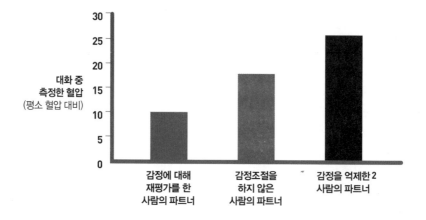

우선 감정을 억제한 참가자가 재해석을 한 참가자에 비해 대화를 하는 내내 혈압이 더 높았다. 감정을 억제한 사람이 스트레스를 많이 받는 다는 사실은 별로 새로울 게 없으나 좀 더 흥미로운 부분은 대화 '상대 방'의 스트레스 수준이었다.

그래프에서 확인할 수 있듯 대화 도중 감정을 억제한 경우 당사자뿐 아니라 그 사람의 '파트너' 또한 혈압이 상당히 올라가는 현상이 확인되 었다. 그림을 보면 감정조절을 하지 않은 사람의 파트너(회색 막대)에 비 해 감정을 억제한 사람의 파트너(검은색 막대)가 대화 도중 가장 혈압이 높았다는 것을 확인할 수 있다. 대화하는 상대방에게 분명 무슨 일이 있 었던 것 같긴 한데, 뭔가 꾹 참고 있다는 느낌에 혼란스러웠기 때문일 까? 어쨌든 대화 도중 한 사람만 감정을 억제해도 같이 있는 사람까지 스트레스를 받게 된다는 것이다.

반면 감정을 일으킨 경험에 대해 "이 일은 이렇게 생각해볼 수도 있 지 않을까?"라며 재해석을 해본 참가자들(감정을 억제하지는 않았지만 적응적인 방법으로 조절한 사람들)의 경우 본인과 상대방 모두 마음의 평 화를 비교적 잘 유지한 것으로 나타났다. 정리하면, 감정조절이 필요할 때에는 감정을 억누르기보다 적절히 표현하며 마음속으로 재평가해보 는 것이, 나와 상대방의 행복, 관계의 질에 도움이 될 것이다.

또한 감정은 적절히 표현하는 것이 중요하다고 한다. 토론토대학의 심리학자 에밀리 임페트*Emily Impett*와 동료들은 연인들에게 2주 동안 매일 매일 일기를 쓰게 했다. 먼저 하루하루 상대방을 위해 어떤 크고 작은 일 들을 했는지(희생 여부와 그 종류)를 쓰고, 이런 일이 살짝 힘들다는 느낌이 있어도 꾹 참고 넘겼는지 아니면 감정을 표현했는지를 물었다. 그리고 마지막으로 그날의 기분, 관계에 대한 만족도를 체크하도록 했다. 이렇게 하면 희생이 있고 없음에 따라, 그리고 희생에 대한 자신의 감정을 충분히 표출했느냐에 따라 자신과 상대방의 행복도 및 관계 만족도가 어떻게 변하는지를 볼 수 있다.

그 결과 자신의 희생이 힘들었음을 연인에게 이야기한 사람들이 그렇지 않은 사람들에 비해 자신의 행복도는 물론이고 연인의 행복도도 더 높은 현상이 확인되었다. 재미있는 것은 희생에 대한 자신의 마음을 표현한 경우 아무런 희생도 하지 않았을 때의 행복도 및 관계 만족도와 별 차이가 없었다는 것이다. 결국 희생이 있더라도 상대방이 이를 잘 알아주면 (희생이 없는 수준과 비슷하게) 별로 힘들지 않다는 이야기가 된다. 이는 연애/결혼 생활의 행복은 희생의 많고 적음보다 이를 서로가 얼마나 잘 알고 있는가 하는 문제에 달려 있음을 보여주는 것 같다. 즉 아무리 힘들어도 상대방이 그 사실을 잘 알아준다면 견딜 만해진다는 것, 그리고 이를 위해서는 힘든 감정을 솔직히 표현하는 것이 꼭 필요하다는 것이다.

나아가 연구자들은 이렇게 서로 희생에 대해 잘 표현하느냐(잘 알고 있느냐) 여부에 따라 3개월 후 관계가 어떻게 달라지는지를 살펴봤다. 그 결과 힘든 점을 연인에게 잘 표현한 사람들이 그렇지 않은 사람들에 비해 헤어지려는 생각도 덜하고 더 안정적인 관계를 유지하는 것으로 나타났다. 힘든 감정을 숨기지 않고 적절하게 표현해주는 것이 장기적으로도 더 좋다는 것이다.

물론 시도 때도 없이, 거칠고 배려 없는 잘못된 표현방식으로 상대방에게 불만을 표출하는 것은 바람직하지 않다. 관계에서 상대방에게 감정을 표현하는 목적은 단순히 내 감정을 분출하고 해소하려는 게 아니라는 것을 기억하자. 물론 그렇게 하면 감정의 해소는 일어나겠지만, 그 이상의 긍정적인 목적은 이룰 수 없을 것이다. 따라서 서로가 적절한 방식으로 "내가 당신을 위해 이런 것들을 하고 있습니다"라고 알리고, 또 가능하면 상대가 표현하기 전에 먼저 잘 알아주는 노력이 필요할 것이다.

또한 연인관계뿐 아니라 모든 관계는 어느 정도 동등하게 오고 가는 게 있어야 잘 유지가 된다는 점을 기억하자(사회적 교환이론). 누가 먼저랄 것도 없이 서로 잘해주고 베푸는 관계에서는 누구도 손해보는 느낌이 들지 않을 것이다. 하지만 내가 아무리 베풀어도 물질적으로든 정서적으로든 돌아오는 게 아무것도 없는 관계라면 서운함은 물론 일방적으로 당하고 있다는 느낌마저 들 것이다. 심한 경우 이런 관계에 매달리고 있는 자기 자신이 한심해지고, 곧 그 관계를 정리하게 되는지도 모르겠다. 건강한 관계에 있어 상호성은 꼭 필요한 요건이다.

지금까지 월요일의 다사다난한 일들로부터 우리를 구원해주는 자기 통제력에 관한 여러 이야기들을 살펴보았다. 이를 통해 우리는 인간은 기계가 아니며, 정신력이란 에너지 소모 상태나 주변 시선 등의 상황에 크게 영향을 받는다는 사실을 알게 되었다. 이어지는 화요일 파트에서는 자기통제를 어떻게 잘 할 수 있을지 본격적으로 살펴보자.

가난이 IQ를 떨어뜨린다?

편견은 타인의 부정적인 시선에 대응하며 열심히 자기검열을 하게 만들어 우리의 정신력을 갉아먹는다. 이와 마찬가지로 '가난'도 우리의 정신력을 쇠하게 한다. 이렇게 자기통제력 및 다양한 인지능력은 우리가 흔히 생각하는 것처럼 100퍼센트 개인의 탓이라기보다 '사회적 요소'의 영향을 받게 된다.

최근 〈사이언스 *Science*〉지에 실린 한 연구에 의하면, 같은 사람도 물질적으로 풍족할 때에 비해 가난할 때 각종 인지적 수행과 자기통제력이 떨어지는 모습을 보였다. 지능 지수*IQ*로는 약 10점 하락한 모습을 보였는데, 이는 하룻밤을 완전히 새거나 만성적인 알코올 중독 상태에 빠지는 효과와 비슷하다.

연구자들은 다음과 같은 실험을 했다. 쇼핑몰에서 만난 소득 수준이 높거나 낮은 사람들에게 "차가 고장 나서 1,500달러를 수리비로 지출해야 한다면 어떻게 할 것인가?"와 같은 돈과 관련된 걱정을 발생시키는 질문을 했다. 그리고 나서 공간지각력 등을 측정하는 지능검사와, 컴퓨

터 화면에 특정 자극이 나타나면 자극과 같은 방향을, 어떤 자극이 나타나면 반대 방향을 재빨리 누르도록 하는 인지적 통제능력*cognitive control*(목표에 따라 생각과 행동을 조절하는 능력) 과제에 임하도록 했다.

그 결과 돈에 대한 걱정이 특히 가난한 사람들의 지능과 통제력을 저하시키는 것이 확인됐다. 즉 재정적 상태에 대한 걱정은 가난한 사람들에게 악성코드처럼 신경을 좀먹는 역할을 해서 다른 일을 잘 못하게 만든다는 것이다.

또 다른 실험에서는 인도의 농부들을 대상으로 동일인의 수확 전(물질적으로 빈곤)과 수확 후(물질적으로 풍요) 지능과 자기통제력을 측정했다. 그 결과 이번에도 불과 몇 달 사이에 동일한 사람이 재정 상태에 의해 인지능력과 자기통제력에서 큰 차이를 보이는 현상을 확인했다. 연구자들은 이런 효과는 결국 '돈에 대한 걱정과 스트레스' 때문에 발생한다고 생각했다. 따라서 가난한 사람들의 삶을 향상시키기 위한 사회 정책들도 이런 걱정을 없애는 데 초점을 맞춰야 한다고 말하기도 했다.

이렇게 편견이나 가난 같은 환경적 요소도 사람들의 인지능력과 자기통제력에 영향을 미치는 것을 보면 정신력도 사람마다 출발선이 다르며 아무나 쓸 수 있는 게 아님을 알 수 있다. 따라서 개인의 정신력을 탓하기 전에 개인의 정신력을 갉아먹는 각종 사회적, 환경적 요소들을 개선하기 위한 노력이 선행되는 것이 좀 더 바람직할 것이다.

Tuesday
효율적으로 일하기–동기부여 방법

　마침내 월요일이 지나갔다! 그런데 그런 안도감도 잠깐일 뿐, 이제 겨우 화요일밖에 되지 않았다. 주말까지는 4일이나 남았고, 아직도 할 일은 산더미같이 쌓여 있는 화요일. "제발 꿈이라고 해줘!"라는 외침이 절로 나온다.

　그래도 별수는 없다. 월요일과 마찬가지로 화요일도 열심히 살아내야 한다. 월요일에 당분을 충전해가며 꾸역꾸역 다잡은 마음을 오늘까지는 지속시킬 수 있는 좀 더 구체적이면서 효과적인 방법이 없을까?

　또 아직 주말이 멀었다는 사실에 화가 나긴 하지만, 화요일은 분명 월요일보다는 마음의 여유가 있는 날이다. 월요일에는 정신줄을 붙잡는 데에만 급급했다면 화요일부터는 조금씩 일을 즐기면서 할 여유도 생기는 것 같다. 어떻게 하면 화요일을 더 즐길 수 있을까?

화가 나지 않는
화요일 살기

화요일은 두 번째 월요일이라고 해도 될 만큼 월요일의 연장선상에 있다. 월요일에는 흐트러진 정신력을 붙잡기 위해 고군분투했다면 화요일에는 애써 잡은 정신력을 잘 유지하도록 노력해야 하는데, 그렇다면 월요일에 이어 화요일을 잘 보내게 해줄 기술들은 어떤 것이 있을까?

앞에서, 우리가 해야 할 일을 잘해내지 못하는 이유는 지식 부족보다 에너지 부족 때문일 가능성이 크다는 얘기를 했다(자기통제 실패). 따라서 원하는 일을 잘해내기 위해서는 우선 충분한 에너지가 갖춰졌는지, 쓸데없이 에너지를 소모시키는 일이 없는지를 살펴봐야 한다. 그리고 그와 더불어 그 일을 하고 싶은 마음을 더 강하게 만들어주는 '동기부여'가 중요한 역할을 한다. 동기부여를 통해 좋은 결과를 만드는 것이다.

따라서 화요일에는 좀 더 구체적인 자기통제와 동기부여 방법에 대해 이야기해보려고 한다. 즉 해야 할 일을 잘해내기 위해 구체적으로 적용할 수 있는 방법을 알아봄으로써 '작심삼일', '귀차니즘', '미루기' 등은 날려버리고 일주일이라는 긴 마라톤을 잘 완주하기 위한 초석을 단단히 깔아보도록 하자.

···▸ 스트레스 줄이기 연습

먼저 에너지 충전에 관한 이야기를 해보자. 충전기만 연결하면 바로 충전되는 휴대전화처럼 사람의 에너지도 어디 잠깐 꽂으면 금방 충전되는 존재라면 얼마나 좋을까? 아니면 인간용 보조 배터리라도 있어서 힘이 고갈되었을 때 쉽게 갈아 끼울 수 있다면 어떨까?

인간은 충전기를 연결하거나 배터리를 교체할 수는 없지만, 사실 이와 비슷하게 할 수 있는 것이 있다. 바로 당을 보충해주는 것이다. 앞서 자기통제 과제를 한 후 설탕을 먹은 사람들은 자기통제력이 회복되었다는 연구 결과를 이야기했다. 그런데 최근에는 설탕을 섭취하지 않고 설탕물로 입을 헹구는 것만으로도 일정 수준 자기통제력이 회복되는 효과가 나타난다는 연구가 나왔다. 우리 뇌는 설탕을 감지하기만 해도 그것을 에너지가 들어왔다는 신호로 받아들이기 때문에, 그로 인해 다시 자기통제력이 가동된다는 것이다. 하지만 이 청신호가 에너지가 들어왔다는 착각에 의해 켜졌다는 것을 고려하면, 그 효과가 얼마나 지속될지는 모르겠다. 한 가지 덧붙이면 이 연구에서도 인공감미료는 자기통제력을

회복시키는 데 효과가 없었다. 이는 우리 뇌가 진짜 에너지원을 기똥차게 구분해내기 때문이라고 한다.

하지만 그렇다고 당 보충이 모든 걸 해결해주는 것은 아니다. 적절한 당은 뇌 활동을 활성화하지만 지나칠 경우 오히려 뇌 기능에 해를 끼칠 수 있다는 연구도 있다. 이는 연료를 필요 이상으로 지나치게 채울 필요는 없다는 얘기로, 고갈된 정신력을 채우기 위해 하나둘 먹기 시작한 초콜릿이 어느새 바닥을 드러내고 있다면 이 점을 상기해보자.

한편 복잡한 생각과 스트레스는 각종 수행의 큰 적이다. 그 이유는 정신력과 사고력을 발휘하기 위해서는 가뜩이나 많은 양의 에너지가 필요한데 에너지 소모를 촉진시키는 또 다른 일들에 휘말려 있으면 자기통제에 실패할 확률이 높아지기 때문이다. 그래서 중요한 일을 앞두고는 스트레스를 주는 일은 피하고, 신경 쓰던 일도 잠시 내려놓으면서 마음의 여유를 갖는 것이 매우 중요하다.

한 실험에서는 아무런 소음을 듣지 않은 사람들, 예측 가능한 소음을 들은 사람들(일정 간격으로 나타나는 소음), 예측 가능하지 않은 소음을 들은 사람들(언제 나타날지 알 수 없는 소음) 중 예측 가능하지 않은 소음을 들은 사람들, 즉 가장 높은 불확실성과 긴장, 스트레스에 시달린 사람들이 다른 조건의 사람들에 비해 주의력, 끈기 등이 가장 낮아지는 모습을 보였다. 주변 환경에서 오는 스트레스가 사람들의 수행에 어떤 영향을 미치는지 연구한 심리학자 제럴드 가드너*Gerald T. Gardner*는 이런 현상을 확인하고는 스트레스가 우리 안의 어떤 자원을 앗아가거나, 스트레스에 어떤 '정신적 비용*psychic cost*'이 수반된다고 이야기했다.

학생들을 대상으로 한 연구에서는, 학생들은 특히 스트레스가 많은 시험기간에 자기통제력이 요구되는 다양한 일들에 실패하는 경향을 보인다는 것을 확인했다. 학생들은 평소보다 시험기간에 감정조절에 실패하고(갑자기 막 화를 낸다든가), 정크 푸드를 많이 먹고, 약속을 잘 안 지키며 과소비하는 경향을 보였다. 즉 신경 쓸 일과 스트레스가 많을 때 우리는 감정이나 생활 패턴을 잘 조절하지 못할 수도 있다는 것이다. 여기서도 마찬가지로 조절을 안 하고 싶어서라기보다 스트레스 때문에 중요한 에너지를 소모하게 되어 수행이 떨어졌다는 것이 포인트다. 따라서 중심을 잘 잡고 보람 있는 화요일을 보내기 위해서는 중요하게 처리해야 할 일 외에 신경 쓸 일이 너무 많은 것은 아닌지 살펴보는 것이 좋다. 쓸데없이 복잡한 일들은 미리미리 정리해두어야 할 것이다.

스트레스를 해소하기 위해서는 친구들과 수다를 떨거나 재미있는 텔레비전 프로그램을 보면서 기분전환을 하는 것이 도움이 된다. 이렇게 만들어진 긍정적 정서는 스트레스를 해소시키는 데 중요한 역할을 한다. 많은 연구들이 스트레스를 받았을 때 재미있는 영상을 봄으로써 긍정적 정서를 느끼게 되면 부정적 정서가 줄어들고 스트레스 또한 줄어든다는 사실을 확인했다. 긍정적 정서는 스트레스를 줄여줄 뿐 아니라 자아고갈 상태에서 우리를 회복시켜주는 등 떨어진 수행을 다시 회복시키는 효과도 있다. 따라서 학자들은 긍정적 정서가 마치 마법의 지우개처럼 스트레스나 에너지 고갈을 '취소' 또는 '치료'하는 효과가 있다고도 이야기한다.

사실 우리는 스트레스를 방어해주는 긍정적 정서의 효과를 이미 잘

활용하고 있다. 한 조사에 의하면 우리나라 직장인의 약 70퍼센트가 인터넷 유머 사이트에 접속하며, 이 중 약 40퍼센트가 업무 도중 틈틈이 그 사이트에 접속한다고 한다. 업무 사이사이 잠시 짬을 내어 웃고 가는 것이 스트레스도 줄이고 수행도 향상시키는 등 좋은 영향을 주고 있을지도 모르겠다.

···▶ 믿음이 보약이다

적절한 당 보충과 충분한 휴식, 스트레스를 줄여 쓸데없는 에너지 소모를 줄이는 방법으로 에너지를 확보했다면 이제 '믿음'의 힘을 빌려보도록 하자. 목표를 향해 열심히 달려가다가 어느 순간 그 일을 포기해버렸던 경험이 있는가? 예를 들어 이성의 마음을 얻으려고 했다가 중간에 마음을 접어버렸다든가, 어떤 시험을 준비하다가 그만둬버렸다든가 했던 경험 말이다. 잠시 동안, 포기를 결심한 그 순간을 기억해보자. 아마 그때 당신은 "더 이상 할 수 있는 게 아무것도 없어"라고 생각했을 것이다.

일반적으로 사람들은 뭔가를 더 이상 내 힘으로 할 수 없다고 느낄 때 그 일을 그만두게 된다. 일이 어려울 거 같다고 지레 겁을 먹거나 "결과는 뻔할 거야"라는 생각을 하게 되면 도중에 멈추게 되고 결국 좋지 못한 결과를 얻게 된다. 예를 들어 "경쟁률이 이렇게 높은데 내가 합격할 수 있겠어?"라고 생각하면, 지원 자체를 아예 포기해버리고 당연히 합격하지 못하는 일이 벌어질 수 있다. 어차피 불가능한 일이라면 빨리 포기해서 노력에 드는 자원의 소모를 줄이고 마음이라도 편해지는 게 낫다고 생각하게 되는 것이다. 물론 목표를 터무니없이 높게 세워서 쓸데없는 에너지를 낭비하는 것은 바람직하지 않다. 프랑스어를 유창하게 구사해야 하는 일에 프랑스어의 '프' 자도 모르는 사람이 지원해봤자 서류 낭비, 시간 낭비만 될 거라는 사실은 너무도 뻔하다. 차라리 가능성이 제로인 일에는 빨리 손을 떼고 그 시간을 내가 잘할 만한 일에 투자하는 것이 훨씬 나을 수 있다. 한정된 자원과 기회를 현명하게 쓰는 일은 아주 중요하다.

그러나 우리가 여기서 주목할 것은 바로 '할 수 있는 게 아무것도 없다'는 느낌이 '거짓'일 때다. 실제로는 능력이 충분한데도 지레 겁을 먹고 뒷걸음질 치는 경우라고 하겠다. 눈앞에 있는 벽이 사실은 살짝만 밀어도 무너지는 것인지 높이가 매우 낮아서 껑충 뛰어넘을 수 있는 것인지는 확인하지도 않고, "이건 분명 내가 넘을 수 없는 거대하고 견고한 벽일 거야"라고 짐작하고는 우두커니 멈춰 서버리는 경우 말이다.

실제로 자신의 능력을 지나치게 과소평가하는 사람들은 그렇지 않은 사람들에 비해 같은 과제도 훨씬 어렵다고 생각하는 경향이 있다. 그 결과 과제를 잘해내기 위한 전략이나 계획도 짜지 않고 그대로 방치하는 경향을 보인다. 어차피 해도 안 된다고 생각하기 때문에 별로 노력하지 않는 것이다. 그러는 동안 스트레스도 엄청 받아서 일의 능률을 떨어뜨리는 비생산적인 모습을 보인다. 또 어떤 일에서든 예상치 못하게 발생할 수 있는 장애물을 만나면 "거봐, 역시 어렵잖아", "내가 그렇지, 뭐"라며 기다렸다는 듯 좌절하고 백기를 든다. 이들은 불안이나 긴장 같은 감정에 대해서도 "내가 능력이 없으니까 이렇게 불안하고 힘든 거야"라

며 자기학대에 빠져들기 일쑤다. "나는 잘 못할 거야"라는 작은 믿음이 자석처럼 무기력, 방관, 스트레스, 좌절, 자기학대를 불러 정말로 좋지 못한 결과를 가져온다는 것이다. 마치 스스로 만든 감옥에 갇혀 있는 것 같은 모습이다.

물론 자신의 능력에 대해 지나치게 과대평가하는 것이 좋다는 이야기는 아니다. '나에게 그 일은 식은 죽 먹기'라는 식으로 일을 너무 쉽게 보고 자신의 능력을 과대평가 하게 되면 오히려 방만해져서 수행이 떨어질 수도 있다. 항상 적당한 게 최고이듯 내 능력에 대한 믿음 또한 그러하다. 믿음이 만능은 아니고 그렇게 믿는다고 바로 현실이 되는 일은 없다. 하지만 믿음은 특히 '이 일이 얼마나 하고 싶은지'와 관련해 우리의 행동에 영향을 주기 때문에(노력 자체를 하느냐 안 하느냐의 여부 등등) 실제 능력 못지않게 자신의 능력에 대해 '어떤 믿음을 갖고 있는가' 하는 것이 큰 영향력을 지닌다.

이런 믿음의 힘은 우리가 의지력을 발휘하는 데에서도 나타난다. 다음의 두 문장을 읽어보자.

A: 자유의지 *free will* 란 없다. 우리의 행동은 우리가 자각하지 못하더라도 타고난 성격, 지능 같은 내적 요소나, 환경 같은 외적 요소에 의해 대부분 정해진다. 우리가 마음이라고 부르는 것도 뇌의 전기적 신호일 뿐이며 우리가 스스로의 의지에 의해 생각하고 행동한다는 생각은 그저 환상에 지나지 않는다.
B: 자유의지는 존재한다. 우리는 유전이나 환경의 영향을 많이 받지

만 그래도 결국 어떻게 행동할 것인가 하는 문제는 우리의 선택에 의해 최종 결정되며 우리는 자신의 선택을 통해 얼마든지 주어진 운명을 벗어나 자신만의 길을 개척할 수 있다.

당신은 A와 B 중 어떤 주장에 더 동의하는가? 자유의지의 존재 여부는 결코 쉽게 결정지을 수 있는 문제가 아니다. 하지만 실제 존재 여부와는 상관없이 자유의지에 대해 어떤 믿음을 가지고 있는가 하는 문제는 의지력에 상당한 영향력을 끼친다.

자유의지의 존재를 믿는 사람들, 즉 나는 내 뜻대로 내 삶을 개척할 수 있다고 믿는 사람들은 운명론에 가까운 믿음을 가지고 있는 사람들에 비해 각종 자기통제 상황에서 더 좋은 수행을 보인다. 이들은 과제에서 부정행위를 덜 하고 사람들에게도 친절을 베푸는 등 더 적응적인 행동을 한다. 성격적으로 얼마나 꼼꼼하고 성실한가와 상관없이 직장에서 더 높은 성과를 내며 좋은 평가를 받기도 한다.

반면 자신의 의지력을 믿지 않는 사람들(자유의지에 회의적인 사람들)은 비교적 고삐가 풀린 듯한 모습을 보인다. "나는 못할 거야"라고 생각하는 사람들이 빠르게 좌절하고 포기해버리는 것과 비슷하다. 의지력의 존재를 믿지 않으며 따라서 자신의 행동을 통제할 수 없다고 생각하는 사람들은 아예 통제하려는 노력을 하지 않고 그냥 손을 놔버리는 것이다.

이렇게 자신의 능력에 관한 믿음, 그리고 자유의지에 관한 믿음 등이 사회생활, 회사 업무, 도덕적 행동 등 상당한 의지력이 필요한 삶의 다

양한 영역에서 차이를 발생시킬 수 있다. 따라서 "그래도 할 수 있어"라고 긍정적으로 생각하는 것이 더 생산적인 일일 것이다. 의지력의 힘을 믿는 만큼 자신의 행동을 통제하기 위해 노력하게 되고, 그 결과 실제로 좋은 성과를 얻게 된다는 사실을 잊지 말자.

기꺼이 그 일을
하고 싶은 마음

　지금까지는 '해야 하는 일'을 완수하게 해주는 것에 초점을 맞췄다면 이제 그것을 '하고 싶은 일'로 만드는 방법에 대해 이야기해보자. 여러 번 이야기했지만, 우리가 목표 달성에 실패하게 되는 가장 큰 이유는 대부분 자기통제에 실패하기 때문이다. 그만큼 하기 싫은 마음이나 놀고 싶은 유혹 등을 극복하기 어렵다는 얘기가 되겠다. 하지만 만약 우리가 그 과정을 힘들고 짜증 나기보다 조금이나마 신나고 즐거운 일로 받아들인다면 애초에 이렇게 힘겨운 자기와의 싸움을 덜 해도 되지 않을까?

　이런 맥락에서 사실 제일 좋은 것은 자신이 진정으로 하고 싶은 일만 하며 사는 것이지만 언뜻 생각해도 인생은 그렇게 호락호락한 것이 아니다. 공부나 일, 건강 지키기처럼 우리 삶에서 중요한 몇 가지만 봐도, 우리가 하고 싶은 일만 하면서 살 수는 없음을 알 수 있다.

따라서 지금부터는 귀찮고 힘든 일들도 하고 싶은 일로 만들어주는 '동기부여' 방법에 대해 알아보도록 하자. 이런 동기부여는 자기통제의 필요성을 줄인다는 측면뿐 아니라 자발적인 노력을 촉진시킨다는 점에서도 우리 삶에 큰 도움을 준다.

···▸ 동기를 북돋우는 '의식'

마음에서 내키는 일을 할 때는, 하기 싫고 귀찮은 마음을 참기 위해 에너지(의지력)를 낭비하지 않아도 되기 때문에, 목표를 달성하기 위한 과정이 훨씬 수월해진다. 실제로 연구에 의하면, 사람들은 같은 일을 해도 자신이 원해서 하는 일일 경우, 그렇지 않을 때에 비해 자아고갈 현상을 덜 겪는 모습을 보인다.

게임회사에 다니는 지인이 게임을 놀이로 한다면 하루 종일 쉬지도 않고 할 수 있겠지만, 그것도 회사의 업무가 되면 금세 지치고 귀찮아진다는 얘기를 한 적이 있다. 독서가 취미인 사람이라면 하루에도 몇 시간씩 한 자리에 앉아서 책을 뚝딱 읽을 수 있겠지만, 그것을 직업으로 삼거나 필요 때문에 어쩔 수 없이 읽게 되면 자발적으로 책을 읽을 때보다 훨씬 더 많은 에너지를 소모해가며 그 일을 수행하게 될 것이다. 이렇게 순수한 내적 동기에 의해 하는 일은 자기통제력을 덜 요구하며, 따라서 에너지 소모가 적다. 이 말은 에너지 소모를 줄이려면 귀찮고 하기 싫은 일을 하고 싶은 일로 바꾸면 된다는 얘기가 되는데, 그렇다면 어떻게 귀찮고 하기 싫은 일을 하고 싶은 일로 바꿀 수 있을까?

캐나다 토론토대학의 심리학자 마이클 인즈리히트Michaek Inzlicht는 '관점'이 중요하다고 이야기한다. 예를 들어 조깅 같은 경우 관점에 따라 건강을 위해서 또는 누가 하라고 해서 억지로 하는 일이라고 볼 수도 있지만 스스로의 휴식과 재충전을 위한 즐거운 일이라고 볼 수도 있다. 생각하기 나름이라는 것인데, 물론 어떻게 생각해도 하기 싫은 일들이 있을 것이다. 하지만 사실 대부분의 일에는 코딱지처럼 아주 작더라도 나름의 기쁨이나 보람이 있기 마련이다. 그것에 주목하라는 것이다.

관점에 따라서는 하기 싫었던 일이 하고 싶은 일, 또는 적어도 '아주 나쁘지만은 않은 일'이 될 수 있다. 그 밖에 '조깅을 하면 지구력도 기르고 살도 빠질 것'이라는 식으로 최대한 구체적으로 생각해보는 것도 도움이 되겠다.

이번에는 앞서 관점을 바꾸는 것보다 훨씬 더 간단한 방법을 이야기해보자. 당신은 음식을 먹기 전에 특별히 하는 행동이 있는가? 수저를 들기 전에 기도를 꼭 한다든가, 맛을 보기 전에 냄새를 맡으면서 코로 먼저 음미하는 것 같은 행동들 말이다. 먹기 전에 행하는 일종의 의식ritual(의미를 담은, 규칙이 있는 일련의 행동)이 실제로 음식 맛을 돋우는 효과가 있다는 연구가 있다.

미네소타대학의 심리학자 캐슬린 보스Kathleen D. Vohs와 동료들은 다음과 같은 실험을 했다. 우선 첫 번째 실험에서는 한 조건(의식 조건)의 사람들에게 초콜릿바를 먼저 반으로 나누어 두 개 중 한쪽 껍질을 먼저 까서 먹고 그다음 다른 쪽 껍질을 까서 먹게 했다(간단한 의식으로 볼 수 있다). 다른 조건은 별 다른 지시 없이 바로 먹게 했다. 그 결과 초콜릿을 먹

기 전 일종의 의식을 치른 사람들이 그렇지 않은 사람들에 비해 초콜릿을 더 천천히 음미하면서 먹었고, 더 맛있다고 했으며, 이 초콜릿을 사기 위해 더 많은 돈을 지불할 의향이 있다고 답했다. 작은 의식으로 인해 초콜릿에 대한 선호가 훨씬 더 깊어진 것이다.

두 번째 실험에서는 초콜릿보다 덜 맛있는 당근을 가지고 실험했다. 굳이 당근을 쓴 이유는 별로 맛있지 않고 사람에 따라 싫어할 수도 있는 음식에 대해서도 같은 효과가 나타나는지를 살펴보기 위해서였다. 연구자들은 사람들에게 각각 세 개의 당근을 주고 한 조건에서는 일련의 행동을 세 개의 당근에 대해 반복적으로 수행(의식 조건)하면서 먹게 했고, 다른 조건에서는 서로 다른 무작위적인 행동을 하면서 당근을 먹게 했다. 조건별로 의식을 행하거나 행하지 않은 후 어떤 사람들은 바로 먹었고 또 어떤 사람들은 조금 기다린 다음 먹었다.

그랬더니 다음과 같은 결과가 나타났다. 우선 그래프의 보라색 막대와 회색 막대를 비교해보면 먹기 전에 의식을 치른 사람들이 그냥 무작위적 행동을 한 사람보다 당근을 더 맛있게 느꼈음을 확인할 수 있다. 그

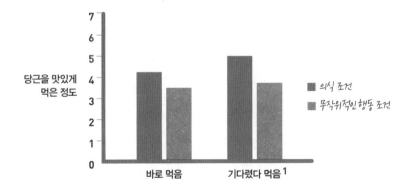

리고 이 효과, 즉 의식에 의해 음식이 맛있어지는 효과는 의식을 치른 후 잠시 동안 시간 간격을 두면 더 증폭되었다. 그래프의 왼쪽과 오른쪽을 비교해보면 기다렸을 때와 기다리지 않았을 때, 보라색 막대(의식 조건 사람들이 맛있게 먹은 정도)에서 차이가 나는 것을 볼 수 있다.

정리하면, 작은 의식과 기다림이 그리 맛있지 않은 당근도 비교적 맛 있게 만드는 놀라운 효과를 발휘했다는 것이다. 이런 효과가 일어나는 이유에 대해 연구자들은 간단한 먹는 행위지만 의식을 통해 음식의 내 적 의미(나와 음식 사이에 더 깊은 관계가 형성됨)가 깊어지고 내적 동기 (누구보다 바로 내가 이 음식을 진심으로 원한다) 또한 높아지기 때문이라 고 설명했다. 의식 후 잠깐 기다리는 것 또한 당근을 먹는 것에 대한 기 대를 높여 내적 동기를 높인다고 보았다. 실제로 추가 연구에서 의식을 통해 향상된 내적 동기가 음식이 맛있어지는 효과를 전부 설명한다는 것이 확인되었다.

어떤 일을 할 때 외부의 영향에 의해 떠밀려 하는 것보다 스스로 하 고 싶어서 했을 때(내적 동기가 높을 때) 일반적으로 더 만족스럽고 좋은 성과가 나타난다는 사실은 이미 많이들 알고 있을 것이다. 예컨대 열심 히 공부하고 있는데 엄마가 들어와서는 "공부 좀 해!"라고 말하면 갑자 기 공부할 의욕이 싹 달아났던 경험이 있지 않은가? 그만큼 나의 행동 이 외부의 영향에 의한 것인지 아니면 스스로 원해서 하는 것인지의 여 부는 우리의 동기와 성과에 커다란 영향을 미친다.

또한 앞서 얘기했듯 내적 동기에 의해, 스스로 원해서 하는 일은 그 렇지 않은 일들에 비해 정신력 소모가 훨씬 덜하다. 어떤 일에 대해 의욕

을 불어넣는다는 점뿐 아니라 에너지 소모를 줄일 수 있다는 측면에서도 내적 동기를 높이는 것은 중요하다.

이 연구와 관련하여 한 가지 더 재미있는 사실은 이런 의식 효과가 '남이 하는 걸 지켜보는 것'만으로는 나타나지 않았다는 것이다. 오로지 자신이 직접 할 때만 의식이 동기 수준을 높이는 현상이 나타났다.

결국은, 어떤 일을 하기 전에 직접 치르는 간단한 의식이 그 행동에 대한 우리의 내적 동기를 증폭시키는 역할을 한다는 게 핵심이다. 이 점을 고려하여, 하기 싫은 일들, 특히 공부나 운동을 하기 전에 가벼운 의식을 치러서 동기를 높여보면 어떨까? 공부를 하기 전에 두 손으로 책을 경건하게 들어 올린다든가, 업무를 시작할 때 모니터를 쓰다듬는다든가 하는 행위들 말이다. 자신만의 독창적인 의식을 한번 개발해보는 것도 좋겠다.

···› 하나보다는 여러 개가 좋다

동기부여에는 '보상'도 매우 중요하다. 어떤 일이든 나 자신의 즐거움과 뿌듯함, 의미감이라는 내적 보상 또는 물질 같은 외적 보상이 없으면 그 일을 열심히 할 마음이 잘 생기지 않는다. 따라서 다시 한 번 의지를 불태우며 마음을 다잡기 위해서라도 스스로 적절한 보상을 마련해주는 것이 중요하다. 원하는 성과를 내면 먹고 싶은 음식을 마음껏 먹겠다든가 보고 싶은 영화를 보겠든가 하는 것처럼 말이다.

그런데 스스로 이런 보상을 줄 때도 요령이 있다는 사실을 아는가?

연구에 의하면, 큰 보상을 한 번에 몰아서 받는 것보다 서로 다른 여러 개의 보상을 나눠서 받는 것이 우리를 훨씬 기쁘게 하고 동기부여에 효과적으로 작용한다. 사람들에게 지루한 일을 하면 그 보상으로 "선물을 두 개 주겠다"고 하거나 "선물 A와 B를 주겠다"고 이야기한다. 사람들은 둘 중 어느 경우에 제안을 더 수락했을까? 당신의 경우 어떤 것이 더 끌리는가?

결과를 보면, 사실 선물이 같았음에도 불구하고 선물 A와 B를 준다고 했을 때 사람들이 더 흔쾌히 과제에 임하는 모습을 보였다. 즉 우리는 보상에 대해 다양성을 상당히 중요하게 여긴다는 것이다. 실제로 사람들에게 "초콜릿 세 개를 줄까, 아니면 초콜릿 하나 사탕 하나 캐러멜 하나를 줄까?"라고 물으면 대부분 후자를 택하는 경향을 보인다. 사람에 따라서는 다양하게 이것저것 선택하는 것보다 그냥 한 종류만 선택했을 때 더 높은 만족감을 보일 수도 있다. 하지만 일반적으로 우리는 보상의 개수보다 종류를 늘리는 것이 더 합리적이라고 생각한다.

따라서 학자들은 스스로에게 보상을 줄 때도 이처럼 한꺼번에 초콜릿 여러 개를 주는 것보다 오늘은 초콜릿 하나, 내일은 사탕 하나, 그리고 모레는 캐러멜 하나와 같은 식으로 양보다 종류를 다양화하라고 조언한다. 물론 타인의 동기를 북돋을 때도 이 방법을 사용해볼 수 있겠다.

만약 종류를 다양화하기 어렵다면 보상의 내용은 그대로 둔 채 분류법만 바꿔보는 것도 좋다. 예컨대 "이걸 해내면 문화생활을 많이 하겠어!"라고 하는 것보다 "영화 한 편을 보고 어떤 음악을 듣고 어떤 공연을 보러 가겠어!"와 같이 좀 더 다양한 종류의 보상이 있는 것처럼 카테고리

를 자잘하게 나눠놓으면 동기부여에 도움이 될 것이다.

물질적인 보상뿐 아니라 어떤 일을 통해서 얻을 수 있는 기쁨, 보람 등의 내적 보상에 대해서도 두루뭉술한 감정보다 '성취감, 뿌듯함, 자신감' 등 카테고리를 나눠서 생각하는 것이 좋다. 어떤 일을 해내고 나면 여러 개의 선물 상자가 기다리고 있다고 생각해보라는 것. 기억해두었다가 활용해보자.

···▶ 마지막이 의미 있는 이유

우리는 동기부여의 한 방법으로 "언제나 마지막인 것처럼 임하라"라고 말한다. '마지막'은 항상 특별한 의미를 갖는다. 수학여행으로 이미 수십 번을 왔다 갔다 한 장소라고 해도 '졸업여행'이라는 타이틀로 가게 되면 뭔가 특별하다. 그토록 지겨웠던 일이나 인간관계도 갑자기 '오늘이 마지막'이라고 하면 왠지 시원섭섭한 마음이 든다. 이렇게 마지막이라는 것에는 묘한 특별함이 있다. 그 이유는 여러 가지가 있겠지만 그중 하나는 끝이 좋으면 다 좋게 느껴지기 때문이다. 즉 마지막을 어떻게 보내느냐가 전체 경험을 평가할 때 큰 영향을 주곤 한다.

노벨상 수상에 빛나는 심리학자 대니얼 카너먼*Daniel Kahneman*의 오래된 실험을 하나 살펴보자. 연구자들은 사람들에게 고통에 대한 사람들의 반응을 살펴보는 실험이라고 알린 후(물론 이는 거짓이다) 차가운 물에 손을 담그는 실험을 한다. 수행 조건은 다음의 두 가지였다.

1. 짧은 수행: 60초 동안 찬물에 손 담그기(총 60초 동안의 고통).

2. 긴 수행: 60초 동안 찬물에 손 담그기 + 30초 동안 전보다 1~2도 더 차가운 물에 손 담그기(총 90초 동안의 고통).

참가자들은 일단 이 두 가지를 모두 했다. 모든 수행이 끝난 후 연구자들은 참가자들에 "이전에 했던 1, 2번 수행 중 한 가지를 한 번 더 반복해야 하는데 어떤 걸 하겠습니까?"라고 물었다. 당신은 1번 수행과 2번 수행 중 어떤 것을 다시 하겠는가? 아무래도 더 짧은 시간 동안 진행되는 1번을 선택할 것 같지 않은가?

하지만 놀랍게도 결과는 그렇지 않았다. 대부분의 사람들(32명 중 22명, 즉 69퍼센트)이 2번을 선택했다. 분명 2번이 고통받는 시간이 더 길었음에도 불구하고 마지막에 아주 살짝 좋았기 때문에 "이게 좀 더 좋았던 것 같아"라는 느낌을 갖는 것이다. 실제 경험이 어떠했든지 간에 마지막이 좋으면 그 경험이 모두 좋았던 것처럼 느껴지는 것이다.

이러한 현상이 나타나는 이유로, 연구자들은 우리의 감각기관들이 대체로 기간duration보다는 크기나 강도magnitude 정보에 민감하도록 만들어져 있기 때문이라고 이야기한다. 예컨대 소음 같은 경우도 얼마나 오래 지속되었는지보다 크기에 좀 더 민감하고, 음식에 대해서도 맛이 얼마나 강한지(얼마나 달콤한지, 매운지) 같은 정보는 먹으면서 바로 바로 알게 되지만 양적이나 시간적으로 얼마나 먹었는지는 굳이 신경 쓰지 않는다(그래서 더더욱 아무 생각 없이 계속 먹게 되지 않던가?).

그래서 마지막만큼은 아름답게 꾸며서 일종의 각색 효과를 노려볼

수도 있겠다. 과정이야 어떻든 마지막을 아름답게 장식해서 결국 좋게 기억하게 되면 "그래, 힘든 일들도 결국 다 잘 풀리기 마련이니까 난 잘 할 수 있어" 같은 긍정적인 생각과 통제감을 가질 수 있지 않을까?

마지막이 소중하고 특별한 또 다른 이유는 '진짜 마지막'이기 때문이다. 그 경험을 할 기회가 그것으로 끝이기 때문에 그 순간은 절대 놓쳐서는 안 되는 소중한 순간이 된다. 그러다 보니 그냥 '마지막'이라는 말만 붙여도 사람들은 이 기회를 절대 놓칠 수 없다며 활활 불타오른다.

미시간대학의 심리학자 에드워드 오브라이언*Edward H. O'Brien*과 동료들은 다음과 같은 실험을 했다. 사람들에게 다섯 개의 초콜릿을 주고 각각의 맛을 테스트하기 위한 실험이라고 한다. 그리고 먹고 난 후 초콜릿들이 전반적으로 얼마나 맛있었는지, 다섯 개 중 제일 맛있었던 것은 무엇인지 말해달라고 한다. 단, 한 조건에서는 계속 "다음, 다음…"이라고 말하면서 초콜릿을 주었고, 다른 조건에서는 "다음, 다음… 그리고 마지막"이라고 말하면서 초콜릿을 주었다. 물론 다섯 개의 초콜릿은 모두 같은 것이었고, 두 조건의 참가자들은 서로 같은 초콜릿을 먹었다.

이때 어떤 조건의 참가자들이 더 전반적으로 초콜릿이 맛있었다고 했을까? 정확히 같은 초콜릿인데 설마 '마지막'이라는 말이 들어갔다고 해서 더 맛있었다는 대답이 나올까 싶다. 하지만 결과는 정말로 그랬다. '마지막 초콜릿'이라고 명명된 초콜릿을 먹은 사람들이 '다음 초콜릿'을 먹은 사람들보다 초콜릿이 전반적으로 더 맛있었다고 평가했다.

이번에는 '다섯 개 중 제일 맛있었던 초콜릿'을 고르는 데 차이가 있었는지 살펴보자. 다섯 개가 모두 같은 초콜릿이었기 때문에 각각 20퍼센트씩 득표하는 것이 이론적으로는 맞을 것이다. '다음 초콜릿'을 먹은 사람들은 실제로 모든 초콜릿에 비슷한 수준의 선호도를 보였다. 하지만 '마지막 초콜릿'을 먹은 사람들은 무려 70퍼센트가 마지막 초콜릿이 제일 맛있었다며 표를 몰아주는 경향이 나타났다. 똑같은 초콜릿이었는데도 불구하고 사람들은 '마지막 초콜릿'이라고 불린 초콜릿을 더 맛있어했다는 것이다.

연구자들은 이 현상에 대해 사람들은 보통 제일 맛있는 음식이나 좋은 일을 마지막까지 아껴두려고 하는데, 굳이 그러지 않아도 마지막은 저절로 특별해지기 마련이라고 이야기하기도 했다. 마지막이라는 정보가 주어지는 순간 '이제 더 이상은 없어!'라며 우리의 동기 수준이 확 높아지기 때문이다.

일이 귀찮고 의욕은 바닥일 때 "이게 마지막일지도 몰라"라고 생각해보는 것도 좋은 방법인 것 같다. 공부를 할 때 "태어나서 이렇게 열심히 공부하는 경험은 이게 처음이자 마지막"이라고 하며 버텨보는 것도 좋을 것이다.

의지력을 단련하는
지름길 코스

　뭐든 그렇겠지만 자기통제력을 향상시키는 좋은 방법 중 하나는 '꾸준한 노력'이다. 사람들에게 일정 기간 동안 정기적으로 자세를 교정한다거나 감정조절을 하는 등 의지력을 꾸준히 발휘하게 하면 자기통제 후 나타나는 방전 현상인 자아고갈 현상을 덜 겪게 되는 등 자기통제력이 향상되는 모습을 보인다. 꾸준한 연습을 통해 자기통제력을 좀 더 효과적이면서 효율적으로 발휘하는 법을 터득하게 되는 것이다. 이런 점에서 연구자들은 의지력을 '근육'에 비유하기도 하는데, 꾸준한 운동을 통해 근력이 강해지듯 의지력도 점차 강해질 수 있다는 것이다.

　이렇게 꾸준히 노력하는 것이 정석이긴 하지만 그래도 의지력을 빠르고 쉽게 잘 발휘하도록 하는 다른 방법은 없을까? 이런 우리들을 위해 고맙게도 연구자들이 추천하는 몇몇 지름길들이 있다. 어떤 것들일지 지금부터 살펴보자.

⋯▶ 무조건적 명령문 만들기

여러 번 이야기했지만 자기통제는 불필요한 욕망을 꺾는 것, 즉 유혹에서 벗어나는 것에서부터 시작된다. 그런데 이 단계는 자기통제 과정을 통틀어 가장 큰 난관이라고 할 수 있다. 왜냐하면 유혹을 이기는 것은 너무 힘든 일이기 때문이다.

그렇다면 애초에 쓸데없는 유혹을 원천봉쇄하는 방법은 없을까? 그 방법으로 연구자들은 '○○하면 반드시 ○○한다'는 식의 '무조건적 명령문 만들기if-then plan'를 추천한다. 예컨대 '운동을 열심히 한다' 같은 추상적인 목표 대신, '아침에 눈을 뜨면 팔굽혀펴기를 10번 한다', '계단과 엘리베이터가 있다면 반드시 계단을 택한다', '수학문제를 하나 틀릴 때마다 무조건 앞구르기 10회를 한다'와 같은 구체적인 조건과 행동을 만들어두라는 것이다.

이때 중요한 것은 어떤 환경적 신호를 보면 바로 특정 행동이 자동적으로 튀어나오도록 해야 한다는 것이다. 따라서 무조건적 명령문에는 환경적 단서와 행동에 대한 내용이 함께 들어가야 한다. 또 환경적 단서와 행동은 가급적 구체적이고 쉬워야 한다. 즉 실현 가능해야 한다. 만약 운동을 돕기 위해 만든 명령문이 '폭이 1.7미터고 높이가 30센티미터인 계단을 만났을 때 브레이크 댄스를 춘다'와 같이 난해한 조건과 행동으로 이루어져 있다면 실천 가능성은 아주 낮아질 것이다.

이런 if-then 전략은 힘들게 머리를 굴려서 해야 하는 자기통제를 단순한 주변 자극들에게 위임하는 것이라고 할 수 있다. 다시 말해, '머리에서 행동' 방향의 하향식Top-down 명령으로 이루어지던 자기통제를 '주변 자극에서 행동'의 상향식down-top 명령으로 이루어지게 한다는 것이다. 예컨대 신호등의 빨간불이나 초록불을 볼 때마다 저 불의 의미를 생각하면서 그에 따라 나는 어떻게 행동해야 하는지 머리를 굴린 후 행동하는 것이 아니라 불을 본 순간 자동적으로 멈추거나 걷게 되는 것처럼, 특정 단서와 행동을 바로 연결시켜놓으면 매번 힘들게 머리를 굴릴 필요 없이 바로 목표한 행동을 할 수 있게 된다. 이렇게 환경적 단서와 구체적인 행동을 묶어서 '자동화'시키면 뭘 해야겠다고 의식적으로 생각할 때마다 생기는 귀차니즘 또는 "꼭 오늘 해야 하나. 내일 해도 되지" 같은 잡생각들을 원천봉쇄하는 것이 가능하다.

그 결과 행동을 방해하는 수많은 유혹과의 싸움 없이 비교적 수월하게 운동이나 다이어트 같은 목표에 대한 성공률을 높일 수 있다. 실제로 연구에 의하면 if-then 전략을 쓰는 사람들은 그렇지 않은 사람들에 비해 비교적 적은 에너지를 들여서 자기통제를 하고 그 결과 자아고갈 현상도 덜 겪는다. 비교적 '지속 가능한' 자기통제를 하게 되는 것이다.

if-then 전략은 목표를 향해 집중하고 정진하는 데에도 큰 도움이 된다. 다음의 실험을 살펴보자. 사람들에게 간단한 수학 계산 과제를 시킨다. 과제를 시키기 전 한 조건의 사람들에게는 "정해진 시간 안에 가급적 많은 문제를 풀 거야!"라는 다짐을 하게 만들고 다른 조건의 사람들에게는 "만약 방해를 받는다면, 나는 더욱더 과제에 집중할거야!"라는 다짐을 하게 한다. 전자는 목표가 명시되어 있긴 하지만 '어떻게?'라는 행동 부분이 빠져 다소 모호한 반면, 후자는 구체적인 상황에서의 행동 전략이 명시되어 있다.

그렇다면 둘 중 어떤 다짐을 한 사람이 더 높은 집중력을 보였을까? 실험 결과, 방해받지 않고 정진하는 것이 목표였던 사람보다 단지 방해를 받으면 어떻게 행동할 거라고 생각한 사람들이 더 과제에 잘 집중했다. 목표 자체보다 구체적인 행동 전략을 만들고 그 전략을 잡생각이 들 새 없이 무조건 시행하는 것이 목표 달성에 더 큰 도움이 된다는 것이다.

최근 한 연구에서는 병원에 가는 것 같은 일상적인 일도 그냥 "병원에 가기(병원에 가서 예방접종 맞기)"라고 생각하는 것보다 구체적으로 "몇 날 몇 시에 병원에 가기"라고 구체적인 조건과 행동을 써놓으면 실제로 병원에 갈 확률이 더 높아진다는 것을 확인했다.

최근의 또 다른 연구에서는, 사람들에게 단기적으로나 장기적으로나 꼭 이루고 싶은 개인적 목표를 써보라고 하면 우울증이 있는 사람들은 그렇지 않은 사람들에 비해 '행복해지기' 같은 다소 애매모호해서 직접 실천으로 옮기기 어려운 목표들을 많이 나열한다는 것이 밝혀졌다. 연구자들은 이렇게 모호한 목표는 목표 달성을 어렵게 만들어 또다시 우울증을 악화시킬 수도 있다고 언급하기도 했다.

어떤 목표를 달성하기 위해서는 '목표 A를 달성한다' 정도의 추상적인 생각은 별로 도움이 되지 않는다. '목표 A를 x, y, z 행동을 통해 달성한다' 같은 구체적인 실행 계획이 반드시 필요하다.

Tuesday
효율적으로 일하기

⋯▸ 마음을 차갑게 만들기

이번에도 의지력을 많이 쓰지 않고도 수월하게 자기통제를 할 수 있는 방법에 대해 이야기해보자. 무조건적 명령문을 습관화해서 아예 유혹이 틈타지 않게 하는 것도 좋지만, 항상 그럴 수만은 없을 것이다. 방심하는 사이 이미 유혹이 자리 잡고 말았을 때, 예컨대 다이어트 도중 갑자기 먹음직스러운 치킨을 마주하게 되었을 때 이 유혹을 좀 더 수월하게 극복해내는 방법은 없을까?

이럴 때 우리는 정석대로 치킨과 마주앉아 눈싸움을 해가며 우리가 가진 의지력을 총동원하는 방법으로 유혹을 이겨낼 수도 있겠지만 이보다 좀 더 쉽고 효율적인 방법이 있다. 바로 '주의 흩뜨리기distraction'와 '차가운 마음 전략'이다.

주의 흩뜨리기는 아주 간단하다. 침샘을 자극하는 치킨의 냄새와 눈길을 사로잡는 매끈한 외관에 빼앗긴 마음을 돌릴 수 있도록 아주 재미있는 TV 프로그램을 보거나 게임을 하는 것이다. 도무지 유혹을 이겨낼 자신이 없다면 그 싸움에서 벗어나 도망가는 것도 한 가지 방법이다. 약간 허무해 보이지만 효과만큼은 만점일 것이다.

차가운 마음 전략은 말 그대로 유혹으로 인해 지나치게 뜨거워진 마음을 차갑게 식히는 것이다. 한창 배가 고플 때 장을 보러 간 적이 있는가? 너무 배가 고픈 나머지 이것저것 다 먹을 수 있을 거라는 생각에 많은 양의 음식을 샀는데, 집에 가서 먹다 보니 너무 배가 불러서 결국 음식을 거의 다 남겨버린 경험이 한 번쯤은 있을 것이다. 이렇게 어떤 상태(여기서는 배가 고픈 상태)에 너무 몰입되어 모든 신경과 감정이 그쪽으로 쏠

렸을 때에는 냉정하고 객관적인 판단을 내리기가 어려워진다. 그래서 배가 고플 때에는 그렇지 않을 때에 비해 다 먹지도 못할 정도로 많은 양의 음식을 사들이게 된다. 이런 식으로 일종의 안달 난 상태를 '뜨거운 상태 Hot state'라고 한다. 반면 평상시의 비교적 이성적인 상태를 '차가운 상태 Cold state'라고 한다.

유혹에 빠졌을 때 우리는 이 뜨거운 상태에 돌입한 것이다. 다이어트 도중 치킨을 마주하게 되면 다른 생각은 할 수도 없을 정도로 치킨에 몰입되어 이 세상에 나와 치킨밖에 없는 것처럼 느껴진다. 그럴 때면 "그래, 먹고 죽자"라고 생각하며 오로지 그 상태에만 충실한 판단을 내리게 된다. 다 먹고 나면 이내 후회하게 되겠지만 오직 치킨만이 내 마음속에서 뜨겁게 타오르고 있는 상황에서는 다른 생각이 들 여유는 조금도 없다. 감정적으로 뜨거운 상태일 때에는 중요한 의사결정을 하지 말아야 하는 이유가 바로 이것이다. 그때의 우리는 상당히 근시안적이다.

이럴 때 "잠깐만" 하고 정신을 차리고 치킨을 향해 나아가고 있는 손을 멈추기 위해서는 치킨과 나의 연결고리를 느슨하게 할 필요가 있다. 즉 '차가운 마음'을 회복해야 한다. 그런데 차가운 마음을 어떻게 회복할 수 있을까? 이때는 추상화 작업을 해보는 것이 도움이 된다. "지금 나를 유혹하고 있는 것은 치킨이 아니라 내 몸에 들어올 지방 덩어리다"라든가 "저것은 치킨이 아니라 다이어트 실패의 예고편이다"라는 식으로 맛과 냄새같이 나를 사로잡는 치킨의 유혹 포인트와는 가급적 멀고 추상적인 의미를 부여하라는 것이다. 이렇게 그 대상으로부터 조금 멀리 떨어져 있는 다른 의미를 부여함으로써, 우리는 차가운 마음을 회복하

Tuesday
효율적으로 일하기

여 유혹의 개미지옥에서 빠져나올 수 있게 된다.

갑자기 든 유혹에 빠져버렸을 때에는 주의 흩뜨리기와 차가운 마음 전략(추상화하기)을 통해 눈앞의 유혹에만 팔려 있던 정신을 수습하고 다시 목표 달성을 위해 정진해보도록 하자.

⋯▶ 팔을 안으로 구부리기

자기통제를 물리적으로 돕는 방법도 있다. 바로 '팔을 안으로 구부리는 것'이다. 말 그대로 팔을 쭉 뻗는 대신 몸 쪽으로 구부리는 동작 말이다. 조금 황당한 이야기지만 왜 그런지, 정말 일리가 있는 이야기인지 한번 살펴보자.

어떤 대상이나 목표에 대해 우리가 취할 수 있는 마음가짐과 행동은 크게 두 가지다. 하나는 접근하는 것이고 하나는 회피하는 것이다. 예를 들어 길을 가다가 맛있는 냄새를 맡았다면 나도 모르게 그쪽으로 관심이 쏠리는 반면, 불쾌한 냄새를 맡았다면 즉시 피하게 될 것이다. 이런 경우처럼 우리는 본능적으로 좋은 것은 취하고 싫은 것은 피하는 접근-회피Approach-avoidance 시스템을 가지고 있다.

한편 우리가 보통 목표로 삼고 성취하려고 하는 것들은 대부분 유익하다고 판단되어 가까이 하고 싶고 내 것으로 삼고 싶은 것들이다. 따라서 일반적으로 목표를 향한 우리의 마음은 '접근'이다. 그런데 팔을 안으로 구부리는 것이 이 접근 동기를 더 강화할 수 있다고 한다. 팔 동작을 통해 어떤 목표를 '더 탐나는 것, 꼭 성취하고 싶은 것'으로 만들 수 있다는 것이다.

사람들에게 다음과 같은 동작을 시킨다. 한 집단의 사람들은 팔을 안으로 구부려 뭔가를 받아들이는 듯한 포즈를 시키고 다른 집단의 사람들은 휘이 휘이 내치는 동작을 시킨 후, 고대 문자처럼 잘 모르고 딱히 관심도 없는 중성적인 자극을 보여준다. 그러면 팔을 안쪽으로 구부려 받아들이는 동작을 한 사람들이 팔을 내치는 동작을 한 사람들보다 더 "이 문자가 뭘 뜻하는지는 모르겠지만 왠지 끌린다"는 의사를 내비쳤다.

연구자들은 기본적으로 팔을 안으로 구부리는 것은 "이걸 갖겠다"는 접근 동기와 관련이 있고, 내치는 동작은 "거부하겠다"는 회피 모드와 각각 관련 있다고 말한다. 사람들은 보통 긍정적인 뭔가를 봤을 때 자기 쪽으로 빨리 끌어당기는 반면, 싫은 것은 바깥쪽으로 빨리 밀쳐내려고 한다. 이렇게 이미 좋거나 싫은 대상에 대해 끌어당기거나 밀치는 식으로 반응하는 건 이해할 수 있지만, 거꾸로 단지 팔만 안으로 구부렸다고 해서 어떤 것이 갑자기 더 좋아지게 되는 현상은 왜 나타나는 것일까? 팔이 뇌를 조종하기라도 하는 것일까?

'몸과 마음은 하나'라는 말이 있다. 여러 가지를 의미하는 말이지만 과학적으로도 이 말은 꽤 일리가 있는 말이다. 사람들은 보통 기뻐서 웃지만 웃어서 기뻐지기도 한다. 이는 '기쁨'이라는 경험은 기쁜 감정뿐만 아니라 기쁨과 관련된 신체적 반응, 즉 웃음과 관련된 얼굴 근육 및 몸 상태 등으로 함께 구성되기 때문이다.

우리가 보통 마음 상태에 관해 이야기할 때 언급하는 주관적 경험들은 몸 상태와 심리적 상태의 총체적 결과물이다. 만약 기쁜 감정이 밀려

오는데 얼굴 근육들이 조금도 웃을 생각을 하지 않는 등 기쁨과 관련된 몸 상태와 마음 상태가 일치하지 않는다면 그 경험은 결국 '그다지 기쁘지 않은 경험'으로 해석될 확률이 높다.

이렇게 경험에는 마음 못지않게 몸도 기여하는 바가 크기 때문에 어떤 대상을 원한다고 생각하는 것뿐 아니라 그를 향해 물리적으로 손을 내뻗는 등 "꼭 갖고야 말겠어!"라는 제스처를 취하면 그에 대한 열망이 더 강해지는 현상이 나타난다. 실제로 사람들에게 도무지 풀 수 없는 어려운 퍼즐을 풀게 하고 얼마나 버티나 관찰해보면 과제를 하면서 팔을 안으로 구부린 동작을 한 사람들이 내뻗는 동작을 한 사람들에 비해 더 끈기 있게 오래 버틴다는 것이 보고된 바 있다. 팔을 구부린 것만으로 과제를 달성하고야 말겠다는 다짐이 더 강해진 것이다.

생각해보면 실제로 사람들은 "그래 해내고 말겠어!" 같은 다짐을 할 때 주먹을 꼭 쥐고 팔을 몸 쪽으로 끌어당기는 동작을 취한다. 그때 팔을 바깥으로 뻗는 등 다른 동작을 취한다고 생각해보면 좀 어색하다. 어쩌면 우리는 그간 자연스럽게 팔 구부리기를 동기와 의지력을 끌어올리는 방법으로 계속 써왔던 게 아닐까 싶다. 다짐이 필요한가? 그럼 주먹을 꼭 쥐고 팔을 당겨보자.

⋯▸ 책상 혹은 냄새 활용하기

흔히 우리는 이런 환경에 있으면 이런 사람이 되고 저런 환경에 있으면 저런 사람이 될 거라는 둥 환경이 우리에게 많은 영향을 미친다고 이야기한다. 그런데 사실 모든 환경적 요소들이 우리의 행동에 안정적인 영향을 미치는 것은 아니다. 그때그때 달라지는 환경적 요소의 영향은 생각보다 제한적이고, 또 그 상황을 벗어나면 곧 증발해버리는 경우가 많다.

하지만 그래도 잠시나마 우리의 마음과 행동에 어느 정도 영향을 미치는 것은 사실이다. 즉 필요할 때 이들을 잘 이용하면 애써 머리를 쓰지 않고도 효과적으로 우리의 마음과 행동을 통제할 수 있다는 것이다. 여기서는 직장이나 학생들이 많은 시간을 보내는 환경인 '책상'부터 '냄새'까지 다양한 환경적 요소의 힘을 빌려 목표를 성취하는 방법에 대해 알아보도록 하자.

천재물리학자 아인슈타인은 평소 책상을 무척 지저분하게 쓰는 걸로 유명했다고 한다. 이에 누군가 아인슈타인에게 "책상이 지저분하면 정신 사납지 않으세요?"라고 물었는데, 아인슈타인은 "어지러운 책상이 어지러운 마음 상태를 의미한다면 빈 책상은 비어 있는 머리를 의미하는 건가요?"라고 반문했다고 한다. 아인슈타인은 책상의 상태와 마음 상태가 서로 상관이 없다는 식으로 이야기했지만 실제로는 책상의 상태가 우리의 마음과 행동에 영향을 줄 수 있다.

미네소타대학의 연구자 캐슬린 보스와 동료들은 다음과 같은 실험을 했다. 사람들을 깨끗하게 정리되어 있는 책상 또는 서류와 책이 지저분하게 펼쳐져 있는 책상에 앉도록 했다. 연구자들은 사람들에게 연구 목적과 별 상관이 없는 설문을 시키고는, "학교에서 어린이들을 돕기 위한 자선행사를 하고 있는데요, 기부 의향이 있으시면 여기에 액수를 적

어주세요"라고 말했다(물론 자선행사 따위는 없었다). 그리고 마지막으로, 참가자들이 실험실을 나갈 때 사과(건강한 음식)나 초콜릿바(비교적 건강하지 않은 음식)를 가지고 갈 수 있게 했다.

과연 책상의 청결도에 따라 기부금액이나 선택하는 음식이 달라졌을까? 답은 '그렇다'. 깨끗한 책상에 있었던 사람들이 지저분한 책상에 있었던 사람들에 비해 두 배 정도 더 많은 돈을 기부하겠다고 했고 약 세 배 정도 더 건강한 음식을 선택했다(사과 선택 비율: 67퍼센트 vs. 20퍼센트).

이런 현상이 나타나는 이유는 무엇일까? 우리의 경험은 '총체적'이라는 것을 기억하자. 앞서 뭔가를 받아들인다는 상징적인 몸짓이 접근 동기를 강화시켰듯 깨끗함, 질서와 관련된 상징들은 규범과 규칙을 준수해야 한다는 사고방식을 불러온다고 연구자들은 설명한다. 이 효과 역시 환경적 요소들이 가지는 상징의 힘이 사용된 것이다.

여기에서 더 나아가 연구자들은 다음과 같은 실험도 했다. 눈앞에 탁구공이 있다. 본래의 용도를 제외한 탁구공의 다른 용도를 10가지 정도 떠올려보자. 이 과제는 창의력을 알아볼 수 있는 대표적인 과제 중 하나다. 사람들을 각각 깨끗한 책상과 지저분한 책상에 앉힌 후 이 과제를 시켰는데, 그 결과 이번에는 지저분한 책상에 앉았던 사람들이 더 높은 창의성을 보인 것으로 나타났다. 즉 지저분한 책상에서는 규범을 준수하는 마음가짐은 떨어질지 모르지만 새로운 것에 대한 선호나 창의성은 더 높아진다는 것이다.

책상 환경 하나에도 이런 효과가 있다는 사실이 놀랍지 않은가? 필요에 따라 그때그때 책상 환경을 조절하면서 자기의 행동을 조절하는 게 어느 정도 가능할지도 모르겠다. 예컨대 창의성이 필요할 때는 책상을 좀 흐트러뜨렸다가, 규범을 잘 준수해야 하고 책임감이 따르고 꼼꼼한 일을 할 때는 책상을 정돈해보는 것이다. 아인슈타인의 책상이 지저분해진 이유가 무엇이든 그도 지저분한 책상에서 다시 영감을 얻었던 것은 아닐지 상상해본다.

다음은 중요성에 비해 주목받지 못했던 환경적 자극인 '냄새'에 대해 이야기해보자. 길을 가다가 맛있는 냄새가 풍겨서 배가 고파졌다든가 뜻밖의 악취가 풍겨서 인상을 찌푸린 경험이 있는가? 냄새는 우리 곁에 늘 존재하면서 알게 모르게 영향을 주는 중요한 환경적 요소다. 그런데 이런 냄새가 좋거나 싫다는 본능적인 반응 이상으로 사람들의 행동을 정교하게 바꿀 수 있다면 어떨까?

심리학자 캐티 릴젠퀴스트Katie Liljenquist와 동료들은 다음과 같은 실험을 했다. 우선 실험 참가자들을 상큼한 시트러스 세제 냄새가 나는 방 또는 별다른 냄새가 나지 않는 평범한 방에 있게 했다. 그리고 각각의 방에서 둘씩 짝을 지어 돈이 걸린 게임을 하게 했다. 게임은 한 명이 돈을 투자하면 다른 사람은 그 돈을 받아서 불린 후 그 이득을 혼자서 전부 차지할지, 투자자와 나눠 가질지 결정하는 것이었다. 즉 투자자의 입장에서는 아무런 소득이 없을 위협이, 투자를 받은 사람 입장에서는 모든 소득을 혼자서 독점하고 싶다는 유혹이 있는 상황으로, 투자를 받은 사람의 양심을 시험하는 게임이었다.

세제 냄새가 나는 방에 있었던 사람들과 그렇지 않은 방에 있었던 사

람들 사이에 게임 결과에 차이가 있었을까? 있다면 무슨 차이가 있었을까? 연구자들은 세제 냄새가 나는 방에서 소득의 공정한 분배가 일어나는 현상을 관찰했다. 즉 세제 냄새가 나는 방에서는 냄새가 나지 않는 방에 비해 투자자들에게 약 두 배 정도 돈이 더 돌아갔으며 비교적 공평한 분배가 일어났다. 세제 냄새가 사람들로 하여금 상대를 배신하지 않게 하고 기본적인 윤리와 양심을 지키도록 했다는 것이다. 뿐만 아니라 그들은 봉사활동이나 기부에 대한 의지도 더 높았다.

이런 현상 또한 청결함을 상징하는 세제 냄새가 역시 깨끗함과 관련된 도덕이라는 개념 및 사고방식을 불러일으키기 때문에 나타난다고 한다. 냄새도 책상 못지않게 우리의 마음가짐이나 행동을 바꿀 만큼 강한 상징이라는 것이다.

각종 규칙이나 윤리, 도덕 수칙 등을 열심히 지켜야 하거나 때때로 밀려오는 "이득을 위해서라면 거짓말이나 속임수도 좀 쓰면 어때?" 같은 유혹을 눌러야 할 때('도덕성 유지'도 대표적인 자기통제 영역이다), 또 상대방에 대한 신의를 지켜야 할 때 비누나 세제냄새를 미리 맡아 보는 것은 어떨까?

지금까지 지나친 에너지 소모 없이 의지력을 발휘할 수 있는 방법에 대해 이야기해봤다. 여러 번 얘기했지만 자기통제력은 한정되어 있기 때문에 그것을 최대한 효율적으로 사용하면 좀 더 생산적이고 지속 가능한 삶을 살 수 있게 될 것이다.

아무리 성능이 좋고 연료가 가득 찬 자동차라도 연비(연료소비율)가 좋지 못하면 얼마 가지 못해 멈춰버린다. 결국 연비가 좋은 자동차가 가장 오래가는 자동차라는 얘기다. 이와 마찬가지로 우리도 좀 더 전략적으로 살기 위해서는 한정된 자기통제력을 잘 분배하여 사용하는 것이 반드시 필요할 것이다.

지나친 이상화 경계하기

∶

우리는 사실 알게 모르게 주위 사람들의 발목을 많이 잡게 되는 것 같다. 특히 내 삶이 만족스럽지 않거나 별로 희망이 없다고 느껴질수록 더 그렇다. "너도 나처럼 살아라"라며 내 삶의 방식을 강요하는 방식으로 말이다.

불행한 사람들의 비극은 불행하다는 것뿐만 아니라 그 사실을 인정하고 싶어 하지 않는다는 데에도 있다. 사람들은 장밋빛이어야 하는 내 삶이 실제로는 그렇지 않은 부분이 많다는 사실을 잘 받아들이지 못한다. 그래서 우리들은 좋지 않은 상황에 대해 "나름 이유가 있는 거야", "다 좋은 측면이 있을 거야"라며 합리화한다. "나는 지금 하나도 불행하지 않아. 어쩔 수 없어서가 아니라 좋아서 이렇게 사는 거야. 앞으로도 계속 이렇게 살 거라고"라는 식으로 이야기하기도 한다.

이런 현상을 잘 보여주는 것으로 솔로든 커플이든 자신의 상황이 바뀔 확률이 낮다고, 즉 현 상태에 갇혀 있다고 생각할수록 자기 삶을 합리화하는 경향을 보인다는 연구가 있다. 이들은 "나한테는 지금 같은 라이프스타일이 잘 맞아"라며 자기 취향의 수준에서 논의를 끝내기보다 굳이 '결혼은 신성한 것' 또는 '싱글라이프야말로 최고의 삶'같이 자신의 삶이 다른 사람들보다 더 바람직하거나 옳다는 정당성을 부여하며 이상화idealize한다.

　희망이 없는 삶에 대한 합리화 작업은 생각보다 광범위하게 나타난다. 예컨대 사람들에게 "앞으로 이민 절차가 매우 복잡해져 이 나라를 벗어나기 어려워질 것이다"라는 정보를 주면, 사람들의 마음에 갑자기 애국심이 넘쳐나서 '우리나라 좋은 나라'를 외치게 된다. 심각한 사회문제들도 별거 아니라고 해석하고 우리나라야말로 정말 살기 좋은 정의로운 나라라고 이야기하는 모습을 보인다. 나를 둘러싼 삶의 환경들이 바뀔 수 없다면, 더 좋은 것들을 가질 수 없다면, 그냥 지금 이대로가 최고라고 생각하면서 마음이라도 편해지는 방법을 택하게 되는 것이다.

　이런 합리화 작업이 본인의 머릿속에서만 되뇌는 것으로 끝나면 참 좋겠지만 현실은 또 그렇지 않다. 우리의 삶을 합리화하는 가장 좋은 방법이 무엇일지 한번 생각해보자. 여러 가지가 있겠지만 그중 하나가 다른 사람들도 나처럼 살게 만들고 "역시 좋다"는 동의를 얻는 것이다. 즉 자신의 상황과 비슷한 사람들을 많이 만들어서 '역시 내 삶은 평균적'이라는 안정감을 얻고 비슷한 무리로부터 공감과 지지를 이끌어내는 것이다. 나 혼자 "내 삶이 최고!"라고 외치는 것보다 많은 사람들이 함께 "우리 삶이 최고!"라고 외치는 게 아무래도 더 설득력 있지 않겠는가? 그리고 실제로 연구에 의하면 자신의 삶을 합리화하려고 하는 사람들은 그렇지 않은 사람들에 비해 유독 자신과 라이프스타일이 비슷한 사람에게

더 큰 호의를 보인다.

　회사 직원을 뽑을 때도, 정치인을 지지할 때도 나와 비슷한 라이프스
타일을 가진 사람이 더 이상적이라고 생각하는 경향을 보인다. 내 삶이
이상적이라는 생각에서 끝나는 게 아니라 남들도 나처럼 살아야 올바른
인간이라고 보는 것이다. 이렇게 우리네 삶의 이상화 작업은 다른 사람
들을 끌어들이는 모양이 되기도 한다.

Wednesday

왔던 길 돌아보기–목표 점검

월요일과 화요일이 정신없이 지나가고 이제 일주일의 중간 수요일이 됐다. 그런데 생각해보면 엄청 바쁘게 지냈는데도 실제로 얻은 건 별로 없는 것 같다.

여기 언제나 모든 일에 온 힘을 다해 열심히 쏟는 어떤 사람이 있다. 어느 날 그는 어린 조카와 놀아주기 위해 개울가로 나갔다. 조카는 그에게 물고기를 잡아줄 것을 부탁했고, 너그러운 삼촌인 그는 기꺼이 개울가로 들어가 낚시를 시작했다. 한참 물고기 잡기에 열중하고 있던 그는 어느 순간 중천에 떠 있던 해가 뉘엿뉘엿 지고 있다는 사실과 자신이 마치 물고기 잡이가 된 것 같은 기분을 문득 깨달았다. 재미로 시작한 일에 어느새 높은 목표치를 세우고(이 동네 물고기를 다 잡아버릴 테다!) 마치 그 일에 목숨을 건 듯한 자신의 모습을 발견한 그는 갑자기 짙은 피로감과 허망함이 몰려오는 것을 느꼈다.

당신은 어떤가? 별로 중요하지 않은 일에 매달려 있는 힘 없는 힘을 다 쏟아내고는, 결국 "내가 뭘 위해서 이렇게 했지?"라는 생각을 해본 적은 없는가? 또는 작은 것을 얻기 위해 너무 많은 것들을 희생하고 있다는 생각을 해본 적은 없는가?

완벽한 게
좋기만 할까?

　월요일과 화요일을 지나며 우리는 각종 유혹을 뿌리치고 효율적으로 할 일을 하게 해주는 자기통제 방법과 동기부여 방법에 대해 살펴봤다. 이는 한정된 에너지를 효과적으로 사용하도록 돕는 것들로, 한 주동안 각자에게 주어진 일들과 개인적인 목표를 완수하기 위한 준비운동에 해당한다.

　하지만 안타깝게도 이런 과정을 지나며 열심히 살고 있다고 해서 우리의 삶이 갑자기 아름다워지는 것은 아니다. "내가 추구하고 있는 목표들(장·단기적으로 노력을 쏟고 있는 모든 대상들)이 나에게 진정 유익한 목표인가" 하는 문제, 즉 '방향성'의 문제가 남아 있기 때문이다. 애초에 달성할 수 없는 목표, 또는 삶의 질 향상에 전혀 도움이 되지 않는 목표를 위해 에너지를 쓰는 일은 가뜩이나 모자란 에너지와 삶을 더욱 낭비하는 행위다. 아무리 하루도 빠짐없이 100킬로미터씩을 달렸다고 해도, 애초에 목적지와는 반대로 방향을 설정했다면 모든 일은 허사가 되어버릴 것이다.

우리는 "꿈은 무조건 크게 가져라. 꿈을 위해 거침없이 달려라"라는 얘기를 귀에 딱지가 앉도록 많이 들어왔다. 세상은, 그렇게 살다 보면 인생이 달라질 거라고 말한다. 그런데 정말 하늘을 찌르는 목표와 끝없는 노력, 무조건적인 긍정적인 사고가 우리 삶을 아름답게 만들 수 있을까? 사실은 그렇지 않은데, 우리가 헛된 노력을 하고 있는 건 아닐까? 지금부터는 세상이 말하는 방식에 함정은 없는지, 정말로 그것이 맞는 이야기인지 차근차근 짚어보고, 좀 더 올바른 방향 설정을 위해 중간 점검을 해보자.

⋯▶ 완벽주의를 강요하는 사회

앞에서도 이야기했듯, 우리가 의식적으로 정신줄을 붙들며 애쓰는 거의 모든 일에는 상당한 대가가 지불된다. 목표 추구 과정에는 에너지뿐 아니라 시간과 돈이라는 자원도 소모되고, 어떤 사람들은 행복을 희생하기도 한다. 결국 이런 중요한 것들을 대가로 바치면서 얻게 되는 것이 무엇인지가 중요하다. 내가 지금 노력을 쏟는 것들이 이만한 희생을 할 가치가 있는 것인지 꼭 질문할 필요가 있다는 것이다. 게다가 장기적으로 좋은 성과를 보이며 최후에 미소 짓는 사람은 정신력이 강한 사람보다 정신력을 효율적으로 쓸 줄 아는 사람이다. 모든 일에 언제나 최선

Wednesday
왔던 길 돌아보기

을 다하는 것은 지나친 에너지 소모를 불러와 정작 중요한 순간에 성과를 떨어뜨릴 수 있다.

노력에는 항상 선택과 집중이 중요하다. 어떤 일이든 무조건 최선을 다하기보다 정말 노력할 가치가 있는 것과 그렇지 않은 것을 가릴 줄 알아야 한다. 그런 후에는 중요도에 따라 노력을 적절히 안배할 필요가 있다. 예컨대 에너지가 100이라고 할 때 중요한 일과 중요하지 않은 일 백 가지에 각각 에너지 1씩을 투자하며 100을 다 불태우는 것보다 정말 중요한 일 열 가지에 5씩 총 50만 쏟는 것이 훨씬 현명하다는 것이다. 이것저것 조금씩 건드려서 할 줄 아는 건 많지만 특히 잘하는 한 가지가 없는 상태, 흔히 '다재무능'이라 부르는 상태가 되고 싶지 않다면, 또 지속 가능한 삶을 살고 싶다면 말이다. 그런데 바람직하고 현실적인 목표를 갖고 현실적인 노력을 하는 것, 즉 '적당한 선'에서 힘을 빼고 사는 것은 생각만큼 쉬운 일이 아니다. 그렇게 살 수만 있다면 정말 편할 것 같은데 왜 그게 안 될까?

여러 가지 이유 중 하나는 바로 우리 사회가 완벽주의*Perfectionism*를 강요하기 때문이다. 완벽주의란 일반적으로 자신의 수행에 대한 기대치가 비현실적으로 높아 쉽게 만족하지 못하는 태도로 정의된다. 즉 완벽에 지나치게 집착하며 최고가 아니면 의미가 없다고 생각하는 태도다. 우리의 학교와 직장은 언제나 우리에게 최고가 되라고 이야기한다. 지금 상태를 유지하기보다 언제나 "더! 더!"를 외치며 앞으로 나아갈 것을 독촉한다. 우리는 일이나 학업뿐 아니라 외모 같은 개인적 영역에서도 완벽을 추구하도록 요구받는다. 각자의 기준에 따른 다양성보다 무조건

날씬하고 예쁜 것이 우대받는 세상이며, 또 이러한 것이 점점 더 당연해지고 있는 것 같다.

이렇게 우리는 개인의 의사와 상관없이 완벽과 최선을 당연한 듯 권하는 사회, 에너지 소모를 권하는 사회에서 살아가고 있다. 이런 드높은 사회적 기준에 동조하지 않으면 금방이라도 낙오될 것 같은 생각에 너도나도 정상을 향해 열심히 뛰어간다. 하지만 그 끝에는 뭐가 있을까? 완벽주의를 권하는 사회 속에서 완벽주의자가 되어버린 개인들은 정말 젖과 꿀이 흐르는, 약속된 충만한 삶에 다다를 수 있을까?

여러 연구에 의하면, 완벽주의적인 사람들은 삶이 피곤하다. 비현실적으로 높은 기대치로 인해 자신을 만족시킬 가능성이 상대적으로 낮기 때문에 남들보다 좌절할 일도 많다. 충분히 잘하고 있는데도 혼자서 "아니야, 아직 멀었어"라며 스스로를 채찍질하는 것이다. 그들은 남과 비슷한 조건을 갖고 있어도 자기 자신이나 상황에 잘 만족하지 못하며 괴로워할 확률이 높다. 이런 완벽주의가 특정 영역에서 적당히 발휘된다면 별로 해가 되지 않겠지만, 전반적인 삶이 완벽주의에 지배된다면 훨씬 불행한 삶을 살 수도 있다.

연구에 의하면, 완벽주의적인 사람들은 지나치게 자신의 행동을 하나하나 검열하며 부족한 점들을 찾아 스스로를 비하하고, 그 결과 과도한 걱정과 함께 우울, 불안에 시달릴 가능성이 높다. 완벽주의 연구로 유명한 심리학자 고든 플렛Gordon L. Flett은 완벽주의를 '만성 스트레스의 레시피recipe'라고 얘기하기도 했다. 완벽주의는 수명과도 관련이 있다. 캐나다에서 약 6.5년간 사람들을 추적 연구한 결과 완벽주의적인 사람

들은 그렇지 않은 사람들에 비해 비교적 수명이 짧은 것으로 나타났다.

완벽주의의 불행은 여기서 멈추지 않는다. 불행을 불러온다는 것만으로도 완벽주의는 충분히 슬픈 것이지만 거기에서 그치지 않기 때문에 더 문제가 된다. 완벽을 기하기 위해 노력한 만큼 최소한 더 나은 결과를 얻을 수 있지 않을까 생각할 수 있지만, 안타깝게도 현실은 좀 다르다. 완벽에 대한 부담감은 때로 수행에 악영향을 미치는데, 그 대표적인 예가 바로 '미루기'다. 연구에 의하면, 완벽주의적인 사람들은 과제를 완벽하게 끝내고 싶은 욕구 때문에 일을 적절한 선에서 마무리 짓지 못하고 계속 붙들고 있는 모습을 보인다. 그렇게 되면 결국 데드라인을 넘겨버리기가 쉬워지는데, 그럴 경우 에너지는 에너지대로 소모하고 애초에 그 노력의 원인이 된 목적은 달성하지도 못하는 일이 생길 수도 있다.

게다가 완벽주의적인 사람은 조건이 완벽하게 갖춰지지 않거나 완벽하게 할 수 있다는 자신감이 생기지 않으면 아예 일을 시작도 하지 않는 모습을 보이기도 한다. 예를 들어 시를 한 편 쓴다고 할 때 단 한 자도 허투루 쓸 수 없다는 생각 때문에 계속해서 머릿속에서 문장을 다듬느라 막상 어떤 글자도 쓰지 못하는 것이다. 마치 쓰기만 하면 노벨 문학상을 탈 것처럼 포부는 거창하지만 결국 단 한 자도 쓰지 못한 채 시간은 시간대로, 힘은 힘대로 써버리고 정작 얻는 것은 별로 없게 된다.

또한 완벽에 대한 부담은 미루기뿐 아니라 성과 하락으로도 이어진다. 예컨대 완벽주의 성향이 높은 학생의 경우 그렇지 않은 학생에 비해 성적과 관련해서 자기 비하가 심하고 시험이나 성적에 대해 엄청 긴장한다. 또한 대학 교수들을 대상으로 한 연구에서는 완벽주의적인 교수들이 그렇지 않은 교수들에 비해 출판한 논문의 수가 적고 논문의 질(인용된 횟수) 또한 낮은 것으로 나타났다.

이렇게 연구들을 살펴보면 완벽주의는 대체로 이롭기보다 해로운 편이다. 완벽을 기하려고 전전긍긍했는데 결과는 별로 애쓰지 않은 사람만 못하다니, 완벽주의는 우리에게 불행뿐 아니라 비효율까지 가져다주는 것 같다. 따라서 플렛은 발전 및 훌륭함을 추구하는 것과 완벽을 추구하는 것은 엄연히 다르다는 사실을 알아야 한다고 했다. 오늘보다 조금 더 나아지는 것, 조금 더 나은 내가 되는 것 같은 목표는 노력 여하에 따라 충분히 실현 가능하지만, 완벽이라는 목표는 애초에 인간이 달성할 수 없는 허황된 목표라는 것을 알아야 한다는 것이다. 목표가 허황되면 아무리 노력해도 좌절의 쓴 맛을 볼 수밖에 없다.

한편 성격 특성 중에는 성실성이라는 특성이 있다. 이 성실성과 완벽주의 사이에는 어느 정도 관련성이 있지만, 성실성이 높다고 반드시 완벽주의 성향이 높고 성실성이 낮다고 반드시 완벽주의 성향이 낮은 것은 아니다. 성격적으로 성실성이 높다는 것은 특별히 애쓰지 않아도 꼼꼼하고 계획적으로 행동할 수 있고, 또 그것을 본인이 좋아한다는 것을 말한다. 반면 완벽주의는 내가 원래 꼼꼼한 사람이든 아니든, 치밀한 행동을 좋아하든 아니든 상관없이 강박적으로 완벽을 추구하는 것이다. 따라서 성실성이 낮아도 완벽주의는 충분히 높을 수 있다. 다만 타고난 꼼꼼함과 세심함이 낮기 때문에 고생할 가능성도 더 높다.

Wednesday
왔던 길 돌아보기

···▶ 타인의 높은 기대는 독이다

앞에서도 이야기했듯, 완벽주의가 생기는 원인 중 하나는 주변 사람들이나 사회로부터 항상 높은 목표와 완벽, 최선을 당연하게 강요받기 때문이다. 이렇게 생긴 완벽주의를 '사회적으로 처방된 완벽주의*socially prescribed perfectionism*'라고 한다.

최근 이렇게 "사회와 타인의 기준에 완벽하게 부합해야 한다"는 완벽주의가 사람들을 어떻게 괴롭히는지에 대해 살펴본 연구가 나왔다. 연구 대상은 새내기 부모들이었는데 출산 전 "사람들이 내 양육 방식에 대해 어떻게 생각할지 신경 쓰인다", "이 사회와 주변 사람들은 내가 완벽한 엄마 또는 아빠가 되기를 바란다" 같은 문장에 크게 동의한 사람들은 그렇지 않은 사람들에 비해 출산 후 아이 양육에 비교적 잘 적응하지 못하는 모습을 보였다.

따라서 연구자들은 사회나 주변 사람들이 양육 방식에 크게 간섭하고 일등 부모가 되라는 식으로 지나치게 압박하면 오히려 아이 양육에 해를 끼칠 수 있다고 보았다. 특히 아이가 말을 안 듣거나 환경적 제약 등으로 양육이 힘들어질 경우, 부모는 이런 난관을 통과의례로 자연스럽게 받아들이기보다 (완벽주의에 빠진 사람들이 그렇듯) 자기비하에 빠져들고 쓸데없이 큰 스트레스를 받을 가능성이 있다고 한다. 즉 완벽한 양육에 대한 기대가 부모들에게 스트레스를 주고 자신감을 떨어뜨릴 뿐 아니라, 난관에 부딪혔을 때 이를 잘 극복하지 못하게 만드는 역할을 할 수 있다는 것이다.

사회적인 기대가 높고 오지랖이 넘치는 우리나라에서는 특히 양육 문제에 사회적으로 처방된 완벽주의의 피해자가 많을지도 모르겠다는 생각이 든다. 분만 방식, 모유 수유 여부, 그리고 교육 방식 등 감 놔라 배 놔라 하는 얘기가 너무 많다. 아이 양육뿐 아니라 공부, 진로, 결혼 등 개인적인 영역에 대한 오지랖이 좀 줄어들면 완벽주의의 피해자 또한 줄어들지 않을까?

지금까지 지나치게 높은, 비현실적인 목표 설정에 의해 인생이 고통스러워지는 완벽주의에 대해 살펴보았다. 자기 자신이나 타인으로부터 부여받은 지나치게 높은 기준에 짓눌려서 쓸데없이 좌절하고 자기비하에 빠져버리는, 그렇다고 삶이 더 나아지는 것도 없고 피곤하기만 한 완벽주의야말로 매우 소모적인 것이며 인생의 낭비라는 생각이 들지 않는가? 물론 높은 목표가 무조건 부적응적이라는 것은 아니다. 예컨대 발전을 위해 현실적으로 성취 가능한 수준의 높은 목표를 갖는 것은 일단 실현 가능하다는 점, 그리고 달성했을 때의 성취감과 뿌듯함도 줄 수 있다는 점에서 적응적이다. 하지만 단기간에 슈퍼모델의 몸매를 갖겠다든가, 빌 게이츠처럼 부자가 되겠다든가 등등 비현실적으로 높은 목표를 가지고 있다면 우리 삶이 오히려 절망에 가까워질 수 있음을 기억하자.

⋯▶ 완벽한 선택은 가능할까?

완벽주의는 '선택 상황'에서도 흔히 나타난다. 옷이나 물건을 사는 당신의 모습을 떠올려보자. 당신은 마음에 드는 물건을 발견했을 때 바로 사는 편인가 아니면 꼼꼼하게 비교 분석한 후 사는 편인가? 물건뿐

아니라 비교적 중요한 선택인 집이나 학교, 직장 등을 정할 때 당신은 "이 정도면 충분해"라고 생각하며 결정을 내리는 편인가 아니면 가능한 모든 조건을 조사한 후 단 하나뿐인 최고의 선택을 하는 편인가?

이러한 선택 상황에서 '적당히 마음에 드는 것'을 바로 선택하는 사람을 만족가*satisficer*, '완벽한 선택'을 하기 위해 분투하는 사람을 최상주의자*maximizer*라고 한다. 예전에 최상주의자인 친구와 쇼핑을 갔다가 비슷해 보이는 신발들을 반나절 동안이나 보러 다니느라고 기운이 다 빠진 적이 있다. 그 친구는 반나절을 신발 고르기에 쏟았는데도 불구하고 그날 결국 아무것도 사지 못한 채 집으로 돌아갔다. 그 후 3일 동안 같은 노력을 쏟아 부은 끝에 마침내 신발을 샀는데, 그 친구는 크게 만족스러워하지 않았고 지난 3일이 지옥 같았다는 얘기를 했다. 최상의 선택을 위해 시간과 노력을 쏟았는데 즐겁기는커녕 선택이 만족스럽지도 않다니, 참 아이러니한 광경이었다.

실제로 연구에 의하면, 최상주의자들은 만족가들보다 결정 과정이 피곤하고 더딜 뿐 아니라 자신의 선택에 덜 만족하는 경향을 보인다. "이게 낫나? 아니야, 저게 더 낫나?" 하는 식으로 많은 조건을 고려하면 할수록 여러 가지 가능성과의 비교만 늘어서, 결정을 내린 후에도 후회가 쉽게 따라오기 때문이다. "그래, 이 정도면 충분해"라는 식으로 생각하는 만족가와는 다르게, 최상주의자의 머릿속에는 결정을 내린 후에도 "아니야, 다시 생각해보니 아까 그게 더 나았던 것 같아"라는 생각이 계속 맴돌게 된다.

이렇게 고려 사항이 많아질수록 선택에 만족하기가 어려워진다는 애기는 다소 흔하다. 그런데 선택의 객관적인 질의 경우는 어떨까? 만족감은 좀 떨어지더라도 수많은 조건을 꼼꼼히 비교한 사람이 그래도 객관적으로는 좀 더 나은 선택을 할 수 있지 않을까? 다시 말해 최상주의자들은 만족감을 희생해서 선택의 질을 높이고 있는 게 아닐까?

안타깝게도 선택의 질에 있어서도 최상주의자들이 만족가보다 못하다는 연구들이 나오고 있다. 예컨대 최상주의자들은 만족가에 비해 예측력이 떨어지는 경향을 보인다. 스포츠 경기 결과에 대해 돈을 걸고 내기를 하면 최상주의자들이 만족가들보다 결과를 더 잘못 예측하고 돈도 더 적게 따는 모습을 보인다. 또한 사람들은 많은 조건을 고려하면 할수록 위험하고 극단적인 선택을 하는 모습을 보이기도 한다.

왜 이런 일이 일어날까? 연구자들은 많은 조건을 고려하면 할수록 현실감이 떨어지기 때문이라고 설명한다. 가능성들을 고려할수록 우리는 별로 중요하지 않은 일부 극단적인 케이스들까지 접하게 된다. 그리고 항상 보편적이고 일반적인 사건보다 극단적이고 신기한 사건들(기적의 물을 마셨더니 병이 나았다는 이야기 같은 것들)에 더 크게 반응한다. 결국 이렇게 아주 작은 가능성이지만 온갖 것들을 다 찾아다니다 보면 어느 순간 현실감각은 온데간데없이 '나만의 왜곡된 주관적 확률'이 만들어진다.

예를 들어 집안의 안전을 위협하는 요소들이 무엇인지 파악하는 중이라고 해보자. 보통은 가스나 전기 등을 생각하겠지만 당신이 만약 최상주의자라면 갑자기 프라이팬이 떨어졌다든가 천장이 무너졌다든가 하는 등 평범하지 않은 사례들을 열심히 수집할 것이다. 사실 이런 사건

들은 0.1퍼센트의 가능성도 없을 수 있는 매우 희귀한 케이스이지만 적어도 당신에게는 가능성이 50퍼센트 정도는 되는 사건처럼 느껴질 것이다. 그리고 결국 이런 왜곡된 확률 위에서 내려진 당신의 결정은 별 다른 정보 없이 내려진 결정보다도 더 극단적이고 예측력이 낮은 형태로 현실과 동떨어지게 된다. 당신은 전기점검이나 가스점검을 하는 대신 프라이팬을 제거한다든지 필요도 없는 천장 보수 공사를 할 수도 있다.

이렇게 우리가 흔히 생각하는 것과 달리 '완벽한 선택'을 위해 몸부림치는 행위는 합리성을 보장하지 않는다. 오히려 비합리적인 결정을 내리며 스스로 무덤을 파게 만드는 경우가 많다. 최상주의자는 만족가에 비해 단지 더 많은 양의 정보를 가지고 있을 뿐이라고 이야기하는 사람들도 있다. 최상주의자는 최상의 대안을 잘 선택하는 사람이 아니라 그저 여러 가지 (좋은지, 나쁜지 알 수 없는) 잡동사니 같은 선택지들을 끌어안고 사는 사람일 뿐이라는 것이다.

물론 그렇다고 해서 신중한 선택이 불필요하다는 애기는 아니다. 다만 신중을 추구하는 정도에 적절한 선이 필요하며 강박적으로 모든 가능성을 수집하는 행위는 당신의 만족을 낮출 뿐 아니라 합리성을 교란시킬 수 있음을 얘기하는 것이다. 완벽주의는 선택의 영역에서도 별로 매력이 없다.

완벽하지 않아도
괜찮아

　지나치게 높은 기대를 세우고 여기에 맞추기 위해 피나는 노력을 하게 만드는 완벽주의는 앞서 살펴본 각종 수행이나 선택의 영역에서만 나타나는 것이 아니다. 완벽주의의 화살은 나 자신뿐 아니라 사람과 사람 사이, 즉 나와 타인의 관계를 향하기도 한다.

　모든 인간관계에서 최선의 결과를 내야 한다는 강박관념을 가지고 있지는 않은지, 가벼운 관계를 심하게 거부하는 편은 아닌지 생각해보자. 완벽주의적인 사람들은 완벽한 조건이 갖춰지지 않으면 첫 삽도 뜨지 않고 일을 마무리 짓지 못한다. 이처럼 당신도 지나치게 높고 완고한 기준 때문에 제대로 관계를 시작도 못한 채 끝내거나, 혼자만의 부담감 때문에 관계를 망친 적은 없는가?

···▶ 사람에 대한 기대

한때 나는 인간관계에 대해 매우 큰 기대를 갖고 있었다. "모든 관계는 아주 친밀해야 해"라는 생각으로 언제나 관계에 과도한 노력을 기울였다. 그런데 가벼운 정보만 교류하면 되는 사이에도 온갖 노력을 쏟다 보니 어느 순간 부담이 너무 커졌다. 또 "내가 이렇게 했는데 너도 이 정도는 해줘야지" 하는 생각이 만연해 상대방에게도 부담을 지웠던 것 같다. 이렇게 모든 관계에서 최선의 결과를 내는 것에 집착한 나는 결국 사람들과 관계 맺기가 점점 더 어려워지는 것을 느꼈다. 그러다가 나중에는 진정한 인간관계 같은 건 애초에 존재하지 않았다고 생각하며 냉소했던 것 같다. 결국 외로움만 늘었다.

이런 나의 이야기와 비슷한 현상이 실제로 존재한다. 연구에 의하면, 타인이나 관계에 대해 비현실적으로 높은 기준을 갖고 있는 사람들(타인을 향한 완벽주의)은 그 높은 기준 때문에 관계에서 좌절할 일이 많이 생긴다고 한다. 또 그들은 사람들에게 쉽게 화를 내고 갈등을 자주 겪으며, 시니컬하고 외롭기도 하다. 주변에 사람을 잘 못 믿고, 시니컬한 말을 내뱉는 사람이 있다면, 그가 타인에 대해 엄청 높은 기대를 가졌다가 여러 번 좌절한 경험이 있는 것은 아닐지 생각해보자.

그런데 여기서 한 가지 재미있는 사실은 (일반적인 관계에서) 아무도 나 자신을 의도적으로 배신하거나 실망시키려 하지 않았다는 것이다. 자기 기준이 지나치게 높았다는 게 문제였을 뿐이다. 하지만 타인에 대해 완벽주의적인 생각을 갖고 있는 사람들은 자신들의 기준을 당연하게 생각하기 때문에 이런 점을 잘 깨닫지 못한다. 자신이 친구가 없는 것은 자기 외의 사람들이 수준이 낮고 당연한 기준도 채우지 못하기 때문이라고 말하며 끊임없이 남 탓을 한다.

또 한 가지 재미있는 현상이 있다. 연구에 의하면, 이들은 자신의 기준에 비추어 타인을 끊임없이 평가하는 만큼 사람들이 자신을 어떻게 생각할지에도 상당히 집착한다. 우리는 다른 사람들의 생각이나 느낌을 예측할 때 기본적으로 자신의 경험을 토대로 추론하는 경향이 있다. 다른 사람들의 마음을 읽는 과정은 기본적으로 "내가 그랬으니 너도 그렇겠지"라는 식으로 이루어진다는 것이다. 따라서 남을 혹독하게 평가하는 사람들은 다른 사람들도 (본인 포함) 타인을 평가할 때 혹독할 거라고 자연스럽게 생각할 수 있다. 결국 일에 대한 완벽주의가 오히려 일을 제대로 못하고 얼어붙게 만들 듯, 관계에 대한 완벽주의 역시 오히려 관계에 해가 되는 경향을 보인다.

···· 관계의 완벽주의에서 벗어나기

그렇다면 이런 완벽주의에서 벗어나려면 어떻게 해야 할까? 가장 먼저 생각해볼 문제는 타인에 대한 지나치게 높고 완고한 기대 및 목표에 관한 것이다. 앞서 여러 번 이야기한 것처럼 한정된 에너지를 갖고 있는 우리에게 "모든 관계에 똑같이 최선을 다하자"라는 목표는 비현실적이다. "모든 관계에서 최상의 결과를 내자"는 목표 역시 쉽사리 이루기가 힘들다. 우리의 삶에서 피상적인 관계가 생기는 것은 아주 자연스러운 일이다.

Wednesday
왔던 길 돌아보기

또한 관계라는 것은 어떤 한두 가지 기준만 가지고 좋고 나쁨을 구분할 수 있을 만큼 단순하지 않다. 세상에는 수많은 사람들이 존재하고 그만큼 관계의 종류도 다양하다. 지나가며 가벼운 인사를 나누는 관계, 필요할 때 서로 도움이 되는 관계, 취미생활을 공유하는 관계, 또 비밀 하나 없이 모든 것을 털어놓을 수 있는 관계 등 다양한 관계에는 모두 나름의 기능이 있다.

모든 관계가 반드시 내가 생각하는 바람직한 방향(끈끈해야 한다, 항상 화기애애해야 한다, 로맨틱해야 한다, 재미있어야 한다 등)으로 흘러가야 하는 것은 아니다. 만날 때마다 인상을 찌푸리게 되고 기분이 나빠지는 관계라면 얘기가 다르지만, 그런 게 아니라면 굳이 고치려 들지 말고 "이건 그냥 이런 관계"라고 관대하게 생각하는 것이 좋다. 또 어떤 관계는 위에 있고 어떤 관계는 그보다 아래 있다는 식으로 각 관계의 위치를 아래위로 구분하지 말고 서로 다른 특징을 인정하면서 같은 선상에 넓게 퍼져 있는 것으로 생각할 수도 있다.

실제로 타인이나 관계에 대한 유연한 사고의 중요성을 잘 보여주는 연구들이 있다. 한 연구에서는, 상대방을 '당첨' 또는 '꽝'같이 나에게 좋은 사람 또는 안 좋은 사람으로 이분법적으로 생각하는 사람들은, 어떤 관계가 이미 꽝이라고 생각되면 관계를 발전시키기 위한 노력과 희생을 잘하지 않는 모습을 보인다고 밝혔다.

한 가지 더 중요한 사실은, 우리는 자신이 바람직하다고 생각하는 방향이 정말 최선이라고 강하게 믿지만 사실 그건 아무도 확신할 수 없다는 것이다. 한 관계에서도 거기에 속한 사람들의 목적이 서로 다를 수 있으며 (나는 정서적 친밀감을 원하는데 상대방은 정보 교류를 더 원한다든가) 나에게는 좋은 것이 타인에게는 그렇지 않을 수도 있기 때문이다.

예컨대 '친밀성'도 그렇다. 우리는 보통 두 사람의 관계가 가깝고 친밀할수록 좋은 것이라고 생각한다. 그런데 연구에 의하면 꼭 그런 것도 아니라고 한다. 당신과 제일 친밀한 사람을 떠올려보자. 친한 친구나 가족, 연인이 될 수도 있겠다. 당신은 그들과의 친밀성이 항상 좋기만 한가? 때로는 사생활이나 자유가 제한되는 느낌을 받고 답답한 적은 없었는가?

아래 그림은 어떤 관계에서 타인과 내가 얼마나 친밀한지, 얼마나 일심동체로 연결되어 있는지를 보는 그림이다 *Inclusion of Other in the Self scale*. 두 원이 많이 겹쳐 있을수록 그 관계가 친밀하다는 것을 이야기한다. 컬럼비아대학의 심리학자 데이비드 프로스트 *David M. Frost*는 연인들에게 이 그림을 보여준 후 다음의 두 가지를 물었다.

- 현재 당신과 연인의 친밀도를 잘 보여주는 그림은?
- 현재 상태와 상관없이 당신이 '바라는' 친밀도를 잘 보여주는 그림은?

나와 타인의 친밀도[1]

Wednesday
왔던 길 돌아보기

사람들의 답을 보면 그들이 원하는 친밀도와 실제 친밀도 사이의 차이를 알 수 있다. 2년 동안 이 차이와 관계 만족도, 정신건강(우울증)의 관련성을 분석한 결과, 연구자들은 원하는 것보다 덜 친한 것도 문제지만 원하는 것 이상으로 친밀한 것 또한 문제가 된다는 것을 밝혀냈다. 2년 동안 자신이 적당하다고 생각하는 수준 이하 또는 이상의 친밀감을 느낀 연인들은 그렇지 않은 연인들에 비해 관계의 질도 나쁘고 더 많이 헤어졌으며 우울증도 많이 보였다.

다시 말해 사람들은 모두 자신이 편하다고 느끼는 친밀함의 정도가 다르기 때문에 상대방과의 거리가 별로 필요 없는 사람도 있고 적당한 거리가 필요한 사람도 있다. 어느 쪽으로든 이 선이 지켜지지 않으면 아무리 친한 관계여도 큰 불편함을 느낄 수 있다.

개인적으로 나는 무조건 끈끈하고 친밀할수록 좋은 관계라고 생각하는 경향이 있어서 이 연구 결과가 다소 놀라웠다. 그리고 혹시 내가 친밀감을 원한다는 이유로 무리하게 선을 넘어버려서 누군가를 불편하게 만들지는 않았는지 생각해보기도 했다. 특히 우리 사회에는 "가족, 친구 사인데 그래도 되지, 뭘"이라고 생각하여 상대방이 허용하든 말든 친밀감을 강요하는 경향이 있다. 하지만 가족이든 친구든 상대방이 원하는 선을 넘으면 결국 서로 불편해질 수 있으므로 적당한 거리를 지켜주는 것이 좋겠다.

이렇게 우리가 "좋은 관계는 이래야 한다"고 확고하게 가지고 있는 높은 이상들은 생각보다 이상적이지 않을 수 있다. 그런데도 그런 불완전한 기준에 기대어 사람들과의 관계를 판단하다가 결국 혼자 좌절하고 분노하면서 나뿐만 아니라 상대방도 괴롭게 만든다면, 이 또한 정말 삶의 낭비가 아닐까? 관계에서도 지나친 완벽주의는 독이 될 수 있다는 점을 기억하자.

많은 연구들에 따르면, 삶의 중요한 결정들을 자신이 원하는 대로 내리고 자율성을 실현하며 사느냐의 여부(반대는 주변의 압력에 의해 하기 싫은 일을 억지로 하며 사는 것)는 우리의 행복뿐 아니라 정신건강에도 큰 영향을 미친다고 한다. 또 자신이 좋아하는 일을 하는 사람들이 그렇지 않은 사람들에 비해 행복하고 정신적으로 건강하다는 결과도 있다.

마지막으로, 좋은 목표란 어떤 것인지 한번 살펴보자.

- 사회와 주변 사람들이 원하는 목표보다 자신이 진정으로 원하는 목표.
- 완벽보다 발전을 위한 목표. 지금의 능력보다 살짝 높은 수준의 구체적이고 현실적인 목표.

이를 잘 숙지하면 일주일, 나아가 삶을 멋지게 완주할 수 있을 것이다.

긍정적 사고와
부정적 사고 활용하기

이제 완벽주의 못지않게 사회적으로 바람직하게 여겨지고, 따라서 모두가 가지려 노력하는 '긍정적인 사고'에 대해 이야기해보자. 지금 우리 사회는 긍정적 사고를 최고의 가치로 여기고 있다. 아마 당신도 알게 모르게 항상 긍정적으로 생각하려는 강박을 갖고 있을 것이다. "물이 반밖에 없는 게 아니라 반이나 있구나!"라고 생각하면서 말이다. 하지만 이렇게 생각하기는 사실 쉽지 않다. 그리고 때로는 "이게 정말 도움이 될까?" 하고 의문이 들 때도 있다. 또 현실에 닥친 상황 때문에 걱정을 하게 될 때면 내가 잘못된 것 같은 생각이 들기도 할 것이다.

그런데 만약 항상 긍정적으로 생각하는 것이 사실은 별로 도움이 안된다면, 또는 나 자신에게 잘 맞지 않는다면 어떨까? 수요일에는 '제대로 알고 노력하기'가 목표인 만큼, 지금부터는 긍정적인 사고에 대한 오해와 진실을 파헤쳐보겠다.

⋯▸ 긍정적 사고는 만능일까?

긍정은 좋은 힘을 가지고 있다. 긍정적으로 생각하는 사람들은 부정적으로 생각하는 사람들보다 어려운 일도 해볼 만하다고 생각하고 쉽게 좌절하거나 낙담하지 않는 편이다. 예컨대 부정적인 사고를 가진 사람들은 어떤 일을 할 때 "과연 이걸 내가 해낼 수 있을까?", "내 미래는 어떻게 될까?"라는 생각(불확실성에 대한 두려움)과 "실패하면 어떡하지?"라는 생각(실패에 대한 두려움) 때문에 일을 빨리 포기해버리기도 한다. 따라서 이런 목표 추구와 관련해서 일상적으로 밀려오는 불안을 이기고 일에 착수하는 데에는 긍정적인 사고가 도움이 될 것이다.

긍정적인 사람들은 불안이나 우울 같은 증상도 덜 보인다. 스트레스도 덜 받는 편이다. 따라서 전반적으로 정신건강이나 몸 상태가 좋다. 이렇게 긍정적인 마인드는 일상적으로 밀려오는 불안을 버텨내는 것과, 행복, 건강 등 삶의 질과 관련이 큰 부분에서 장점을 갖는다.

하지만 긍정적인 정서가 '객관적인 수행'까지 높이는 것은 아니라는 사실과, 객관적 수행을 높이려면 어떤 조건이 필요하다는 것, 또 부정적인 생각 또한 큰 장점을 가지고 있다는 사실을 살펴볼 필요가 있다. 긍정적인 마인드나 부정적인 마인드 중 절대적으로 좋은 한 가지는 없으며 두 생각 모두 우리 삶에서 중요한 역할을 한다. 따라서 어떻게 보면 무작정 긍정적인 태도를 가지려 애쓰는 것은 노력을 낭비하는 것일 수 있다.

다음에서 긍정적 사고와 부정적 사고를 각각 효과적으로 활용하는 방법을 살펴보자.

···› 잘될 거라고 생각하면 정말 잘될까?

아주 단순하게 이야기하면 공부나 일의 성과 같은 객관적인 수행은 이미 갖고 있는 능력과 쏟은 노력에 의해 좌우된다. 이런 맥락에서 보면 긍정적인 사고가 불확실성 속에서도 희망을 갖고 더 노력하게 하여 객관적으로 좋은 성과를 내게 한다는 식의 순환 고리를 생각해볼 수 있겠다. 그런데 만약 긍정적 사고가 뚜렷한 목적 없이 두루뭉술한 것이라면 어떨까?

대학생들을 대상으로, 평소에 얼마나 긍정적인 사고(예를 들어 "나는 보통 내가 하는 일들이 아주 잘될 것이라고 생각한다" 같은 생각)를 하는지 측정하고 긍정적인 마인드가 성적과 어떤 관련을 보이는지 분석한 연구가 있다. '잘될 거라고 생각하면 잘된다'는 말이 맞다면 긍정적인 학생들이 부정적인 학생들보다 성적이 더 좋을 것이다. 하지만 연구자들은 의외로 긍정적인 사고 자체는 성적과 직접적인 연관이 없다는 사실을 발견했다.

성적과 더 직접적인 관련을 보인 것은 성적에 대한 '구체적인 목표(이 정도의 성적을 거둘 것)'와 이 목표가 가치 있다는 믿음, 그리고 내가 이 목표를 얻을 능력을 충분히 갖추고 있다는 자신감이었다. 즉 두루뭉술하게 "다 잘될 거야"라고 생각하는 것은 기분만 좋게 할 뿐 객관적 성과를 높여주지는 않는다. 당연한 이야기지만, 막연히 잘될 거라고 생각하면서 손을 놓고 있으면 되는 것은 아무것도 없다.

그리고 때로 이렇게 구체적인 목표와 행동이 결여된 긍정적인 마인드는 특히 '문제'가 존재하는 상황에서 부적응적일 수 있다. 한 예로 연구에 의하면 큰 병에 걸린 상황같이 스스로 통제할 수 있는 게 별로 없고 이미 충분히 나쁠 대로 나쁜 절망적인 상황에서는 그저 막연한 긍정적 마인드가 사람들을 우울감이나 스트레스로부터 지켜주는 현상을 보였다. 더 나빠질 것도 없고 빠져나갈 길도 없는 절망적인 상황에서는 이 상황을 최대한 좋게 받아들이며 마음이라도 편하게 갖는 것이 행복을 유지하는 길일 것이다.

하지만 얼마든지 바꿀 수 있는 약한 문제 상황에서는 긍정적 사고가 오히려 우울한 감정을 더했다. 구체적인 문제 상황에서 막연한 긍정적 사고는 문제를 직시하는 것을 막기 때문에 변화보다 순응과 수수방관을 불러와 상황을 더 악화시킨다는 것이다. 즉 통제할 수 있는 문제가 있는 상황이라면 무조건적인 긍정적 태도를 갖기보다는 현실을 직시하고 문제해결을 위한 목표와 행동을 끌어내는 게 우선이다.

이렇게 덮어놓고 긍정적으로 바라보는 것이 문제 해결을 지연시키는 사례는 사회에서도 흔히 나타난다. 부당한 대우를 받으면서도 "그래도 그게 어디야. 감사하게 생각해야지"라며 부조리한 상황조차 긍정적으로 받아들이고 순응하려고 하는 것이다. 혹시 '좋은 게 좋은 거'라고 생각하며 애써 마음을 달래는 동안 상황은 더 악화되고 있는 것 같은 불길함을 느낀 적은 없었는가? 긍정적으로 생각하며 스스로 위로하는 것

도 좋지만 그것이 문제를 직시하는 것까지 막는다면 자칫 삶에 해가 될 수 있다는 사실을 기억하자. 그리고 다음과 같이 해보자.

긍정적 사고의 힘을 이끌어내기 위해서는 막연히 잘될 거라고 생각하기보다 구체적인 목표와 행동이 포함된 긍정적인 생각을 갖자. 예를 들어, 중요한 면접을 앞두고 "난 이번 면접을 잘 볼 거야"라고 막연히 생각하는 것이 아니라, "나는 자신감도 있고 말재주도 좋기 때문에, 질문에 막힘없이 대답해서 좋은 인상을 줄 수 있을 거야"라는 식으로 생각하는 것이다. 물론 생각만 해서는 안 되고 행동과 노력으로 옮기는 것이 필수다.

특히 해결해야 할 문제가 존재하는 상황에서는 긍정적 사고가 문제를 직시하는 것을 막을 수 있다는 점을 유념하자. 일단 문제를 직시한 후 해결하는 단계에서 긍정적 사고를 활용하자. 이때도 역시 막연히 잘될 거라고 생각하는 대신 "나의 이런 능력이라면 이 문제를 잘 해결할 수 있어"라고 생각해야 한다.

···▸ 현실 직시를 돕는 부정적 사고

문제 상황에서 성급한 긍정적 사고가 문제 직시를 방해할 수 있다는 것은 곧 문제를 직시하기 위해서는 부정적 사고가 필요하다는 것을 의미하기도 한다. 부정적 사고는 생각보다 유용하다.

우선 사람들이 언제 비교적 부정적인 사고를 하는지 살펴보자. 대표적으로, 현실을 직시할 때다. 대학교 졸업학기를 맞은 학생들을 대상으로 졸업 4개월 전과 2주 전 각각 자신의 첫 급여 수준에 대해 예상해보라고 하면 학생들이 처음에는 자신만만하게 높은 액수를 부르다가 점점 적은 액수를 부르는 현상이 나타난다. 직장이나 대학원에 지원하는 사람들의 경우도 지원하기 한참 전에는 긍정적 결과를 예상하지만 이력서와 자기소개를 쓰며 '현실'을 맞닥뜨리게 되면 점점 자신 없어 하는 모습을 보인다. 그리고 최종적으로 기대한 결과가 나오지 않으면 결국 긍정적 사고도 사라진다. 시험을 앞둔 학생들도 마찬가지다. 시험 보기 한참 전에는 "이 정도 점수는 나오겠지"라고 생각하지만 시험 날짜가 점점 다가오고 또 벼락치기를 하고 있는 자신의 모습을 직시하면 "이번에도 망했다"고 생각하게 된다.

자신의 수행에 대한 정확한 정보들을 입수하면 할수록, 따라서 비교적 정확한 '승률'을 알게 될수록 긍정적 생각이 줄어든다. 따라서 학자들은 일상적인 수준에서 흔하게 나타나는 부정적 사고는 드디어 현실을 직시하기 시작했다는 신호라고 이야기한다.

사실 현실을 직시하기 전 순진무구한 우리들은 세상을 장밋빛으로 보는 경향이 있다. 연구에 의하면, 사람들은 내가 하는 일들이 처참하게 망하기보다는 어떻게든 잘 풀리게 될 거라고 생각하고 과거는 실패로 가득했을지 몰라도 미래에는 성공이 기다리고 있을 거라고 생각한다. 하지만 이런 막연한 긍정적인 예측은 사실 자신의 '바람'에 기초한 환상에 가깝다. 따라서 현실을 직시할수록 막연한 긍정적 사고는 점차 줄어들 수밖에 없다. 일례로 우울증 환자들이 일반인들에 비해 현실을 더 정확하게 예측하는 등 현실 직시는 우울증과 관련을 보이는데, 이를 '우울

증적 현실주의*depressive realism*'라고 한다.

이렇게 현실을 직시하는 것은 보통 부정적 정서와 괴로움을 수반하기 때문에, 우리는 세상을 긍정적으로 바라보려 애쓰는 것일지도 모르겠다. 행복과 정확한 현실 지각 중 하나를 포기하라고 하면 당신은 어떤 것을 포기하겠는가? 둘 다 필요하겠지만 현실을 조금 모를지언정 행복한 편이 더 낫겠다는 생각이 드는 것도 사실이다.

여하튼 이렇게 부정적인 사고는 정확한 현실 지각, 그리고 자신의 상태에 대한 정확한 판단과 맞닿아 있기 때문에 우리 삶에서 매우 중요한 역할을 한다. 때문에 특히 문제 상황에서는 성급한 긍정적 사고가 문제 해결을 저해할 가능성이 있는 반면, 부정적 사고는 문제 해결을 돕는 촉진제 역할을 한다.

심리학자 케이트 스위니*Kate Sweeny*는 다음과 같은 예를 들었다. 몸 어딘가에서 작은 혹을 발견한 후 "별 거 아니겠지"라며 긍정적으로 생각하고 별 다른 액션을 취하지 않는 사람의 경우를 생각해보자. 그 혹이 만약 건강에 악영향을 미치는 종양일 경우 "이거 이상한데, 혹시 큰 병에 걸린 것은 아닐까?"라고 부정적으로 생각하고 당장 병원에 달려가는 것이 결과적으로 우리의 생존을 돕게 될 것임은 분명하다. 이따금씩 밀려오는 부정적인 생각이 실은 어떤 문제가 발생할 가능성이 있다는 '신호' 역할을 한다는 것이다.

이런 맥락에서 학자들은 넓게 봤을 때 부정적 사고는 현 상태에 존재하는 문제를 직시하고 이에 대비하도록 하기 위해 존재하는 반면, 긍정적 사고는 현 상태에 존재하는 기회를 발견하고 도전하기 위해, 또 불확실한 상황에서 희망을 가지고 버티게 하기 위해 존재한다고 본다. 즉 긍정적 사고는 우리로 하여금 '기회를 맞이할 준비'를, 부정적 사고는 '위험을 막을 준비'를 하게 하며, 결과적으로 둘 다 불확실한 미래를 대비하게 해준다는 것이다. 결국 긍정적 사고와 부정적 사고는 그 자체로 신성하거나 무조건 좋은 것이 아니라 필요할 때 꺼내서 쓸 수 있는 '전략적 카드'로서의 의미를 지닌다는 이야기다.

큰 문제가 없는 평소 상황에는 다 잘될 거라며 긍정적이고 열린 마인드로 좋은 기회를 살피자. 그러다 위험요소를 발견하면 부정적 사고 카드를 꺼내 어떤 위험 요소들이 있는지, 이러다 정말 망하는 건 아닌지 신중하게 따져가며 대응할 방법을 찾아보자. 또한 위험과 기회가 동시에 있는 상황에서도 기회에 대해서는 긍정적으로 사고하되 위험에 대해서는 충분히 부정적으로 생각할 줄 아는 멀티플레이어가 될 필요가 있겠다.

이렇게 긍정적인 사고와 부정적인 사고가 전략적으로 쓰일 수 있다는 의미에서 학자들은 '전략적인 긍정적/부정적 사고'라는 용어를 사용하기도 한다. 그리고 한 연구에 의하면, CEO가 지나치게 긍정적일 경우 회사의 성과가 낮은 경향이 있다고 한다. 좋은 성과를 위해서는 부정적인 사고도 할 줄 알아야 한다는 것. 예컨대 일을 벌일 때에는 각종 기회에 대해 긍정적으로 생각하고, 일이 점점 진행되면 일을 그르칠 위험 요소가 없는지 문제점들을 꼼꼼히 직면해야 할 것이다.

결국 "뭐든 지나치면 안 된다"는 만고의 진리가 여기서도 적용된다. 부정적 사고도 지나치면 '지나친 불안'에 사로잡혀 꼼짝 못하게 되지만 긍정적 사고도 지나치면 삶이 현실과 동떨어지거나 문제를 못 보고 지

Wednesday
왔던 길 돌아보기

나칠 수 있다. 긍정적 사고와 부정적 사고 모두 그때그때 적절히 필요하며 걱정도 필요할 때가 있다는 사실을 기억하자.

특히 문제가 '장기화'될 때에는 막연한 긍정적 사고보다 냉철한 현실 인식이 반드시 필요하다. 이를 잘 보여주는 예로 유명한 스톡데일 패러독스 *Stokdale Paradox*가 있다. 미국 해군 장교 스톡데일은 베트남 전쟁에서 8년간 포로 생활을 했다. 후에 그는 "어떤 사람들이 기나긴 포로 생활을 이기지 못했나?"라는 질문에 '불필요하게 상황을 낙관한 사람들'이라는 대답을 했다. 그들은 막연히 크리스마스 전에는, 부활절 전에는, 추수감사절 전에는 석방될 거라고 믿다가 결국 자신의 믿음이 이루어지지 않자 크게 좌절하고는 죽어버렸다고 한다. 실제로 연구에 의하면 희망과 기대가 크면 클수록 좌절 또한 커지는 현상이 나타난다.

또한 스톡데일은 신념을 잃지 않는 것과 가혹한 현실을 직시하는 것은 별개라고 이야기했다. 즉 심각한 문제 상황에서는 미래를 막연히 낙관하기보다 발생 가능한 '최악의 상황들'을 직시하고 장기전을 준비할 줄 아는 사람들이 결국 신념을 잃지 않고 끝내 살아남을 수 있다는 것이다. 특히 중요한 개인적 문제뿐 아니라 대부분의 사회적 문제들은 하루아침에 해결되지 않는다. 따라서 이런 거대한 문제를 바라볼 때에는 문제가 당장 해결되지 않을 것이며 여러 가지 장애물들이 기다리고 있다는 사실을 꼭 인식하고 장기전에 대비하자. 이렇게 최악의 상황을 상상하고 철저히 대비함으로써 불안 요소를 제거하는 것을 '전략적 비관주의'라고 하는데, 바로 다음에서 살펴볼 이야기다.

···▸ 비관주의자도 적응적일 수 있다

사람들은 보통 부정적이기보다 살짝 긍정적인 편이고 필요에 따라 부정적인 사고와 함께 문제에 대한 대비를 시작하는 편이다. 하지만 분명 보통 사람들보다 기본적으로 좀 더 비관적인 사람들이 있다. 예컨대 일을 시작하는 초기 단계에는 막연히 잘될 거라고 생각하는 일반적인 사람들과 다르게, 안 될 걱정부터 하는 사람들이다. 이들은 일반적으로 불안 수준이 높고 쉽게 긴장하는 편이며 최악의 시나리오를 항상 머릿속에 짜놓는다. 당신은 어떤가?

이렇게 보통보다 살짝 부정적 사고로 기울어져 있는 사람들을 비관주의자라고 한다. 이런 비관주의는 기질적이기도 해서 잘 변하지 않는다. 애써 긍정적으로 생각하려고 해도 그게 잘 되질 않는다는 것이다. 그리고 이런 사람들에게는 억지로 긍정적으로 생각하는 것이 독이 되기도 한다.

사람들에게 간단한 퍼즐 맞추기 같은 과제를 시킨다. 한 조건의 사람들에게는 "당신의 평소 능력을 봤을 때 당신은 좋은 성과를 거둘 것 같네요"라는 응원의 메시지를 던지고 다른 조건의 사람들에게는 응원 없이 그냥 과제에 임하도록 했다. 응원을 받은 사람들과 그렇지 않은 사람들 중 어떤 사람들이 더 좋은 성과를 냈을까? 결과는, 사람에 따라 달랐다.

일반적으로 긍정적인 편인 사람들은 응원을 받았을 때 더 좋은 성과를 보였다. 하지만 비관적인 사람들은 응원을 받으면 오히려 성과가 떨어졌다. 이들에게는 응원을 받고 긍정적으로 생각하는 것이 오히려 독이 되었다. 이 외에도 많은 연구들이 기본적으로 부정적인 사람들은 긍

Wednesday
왔던 길 돌아보기

정적으로 생각할 때보다 "망하면 어쩌지"라며 걱정할 때 더 성과가 좋다는 것을 보여주었다.

왜 이런 현상이 나타나는 것일까? 연구자들은 긍정적인 사람들이 희망을 행동의 양분으로 삼는 반면, 비관적인 사람들은 자신들의 높은 불안을 행동의 양분으로 삼기 때문이라고 이야기한다. 긍정적인 사람들은 희망을 가짐으로써 의욕을 얻고 실패에 대한 불안이 줄어들어 성과가 올라가지만, 비관적인 사람들에게 이런 과정은 잘 일어나지 않는다는 것이다.

비관적인 사람들은 억지로 긍정적으로 생각하기보다 모든 실패 가능성과 그에 대한 해결책들을 머릿속에 다 짜놓아야만 불안이 해소되어 비로소 해볼 만하겠다는 의욕이 생긴다. 이렇게 이들에게는 '불안에 직면하고 대비하는 것'이 행동의 원동력이 되기 때문에 불안이 사라지면 성과가 떨어지는 현상이 나타나는 것이다.

실제로 한 연구에서는, 비관적인 사람들에게 시험을 보기 전 평온한 음악을 들려주어 불안과 긴장을 늦추게 만들면 성적이 떨어지는 모습이 나타났다. 긍정적인 사람들은 긴장이 없을 때 시험을 더 잘 치르는 것과 대조적인 현상이다. 이렇게 불안을 문제 해결에 적응적으로 사용하는 사람들을 관찰한 연구자들은 이들에게 '전략적 비관주의자'라는 이름을 붙였다.

한 가지 중요한 사실은 전략적 비관주의가 밑도 끝도 없는 패배주의와는 다르다는 것이다. 패배주의에 빠진 사람들이 미래에 대해 부정적인 예측을 한 후 자기는 어차피 해도 안 될 거라며 아무것도 하지 않고 손을 놓고 있는 것과 다르게, 전략적 비관주의자들은 가능한 문제 상황들과 그에 따른 대비책을 머릿속에서 구체적으로 시뮬레이션한다.

즉 전략적 비관주의를 다른 부적응적 비관주의와 다르게 만들어주는 것은 불안에 종속되느냐, 아니면 불안을 사용하는 주체가 되느냐 하는 것이다. 잘 안 될 가능성을 생각하고 이에 대비하는 것과 "망할 것 같아, 어쩌지!"라며 패닉에 빠져버리는 것은 엄연히 다르다.

또한 전략적 비관주의자들은 일이 잘못됐을 때 지나치게 후회하지 않는다. 과거의 일은 과거로 묻고 이를 발판으로 미래를 대비할 뿐이다. 또한 실패에 대한 책임을 회피하지도 않는다. 이들은 어디까지나 현실에 충실한 합리적인 현실주의자라고 볼 수도 있을 것이다. 또 "나는 내가 반드시 잘할 거라고 생각하지 않아", "나는 아직도 갈 길이 멀어"라는 말을 습관적으로 되뇌며 자신의 능력을 살짝 과소평가하는 모습을 보이지만 "나는 잘하고 있어"라고 말하는 사람들에게 전혀 뒤지지 않는 성과를 보인다. 하지만 행복에 있어서는 확실히 긍정적인 마인드가 유리하기 때문에 비교적 행복도가 떨어지는 모습을 보이기는 한다. 모든 것이 그렇듯 부정적 사고에도 양면이 존재한다.

당신의 경우는 어떤가? 당신은 불안을 양분으로 삼아 위험에 대비하는 사람인가, 아니면 긍정적인 에너지로 어떻게든 밀고 나가는 사람인가? 다시 말해 위험에 민감한 사람인가, 아니면 위험보다 가능성과 기회에 더 민감한 사람인가? 아래의 문장에 많이 동의한다면 전략적 비관주의자라고 할 수 있다.

Wednesday
왔던 길 돌아보기

- 나는 종종 '최악의 경우'를 상상하곤 한다.
- 나는 일을 할 때 내 능력이나 운을 과신하지 않으려고 주의하는 편이다.

물론 어느 쪽도 아닐 수 있다. 하지만 만약 자신이 전략적인 비관주의자에 가깝다면, (하려고 한다고 되지도 않지만) 억지로 긍정적인 마인드를 이식하려 애쓸 필요는 없을 것이다. 참고로 전략적 비관주의자처럼 기본적으로 보상을 얻는 것보다 위험을 회피하는 것에 더 민감한 사람들의 경우 일을 할 때에도 이 일을 통해 얻을 수 있는 게 무엇인지를 생각하기보다 '하지 않았을 때 잃게 되는 것', 즉 손실을 떠올렸을 때 더 좋은 수행을 보이며, "너 이거 안 사면 손해야"처럼 손실을 부각시키는 말에 더 잘 설득당한다는 연구들이 있다. 또한 성공한 사람을 보고 자극을 받아 롤 모델로 삼기보다 실패한 사람을 보고 "난 저렇게 되지 말아야지"라며 각성하는 모습을 보이기도 한다.

이렇게 긍정적인 가능성에 주목했을 때 동기가 높아지는 사람이 있는 반면, 어떤 사람들은 부정적인 가능성에 주목했을 때 더 동기가 높아지고 좋은 성과를 내게 된다. 당신은 둘 중 어떤 편인지 생각해보고 각자에게 맞는 사고를 적절히 활용해보자.

⋯ 자기구실만들기의함정

앞에서 얘기했듯 패배주의처럼 문제 해결에 도움이 되지 않는 부정적 사고도 물론 존재한다. 그 한 예가 '자기구실 만들기 _Self-handicapping_'다. 이는 스스로 함정을 파서 실패하게 만드는 행위다.

　예전에 본 한 드라마에서 중요한 시험을 앞둔 한 학생이 손을 심하게 다쳐서 병원에 실려 온 장면이 있었다. 이 학생은 하필이면 손을 다쳐 열심히 준비한 시험을 못 보게 된 자신의 신세를 한탄했고 주변 사람들도 그에 대해 함께 마음 아파했다. 그러던 중 실력이 출중한 의사가 나타나 시험 전까지 손을 고쳐주겠다고 했는데, 그 이야기를 듣는 순간 학생의 눈에 동요의 기색이 일었다. 그 후 수술을 앞둔 어느 날은 손을 더 망가뜨리려고 자해하는 모습이 발각되기도 했다. 학생이 애초에 손을 다친 것도 사고가 아니라 자해 때문이었다.

　이 학생은 왜 이런 행동을 했을까? 사실은 시험이 너무 두려웠던 것이다. 어차피 망칠 게 뻔했고 "그렇게 오랜 시간 준비했는데 그것밖에 안 되느냐"는 소리까지 들을 것 같았다. 따라서 시험을 못 볼 수밖에 없는 훌륭한 이유를 준비해서 주변으로부터 "어쩔 수 없지"라는 동정을 받으려고 했던 것이다. 또한 순전히 운이 나빠서 시험을 못 본 걸로 해두면 실패의 원인을 자신의 무능력에 돌리지 않아도 된다. 즉 비록 실패할지언정 자신의 평판과 자존감만큼은 지키고 싶었던 것이다. 좀 극단적이긴 하지만 이는 자기구실 만들기의 좋은 예다.

　연구에 의하면, 자존감이 건강하지 않은 사람들이나 남의 시선을 많이 신경 쓰는 사람들, 자신의 능력에 대한 확신이 없는 사람들이 자기구실 만들기를 비교적 많이 한다. 이들은 일을 시작할 때 자신이 '실패할 수밖에 없는 이유'를 먼저 쭉 생각해놓거나 실제로 그런 일을 만든다. 그

Wednesday
왔던 길 돌아보기

래야 나중에 진짜 실패했을 때 "상황이 그럴 수밖에 없었어"라고 변명을 하고 자신을 옹호할 수 있기 때문이다.

하지만 자기구실 만들기의 결과는 처참하다. 누구나 인정할 훌륭한 변명을 통해 체면은 지키게 되지만 객관적 성과는 엉망이다(일부러 다쳐서 시험을 보지 않은 경우 성적은 0점이다). 또 그런 식으로 지켜지는 체면이라는 게 오래 유지될 리도, 건강할 리도 없다. 이런 상황이 반복된다면 장기적으로는 행복을 유지하기도 어려워질 것이다.

이렇게 자기구실을 만드는 사람과 전략적 비관주의자의 차이는 뭘까? 연구에 의하면, 실패를 두려워하고 불안에 떠는 것은 둘 다 비슷하다. 하지만 패배주의자와의 차이처럼 그 후의 '대응'에 있어 현격한 차이가 난다. 전자는 문제를 맞닥뜨렸을 때 책임으로부터 도망친 후 "이건 내 탓이 아니야"라며 정신 승리를 하는 쪽이라면 후자는 실패할지언정 끝까지 문제에 대한 책임을 회피하지 않고 문제 해결을 위해 분발하는 경우다. 전자가 단기적으로 기분은 더 좋을지 모르나 객관적으로 더 좋은 성과를 내는 것은 후자다. 이런 점에서 자기구실 만들기는 문제를 회피하고 스스로를 위안하려는 지나친 긍정과도 맞닿아 있는 것처럼 보인다. 당신은 어떤가? 성공이든 실패든 책임을 받아들이고 적극적으로 행동할 준비를 하고 있는가?

수요일에는 지금 하고 있는 노력과 성취하려는 목표와 방법이 나에게 이로운 것인지에 대해 점검하는 시간을 가졌다. 지금까지 한 이야기들은 우리의 일반적인 생각을 배반하는 것들이었는지도 모르겠다. 당연히 좋은 것이라고 생각했던 것들이 사실은 부정적 영향도 미칠 수 있다는 말이다. 하지만 달리 생각해보면 그래서 세상이, 인생이 더 재미있는 것 아닐까? 아무튼 이런 사실들을 통해 나에게 맞는 목표와 사고방식을 가지고 덜 피곤하면서도 좋은 열매를 맺는 삶을 살 수 있길 바란다.

무조건적인 노력에 대한 경고

　목표를 지나치게 높게 세우면 아무리 노력해도 도무지 따라갈 수가 없어 쉽게 좌절하게 되고 삶이 괴로워질 수 있다. 이와 같은 그릇된 목표 설정과 더불어 우리의 삶을 더욱 피곤하게 만드는 것이 있는데, 바로 아무 생각 없이 '과하게 성취하는 경향over-earning'이다. 이는 목표를 충분히 달성했는데도 마치 노력 중독자처럼 노력을 멈추지 않는 것으로, 분명한 기준 없이 그저 습관적으로 노력을 기울여서 생기는 문제다.

　공부든 일이든 우리가 뭔가를 열심히 하는 데는 다 이유가 있다. 이는 논리적으로 당연한 이야기인 것 같지만, 사실 현실은 조금 다르다. 많은 경우 우리는 '맹목적mindless'이다. 그럴싸하고 피상적인 이유야 얼마든지 만들어낼 수 있지만 정작 그 일을 하는 진짜 이유를 모르고 있는 경우가 많다. 따라서 언제 멈춰야 하는지도 모른 채 그저 앞만 보고 달릴 뿐이다.

　완벽주의의 경우 목표가 뚜렷해 보이고 또 그것에 상당히 집착하기 때문에 언뜻 '맹목성'과는 거리가 먼 것처럼 보인다. 하지만 이 또한 매우 모호한 목표인 '완벽'을 무조건적으로 성취하려 한다는 점에서 역시 맹목적일 수 있다. 그들은 그저 완벽을 외칠 뿐 완벽하다는 게 도대체 뭔지, 왜 조금이라도 더 완벽해져야 하는지는 잘 모른다. 그저 계속 노력할 뿐이다.

이렇게 완벽주의가 맹목적인 목표일지도 모르는 상황에서도, 우리는 "열심히 살다 보면 언젠가는 좋아지겠지"라고 생각하며 그저 열심히만 살려고 한다. 노력을 하는 행위 자체에서 위안을 얻는 상태가 되기도 하며, 시간과 노력을 낭비하면서 그래도 나는 열심히 살고 있다고 생각해버린다는 것이다.

이러한 현상을 잘 보여주는 실험을 하나 살펴보자. 시카고대학의 심리학자 크리스토퍼 시Christopher K. Hsee는 다음과 같은 실험을 했다. 사람들은 편안한 음악 또는 시끄러운 소음 중 한 가지 소리를 선택해서 들을 수 있었다. 대부분의 참가자들은 당연히 편안한 음악을 선호했는데, 단 소음을 선택한 사람들에게는 '초콜릿'이 보상으로 지급되었다. 그때 받은 초콜릿은 그 자리에서 먹어야 했고 남은 초콜릿은 가져갈 수 없었다(보상물의 축적이 불가능했다). 과제를 시작하기 전 참가자들은 "초콜릿 몇 개를 얻으면 적당하겠나?"라는 질문에 평균 네 개라는 답을 했다. 참가자들은 소음을 듣는 동안 컴퓨터 모니터를 통해 자신이 획득한 초콜릿 개수를 확인할 수 있었다. 과제가 끝난 후 연구자들은 참가자들이 획득한 초콜릿을 지급했다. 소음을 전혀 듣지 않은 사람은 초콜릿을 하나도 얻지 못했고, 오래 들은 사람은 그만큼 많은 초콜릿을 획득했다.

이런 상황에서 사람들은 평균 몇 개의 초콜릿을 획득했을까? 즉 얼

마나 열심히 일했을까? 시작 전 참가자들은 네 개 정도의 초콜릿을 원한다고 했다. 게다가 추가로 얻는 것은 가져갈 수도 없으니 사람들이 자신의 목표에 맞춰 노력을 투자하는 경향을 보인다면 초콜릿 네 개만큼의 소음만 견디고 그다음에는 즐거운 음악을 들으며 편히 쉬고 있으면 되었을 것이다. 하지만 사람들은 평균 약 열한 개의 초콜릿을 획득하는 경향을 보였다. 실제로 먹은 양(실제로 필요했던 양)은 자신들이 예측한 네 개 정도였다. 즉 사람들은 이미 자신이 필요한 만큼을 얻은 후에도 과제를 멈추지 않고 먹지도 못할 일곱 개의 초콜릿을 추가로 얻었다. 쓸데없는 보상을 위해 편하게 보낼 수 있는 시간을 버린 것이다.

연구자들은 이러한 현상을 '맹목적인 축적*mindless accumulation*'이라고 부른다. 사람들이 자신이 원하는 바를 분명히 인식한 채 노력을 기울인다면 목표 달성 시점에 노력을 멈춰야 한다. 원하는 바를 다 얻고 난 후에는 굳이 노력을 기울일 필요가 없기 때문이다. 하지만 사람들은 노력을 하면서도 자신이 원하는 것이 무엇인지, 왜 그 노력을 하는지 잘 모르거나 인식하지 못한다. 따라서 어느 시점까지 애써야 하는지도 잘 모른다. 결국 더 이상 노력을 쏟을 수 없을 때까지, 몸이 지치고 쓰러질 때까지 노력하게 된다.

노력을 멈추는 기준이 목표 달성이 아니라 신체적/정신적 피로가 된다는 것이다. 목적이 이끄는 삶이 아니라 피로가 이끄는 삶이 된다고나 할까? 안타깝게도 상당히 많은 사람들이 이런 삶을 살아가고 있다.

이런 맥락에서 크리스토퍼 시는 "2030년이 되면 대부분의 사람들이 주당 15시간만 노동할 것이고 좀 더 여유로운 삶을 살게 될 것이다" 같은 전망이 현실이 될 일은 없을 거라고 이야기한다. 대신 아무리 기술이 발달하고 생산성이 높아져도 현대인들은 계속해서 몸이 나가 떨어질 때까지 축적에 매진하며 영원히 과로에 시달릴 것이라고 예측했다. 또한 사람들은 서로서로 "저 사람이 저렇게 (과한) 성취를 하는 만큼 나도 열심히 해야겠다" 하고 서로에게 과로를 전염시키며 경쟁적으로 일하기 때문에 삶의 여유는 좀처럼 찾아오지 않을 거라고도 했다.

실제로 과도한 노력의 대가는 피로뿐만이 아니다. 휴식, 여가, 삶의 여유, 행복 또한 노력의 제물이 된다. 이를 알아보기 위해, 이번에는 한 조건의 참가자들은 목표한 초콜릿을 획득한 시점에 과제를 멈추게 했고 다른 조건의 참가자들은 앞선 실험과 같이 목표한 초콜릿을 달성한 후에도 계속해서 과제에 임하고 초콜릿도 더 획득할 수 있게 했다.

둘 중 어느 조건의 참가자들이 행복감을 더 많이 느꼈을까? 예상했겠지만 필요 이상으로 일한 사람들보다 자신이 적당하다고 생각한 만큼만 일하고 쉰 사람들의 행복도가 높았다. 이렇게 아무 생각 없이 맹목적으로 노력하는 것은 절대 우리의 삶을 구원해주지 않는다.

사실 우리 주변에는 이런 일들이 많다. A라는 사람은 늘 바쁘다. 밤낮없이 쏟아지는 일에 각종 모임에 매일 매일 쉴 틈이 없다. A 자신은 나태하게 살았다가 낙오되는 것보다는 열심히 노력하며 사는 것이 훨씬 낫다고 생각한다. 그러나 때로는 "나는 뭘 위해 이렇게 애쓰는 건가?" 라는 의문이 들기도 하는데, 그럴 때마다 자신을 더 바쁘게 만들고 더욱더 스스로를 밀어붙이곤 한다.

당신은 어떤가? 일단 뭐가 되었든 열심히 노력하면 사람들의 차가운

Wednesday
왔던 길 돌아보기

시선을 피할 수도 있고 왠지 삶을 충실하게 잘 살고 있는 것 같아서 마음의 위안이 되긴 할 것이다. 하지만 이런 위안에만 빠져 자신이 정말 이루고자 하는 것이 무엇인지 보지 못한다면 결국에는 피로와 여유 없음, 삶에 대한 불안과 도피가 이어지고 말 것이다.

노력하기에 앞서 궁극적인 목적이 무엇인지 생각해보자. 당장 답이 나오지 않더라도 말이다. 그리고 생각하기 위해 잠시 멈추는 것을 두려워하지 말자.

긍정이 문제를 정당화한다?

●
●

시대가 어려울 때에는 항상 사람들을 위로하는 메시지들이 쏟아져 나오기 마련이다. 긍정적으로 사고하라는 메시지들이 여기저기서 쏟아져 나오고 "가난하지만 그래도 행복해", "힘들지만 언젠가는 좋아질 거야"라는 문구가 우후죽순 쏟아진다. 이런 생각들을 심리학 용어로 '상호 보완적인 믿음(고난에는 보상이 따르고 부유함에는 단점이 존재한다는 믿음)'이라고 한다. 즉 '가난하지만 행복하고 착하다' 또는 '부유하지만 불행하고 성격이 나쁘다' 같은 메시지다.

이런 믿음은 맞고 틀리고를 떠나 우리 삶에서 다양한 역할을 한다. 우선, 힘들 때 (정신 승리일지 모르겠지만) 내 인생이 그렇게 나쁜 건 아니라며 '희망'을 갖게 만든다. 하지만 유의할 것은 이러한 믿음들이 사회 구조적인 문제를 개인의 문제로 떠넘기며 사회는 아무런 문제가 없다는 걸 강조(현 사회 구조를 정당화)하는 역할을 하기도 한다는 점이다. 실제로 사람들에게 "너 지금 가난하고 힘들지? 그래도 생각해봐. 부자라고 행복한 건 아니야. 네가 부자들보다 더 행복할 수도 있어. 그리고 고생

도 꼭 나쁜 것만은 아니야" 같은 상보적인 메시지를 전달하는 것이다. 그러면 개인은 "그렇구나. 고생도, 가난도 그렇게 나쁜 게 아니구나" 하고 생각하며 실제로 사회 구조에 문제가 있을지언정 여기에 대한 불평이나 문제 제기를 덜 하게 된다고 한다.

'가난하지만 행복하다', '부유하지만 불행하다'는 메시지를 들은 사람들은 '가난하고 불행하다', '부유하고 행복하다'라는 메시지를 들은 사람들에 비해 '사회는 공정하게 굴러가고 있다', '현재의 정치체제는 제 역할을 다 하고 있다', '우리나라는 세상에서 제일 좋은 나라다', '사회적으로 바뀌어야 할 것은 아무것도 없다' 등등 지금의 사회 구조에는 어떤 문제도 없다고 주장하는 말들에 비교적 크게 동의하며 '사회 정의' 같은 개념에 별로 신경을 안 쓰게 된다는 연구들이 있다.

이렇게 좋게 좋게 생각하고 넘어가는 것은 마음이야 편하겠지만 결국 개인적 문제뿐 아니라 가난이나 불평등 같은 사회적인 문제들까지도 방치하는 부작용을 낳을 수 있다. 따라서 불편할 필요가 있을 때는 한껏 불편해하며 문제를 직면하는 게 좋을 것이다.

Thursday

나는 왜 살까? – 슬럼프 극복

이제 목요일이다. 지금까지 열심히 일하고 목표도 점검하면서 꽤 잘 살아온 것 같다. 그런데 이제 여유가 좀 생겨서일까? 분명히 좋은 목표들을 향해 무리하지 않고 잘 가고 있는데 문득 "정말 이대로 괜찮은 걸까?"라는 의문이 든다. 주변 사람들은 다 자신의 미래를 향해 착실히 달려가고 있는 것 같은데 내 앞날은 어떻게 될지 생각해보면 솔직히 별로 자신이 없고 깜깜하기만 하다. 내 미래는 과연 어떻게 되는 걸까? 점이라도 봐야 할까? 누가 속 시원하게 가르쳐줬으면 좋겠다.

눈앞에 닥친 일들을 처리하느라 눈코 뜰 새 없이 바쁠 때는 그냥 무시하거나 외면해 버리면 그만이었던 불안들이. 이제 좀 여유를 찾고 나니 빳빳이 고개를 쳐들기 시작한다. 시시때때로 "어떻게 살 것인가?"라는 심오하고도 존재론적인 질문을 스스로 던지기도 하고 뭔가 답이 없는 수렁에 빠져드는 기분이다. 이런 게 말로만 듣던 슬럼프라는 걸까?

내 인생의
진정한 의미 찾기

우리 삶은 올바른 목표와 태도, 올바르게 노력하는 법을 실천하는 것만으로도 충분히 풍성해진다. 하지만 문제는 우리가 시시때때로 흔들리는 갈대 같은 존재라는 것이다. 원하는 대학에 합격하고 좋은 회사에 들어가는 등 평탄한 길을 걷고 있다가도 우리 마음속에는 이따금씩 "지금 잘하고 있는 건가?", "내 미래는 어떻게 될까?" 같은 불안이 찾아온다. 그럴 때면 우리는 어느새 중심을 잃고 방황하게 된다. 아무리 상황이 좋아도 근원적인 불안을 떨치기는 힘든 것이다.

이런 방황은 도대체 왜 찾아오는 걸까? 그리고 방황이 찾아올 때 어떻게 대응하면 되는 걸까? 어떠한 위기든 그 대응은 문제의 본질을 정확히 아는 것에서부터 비롯될 것이다. 이번 장에서는 이와 같은 슬럼프의 정체와 그것을 극복하고 나시 일어날 수 있는 방법에 대해 알아보자.

···› 불안은 적이자 동반자다

우리는 때때로 인생이 한 치 앞도 보이지 않음을 애통해하면서 시시때때로 찾아오는 불안에 어찌할 바를 모른다. 그런데 사실 이와 같은 '불확실성uncertainty에 대한 불안'은 지극히 자연스러운 것이다. 앞으로의 삶이 어떤 방향으로 흐를지는 그 누구도 예측할 수 없다. 시험공부를 아무리 열심히 했어도 내가 전혀 예상하지 못했던 부분에서 문제가 나오면 시험을 망칠 수 있고, 정년까지 잘 다닐 수 있을 거라고 생각했던 회사가 어느 날 갑자기 부도가 나서 하루 아침에 실직할 수도 있다. 이렇게 우리의 앞날이란 우리 스스로 100퍼센트 통제할 수 있는 게 아니며 좋은 일이 일어날 가능성 못지않게 나쁜 일들이 일어날 가능성도 굉장히 크다. 미래란 뭐가 나올지 열기 전엔 알 수 없는 판도라 상자와 비슷하다고나 할까? 미래란 충분히 '무서워할 만한' 것이며 이에 대한 불안은 합리적이고 현실적이다.

그런데 만약 이런 미래가 전혀 무섭거나 불안하지 않은 사람이 있다고 해보자. 과연 이 사람은 혹시 모를 불행에 대비하려는 노력을 하게 될까? 앞서 부정적 사고가 현실을 직시하게 만든다는 이야기와 비슷하게, 미래에 대한 두려움과 불안이 있을 때 우리는 비로소 미래라는 판도라 상자에 대해 심각하게 대비하게 된다. 어떤 학생이 시험공부를 할 때 예상문제를 중심으로 열심히 공부하다가 문득 "다른 부분에서 문제가 나오면 어떡하지?"라는 생각이 들었다고 해보자. 이 학생은 곧 그 불안을 해소하기 위해, 무심코 지나친 부분도 다시 한 번 살펴보게 될 것이다. 그리고 실제로 더 준비된 상태로 시험을 치를 수 있을 것이다.

또 한밤중에 갑자기 쿵 하는 소리가 들렸다고 상상해보자. 그러면 사람들은 보통 확실한 원인(선반에 아슬아슬하게 걸쳐져 있던 접시가 떨어졌다든가)을 찾아내기 전까지는 막연한 불안을 갖게 될 것이다. 하지만 애초에 이게 무슨 소린지 전혀 궁금해하지 않고 확실히 알아내지 않은 채 넘어가도 전혀 불편하지 않은 사람의 경우는 어떨까? 큰 문제가 아니라면 상관없겠지만 만약 도둑이 들어왔거나 기타 등등의 위험이 닥친 상황이라면 낭패를 보게 될 것이다. "한 번쯤은 안전벨트를 안 매도 괜찮을 거야. 위험하지 않을 거야"라는 식의 안전불감증이 발생시키는 각종 사고들 역시 불안을 지나치게 배제하는 것도 좋기만 한 것은 아님을 잘 보여준다.

이렇게 개인적인 일이나 주변 환경들에서 '어떻게 될지 모른다'는 불확실성에 대해 불편한 감정(불편감)을 느끼는 것은 실제 불안 요소를 줄이는 원동력이 된다. 즉 알 수 없는 무언가에 대한 불편감은 우리가 예측 불가능한 일들을 조금이라도 예측 가능한 것으로 만들기 위해 구체적인 노력들을 하게 만든다.

부정적인 생각이 너무 많아도 문제지만 너무 없어도 문제인 것처럼, 불안도 지나쳐도 문제, 너무 없어도 문제가 된다. 내가 모르는 게 너무 많을 때, 불안하고 불편할 이유가 충분히 있을 때에는 불안과 불편감이 생존을 돕는다.

학자들은 이렇게 장기적 생존을 돕는 불안이 우리에게 내장되어 있다고 본다. 우리는 누구나 알 수 없는 무엇을 마주하는 것만으로도 불편을 느끼게 되고 "어떻게는 이 현상을 설명할 방법을 찾아라(현상에 대한 설명, 이해 찾기)!", "대응할 방법을 찾아라!" 하는 등의 마음가짐을 갖게 된다. 즉 우리에게는 불확실성에 대한 불편을 해소하고 싶어하는 욕구가 있다.

학자들은 이를 '의미(설명과 해석)를 찾고자 하는 욕구'라고 부른다. 우리는 불확실하고 불투명한 인생과 세상에 대해 끊임없이 불편해하고 어떤 '답'을 찾아 헤매는 동물이라는 것이다. 결국 삶이나 세상에 대해 "지금 제대로 가고 있는 걸까?"라는 막연한 의구심을 느끼고 방황하는 것은 지극히 자연스러운 일이며, 이런 방황을 멈추기 위해서는 나름의 답을 얻을 필요가 있다. 다음에서 좀 더 자세히 살펴보자.

⋯▶ 우리는 의미를 찾는 동물

세상을 어떻게든 분석하고 이해해서 불편감을 줄이려는 시도는 우리 삶 속에서 시도 때도 없이, 또 우리가 의식하지 못하는 사이에도 나타난다. 예컨대 우리는 잘 모르는 낯선 자극들 속에서도 어떻게든 규칙과 설명을 발견하여 그것을 '내가 이해할 수 있을 만한 것'으로 변환시키곤 한다.

왼쪽 그림에서는 사람 얼굴을, 오른쪽 그림에서는 토끼를 찾아보자. 아마 어렵지 않게 찾을 수 있을 것이다. 이 그림들에는 우리 눈이 각각 사람 얼굴과 토끼 모양을 보게 하는 자극이 숨어 있다. 하지만 우리는 이런 규칙 없고 가공되지 않은 상태의 정보들을 거의 본능적으로 순식간에 '나에게 의미 있는' 형태로 재조합한다. 불규칙하게 늘어진 점들을

가운데 얼굴이 보이는가?

달에 사는 토끼를 찾아보자. **1**

보고, 사람 얼굴이나 토끼를 발견하고는 그것을 사실로 믿어버린다는 것이다.

이렇게 우리는 모르는 것을 모르는 채로 내버려두지 않는다. 어떻게 해서든 이해해서 잘 모르겠다는 느낌을 줄이려고 한다. 천둥이 치면 신이 분노한 것이라 말하고 가뭄이 들면 지도자의 부도덕함을 탓하는 등의 잘못된 믿음, 각종 미신, 징크스 등은 진짜 사실을 설명해주진 못할지라도 삶에서 만나게 되는 각종 불확실성에 대한 불편감을 줄여보려는 발버둥의 일환으로 이해할 수 있다.

연구에 의하면 알 수 없는 것들을 '알 수 있는 것'으로 느끼게 되면 실제로 불안이 해소되며 마음이 편해진다고 한다. 설령 잘못된 이해라고 해도 왠지 '알 것 같은' 느낌이 우리에게 큰 안도감을 준다는 것. 우리가 진리를 추구한다고 할 때 실은 그게 진짜 진리인가 여부를 알아내는 것보다 내가 사실 뭘 모르고 있다는 불안을 지우는 것이 1차적으로, 본능적으로 더 중요한 목적일지도 모르겠다. 개인적으로도 예전에 여행을 갔을 때 말도 아니고 당나귀도 아닌 특이한 동물을 본 적이 있는데, 그것의 정체를 궁금해하던 나에게 옆에 있던 친구가 "저건 노새야(오늘부터 넌 노새다!)"라고 정의를 내려줬다. 그게 정말 노새인지 확인할 방법은 없었지만 그때부터 우리에게 그 동물은 노새가 되었고, 그 후 정체를 알 수 없어 불편했던 감정이 해소됨을 느꼈다.

앞서 언급했듯 우리가 이렇게 불확실성을 불편해하며 이 불편감을 제거하기 위해 세상을 이해하려고 노력하는 것은 결과적으로 삶에 꽤 도움이 된다. 물론 "넌 오늘부터 노새다", "천둥은 신의 분노다", "이게 다 ○○ 때문이야"처럼 불안을 해소하기 위해 만들어진 잘못된 이해는 잘못된 대비책들을 불러올 수도 있다. 하지만 이러한 과정이 진짜 앎과 진짜 예측에 조금이라도 더 가까이 다가가게 하는 것은 맞다. 알 수 없는 답답함과 호기심을 해결하기 위해 끊임없이 탐구한 결과 인류는 엄청난 양의 지식들을 쌓게 되지 않았던가? 불안이 존재하는 만큼 앎과 이해, 예측과 대비가 진전하는 것이다.

그렇기 때문에 우리가 애초에 불확실성으로 점철되어 있는 삶에 대해 불안을 느끼는 것은 자연스럽고도 꽤 적응적인 일이다. 따라서 삶 속에서 불안을 느낄 때 우리에게 가장 먼저 필요한 자세는 불안 자체에 더더욱 빠져들며 당황스러워하기보다 '이것은 자연스러운 일'이라고 받아들이는 태도일 것이다.

또한 우리가 불안을 느낀다는 것은, 결국 우리가 자신의 삶에서 발생 가능한 문제들을 잘 인지하고 있으며 나아가 이들을 이해하고 싶어 하는 마음(불안을 해소하고픈 마음)이 있는 거라고 했다. "나는 지금 잘 살고 있는 건가?"라는 질문처럼 삶에 대한 근원적인 불안을 느낄 때도 마찬가지다. 이때 역시 우리에게 필요한 것은 불안을 외면 또는 회피하거나 억누르는 게 아닌 이해하는 과정, 즉 자신의 삶을 깊게 들여다보고 근원적인 답을 찾는 과정이다. 그 시작은 내 삶의 큰 원칙과 목적, 의미를 아는 것부터 시작된다.

내 삶에 중요한 원칙과 목적이 무엇인지, 내 삶의 의미가 무엇인지, 나는 왜 이렇게 살고 있는 것인지…. 이런 불안감이 말도 없이 우리를 찾아왔다면, 잠시 한발 물러서서 잠잠히 내 삶에 대한 설명들을 찾아보자. 이따금씩 밀려오는 삶에 대한 회의, 사춘기 시절의 방황 등은 잠시 멈춰 서서 삶의 방향과 의미를 재정비해보라는 반가운 신호일 것이다.

···▶ 삶에 대한 의지를 높여주는 것

마이클 스티거Michael F. Steger는 이런 말을 했다.

"우리 인간은 어디에서든 의미를 발견할 수 있는 능력을 갖고 있다. 자연 재해, 질병, 예술작품, 또는 결혼 등에서 의미를 찾듯 사람들은 자신의 삶에 대해서도 의미를 찾고 싶어 한다. 이렇게 삶의 의미를 찾는 것은 스스로의 경험을 해석하고, 자신이 가치 있는 사람이라는 느낌을 받고, 또 자신에게 중요한 것이 무엇인지, 무엇을 위해 노력해야 하는지를 찾는 데 도움이 된다. 이런 삶의 의미의 핵심은 내 삶이 중요하고 나란 존재가 덧없지 않다는 믿음이다."

알 수 없는 불안감과 함께 방황이 찾아오는 것은 '지금은 잠시 삶의 의미를 찾을 때'라는 신호라는 얘기를 했다. 이런 의미를 찾을 때 우리는 불안감을 잠재우고 다시 제자리에 복귀할 수 있게 된다. 반대로 내 삶에 어떤 의미가 있는지를 찾지 못하면 만성적인 슬럼프에 빠져 허우적거리게 된다. 그런데 삶의 의미를 찾는다는 건 어떤 걸까? 이 질문에 답하기 전에 우선 몇 가지 분명히 해둘 것이 있다. 일단 여기서 삶의 본질적 의미나 의미 있는 삶에 대한 철학적 해답을 찾으려는 것은 아니다. 그보다는 사람들이 실제로 어떨 때 "내 삶은 충만해", "내 삶은 참 가치 있는 것 같아"라고 느끼는지에 관한 이야기를 하려고 한다. 즉 내 삶이 가치 있다는 주관적인 믿음 또는 충만감에 관한 이야기다.

또 어떤 삶이 더 의미 있고 어떤 삶은 의미가 없는지에 대해 평가하고 줄을 세우려는 것도 아니다. 내 삶을 나 자신의 시선이 아닌 타인의 시선을 통해 바라보면 '학벌이 좋은가?', '좋은 직장을 다니고 있는가?', '실력이 뛰어난가?' 같은 몇 가지 평가 기준에 의해 삶이 의미 있는지 아닌지가 갈리게 될 것이다. 하지만 여기서 할 이야기는 다른 사람이 봤을 때 '좋아 보이는' 삶이 무엇인가가 아닌 철저히 '나'를 기준으로, 내가 느끼는 내 삶에 대한 이야기다.

이는 바로 '주관적 의미감*subjective sense of meaning*'이다. 즉 관념적인 것이 아니라 내가 실제 살면서 체험하는 '경험'으로서의 삶의 의미다. "내 삶을 의미 있게, 공허하지 않고 충만하게 만들어주는 것이 무엇인가?"라고 자문했을 때 어떤 사람은 사랑하는 가족이나 친구를 떠올릴 수 있고, 또 어떤 사람은 직업이나 사회적 성공을 떠올릴 수도 있다. 자신이 열렬하게 빠져 있는 취미활동을 떠올릴 수도 있고, 자신만의 장점 같은 내적 특성을 떠올릴 수도 있겠다. 또 한때 몸이 많이 아팠던 사람이라면 건강한 식생활과 운동으로 건강을 지키는 것을 가장 의미 있는 일로 꼽을 것이다. 당신에게 가장 의미 있는 일은 무엇인가?

이렇게 사람들에게 삶의 의미감을 주는 일들은 매우 다양하기 때문에 어떤 일이 의미감을 주며 어떤 일은 그렇지 못하다고 섣불리 이야기할 수는 없다. 하지만 한 가지 분명한 사실은 그 '원천'이 무엇이든, 의미감을 느끼는 사람과 느끼지 못하는 사람 사이에는 많은 차이가 난다는 것이다. 다음의 문항에 응답해보자.

∗∗ 의미감 알아보기 ∗∗[2]

	NO				YES
나는 내 존재가 의미 없다고 생각한다.	1	2	3	4	5
나는 내 삶에서 분명한 목적을 발견하지 못했다.	1	2	3	4	5

이 질문은 우리가 삶 속에서 얼마나 의미를 자주 느끼며 자신의 삶이 전반적으로 얼마나 의미 있다고 느끼는지를 측정하기 위한 것이다. 점수가 낮을수록 당신은 대체로 삶의 의미감을 잘 느끼고 있는 편이고, 높을수록 반대라고 볼 수 있다.

자신의 삶이 의미 있다고 느끼는 사람들은 우선 존재론적인 불안을 덜 느낀다. 간단히 생각해봐도 자신의 삶이 아무 목적도, 가치도 없다고 생각하는 사람보다 그렇지 않은 사람들이 자기의 존재 가치를 부정하는 어두운 의심에 빠져들 일이 적을 것이다. 불투명한 미래나 죽음에 대해서도 "이런 나라면 괜찮을 거야"라며 덜 불안해할 것이다. 실제로 자신의 삶이 가치 있다고 생각하는 사람들은 어느 날 갑자기 죽게 될 가능성 같은 걸 떠올리게 하거나 죽음을 연상시키는 음울한 영상을 보여줘도 무서움을 덜 느끼는 모습을 보인다.

삶의 의미감을 느끼는 사람들은 그렇지 않은 사람들에 비해 불안을 덜 느낄 뿐 아니라 더 행복하다. 또 그들은 이타적인 행동이나 사회 참여적 행동을 많이 하는 등 전반적으로 열심히 살아간다. 이는 내 삶이, 내 존재가 아무런 의미가 없다고 느낄 때 좌절하게 되고 심하면 삶을 포기하게 되는 것과 대조적인 모습이다. 실제로 많은 연구들이 삶의 의미감을 잘 느끼지 못하는 사람들은 다양한 정신질환이나 높은 스트레스, 우울증, 자살 충동 등을 비교적 많이 느끼는 편이라는 것을 보여주었다. 삶의 의미감을 느끼는 것은 그 자체로도 행복하고 좋지만 삶에 대한 '의지'를 높인다는 점에서도 매우 중요하다는 것이다.

삶의 의미를 느끼는 것은 '장수'의 동력이 되기도 한다. 우리는 해마다 한 살 한 살 더 늙어간다는 사실을 서글퍼한다. 이때 어떤 사람들은 나이가 드는 것에 좌절하고 말지만 또 어떤 사람들은 그것에 긍정적인 의미를 부여하고 삶의 의지를 새로 다진다.

예일대학의 연구자 베카 레비*Becca Levy*와 동료들의 연구에 의하면 나이에 따라 삶에 긍정적인 의미를 부여하느냐 아니면 의미를 잃어버리게

되느냐 하는 문제는 결코 작지 않은 차이를 만들어낸다. 50세 이상 사람들을 23년간 추적한 연구 결과, 23년 전 나이가 드는 것에 대해 긍정적인 의미를 부여한 사람들이 부정적인 의미를 부여한 사람들에 비해 평균적으로 7.5년을 더 오래 산 것으로 나타났다. 이 결과는 나이, 성별, 사회경제적 지위, 초기의 신체적·정신적 건강상태와 상관없이 유효했다.

나이가 드는 것에 좋은 의미를 부여한 사람들이 그렇지 않은 사람들에 비해 균형 있는 식생활, 규칙적인 운동습관을 가지고 있고 술이나 담배도 절제하는 편이며 건강검진도 정기적으로 잘 받고 있는 것으로 나타났다. 내 삶에 의미를 부여하는 것이 삶을 열심히 꾸려가려는 강한 의지를 불러오고, 그 결과 신체적·정신적으로 건강한 생활습관, 더 나아가 장수를 이끌어내는 동력이 될 수 있다는 것이다.

이렇게 내 삶이 충만하다는 의미감을 느끼는 것은 불안과 방황을 멈춰줄 뿐 아니라 삶의 의지를 불태우게 해준다는 점에서도 매우 중요하다. 따라서 불안이 넘치고 삶에 대한 의지도 모자란 상황이라면 당신에게 필요한 것은 내 삶의 의미는 무엇인지, 내 삶을 충만하게 만들어주는 것들은 무엇인지를 찾는 것일 수 있다.

다음에서는 의미감을 발견하기 위해 선행되어야 하는 것들, 의미감을 찾는 방법에 대해 알아보자.

불확실성이 얼마나 싫기에?

●
●

　우리는 본능적으로 불확실성을 싫어한다. 따라서 이를 해소하기 위해 발버둥을 치는데, 이 발버둥의 결과로서 불안은 어쨌든 잠재적인 문제에 대비하는 결과를 가져온다. 이는 배고픔을 해소하기 위해 먹을 것을 찾는 것과도 비슷한 과정이라고 볼 수 있다. 만약 배가 고픈데 아무것도 느껴지지 않는다고 생각해보자. 아무래도 부족한 양분을 제때 채우려 들지 않아 영양실조에 걸리거나 심하면 굶어 죽게 될지도 모른다.

　결국 우리가 불확실성을 괴로운 것으로 인식하기 때문에 이를 해소하기 위해 여러 반응을 보인다는 것인데, 그렇다면 사람들은 도대체 얼마나 불확실성을 불편해하는 걸까? 사람들이 평소에 불확실성을 만나면 어떻게 반응하는지, 그때 나타나는 재미있는 것들은 어떤 게 있는지 한번 살펴보자.

　먼저 이야기할 것은 바로 '창의성'에 대한 거부감이다. 학교나 직장 등 많은 조직들은 창의적인 인재를 원한다. 하지만 정작 진짜 창의적인 아이디어를 내면 "에이, 그게 현실성이 있는 이야기니? 네가 알아서 한

번 해봐, 그럼" 같은 시큰둥한 반응이 돌아온다. 과학자나 예술가 들만 봐도 너무 창의적인 결과물을 낸 사람들은 당대에 인정받지 못하는 경우가 많다. 사람들이 정말로 창의성을 추구하고 바람직한 것으로 생각한다면 새로운 아이디어나 발견에 대해 환호해야 하는데 왜 현실은 그렇지 않은 걸까? 말로만 좋아하고 속으로는 싫어하는 것일까?

펜실베이니아대학의 심리학자 제니퍼 뮬러Jannifer S. Mueller와 동료들은 다음과 같은 실험을 했다. 참가자들은 불확실성이 높은 상황(불확실성 조건) 또는 불확실성이 낮은 상황(통제 조건)에 놓였다. 불확실성이 높은 조건의 참가자들에게는 "실험 참가비를 추첨을 통해서 주기 때문에 운이 좋으면 더 높은 참가비를 받을 수도 있다"는 말로 불확실한 상황을 만들어주었고, 불확실성이 낮은 조건의 참가자들에게는 실험이 끝나면 정해진 참가비를 받을 거라고 말해 비교적 확실한 상황을 만들어주었다. 그런 후 참가자들이 창의성과 어떤 단어를 더 빨리 연결 짓는지를 살펴봤더니 불확실성 조건의 참가자들이 창의성을 '구토', '고통' 같은 부정적인 단어와 비교적 더 잘 연결 짓는 현상이 나타났다. 이미 충분히 불확실성이 높은 상황에 처한 사람들은 또 다른 불확실성을 더하는 새롭고 창의적인 것을 싫어하게 된다는 것이다. "창의성에 대해 어떻게 생각하니?"라고 대놓고 물어봤을 때는 두 조건 모두 똑같이 "물론 좋지"라고 응답했다. 하지만 현실은 좀 달랐다.

우리가 삶이나 조직 안에서 만나는 다양한 일들은 잘될지 안 될지 아무도 모르는, 불확실성이 높은 일들이라는 사실을 떠올려보자. 이를 고려하면, 생각보다 상당히 많은 사람들이 창의성을 껄끄러워할 가능성이 높다. 이렇듯 새롭고 잘 예측할 수 없는, 불확실한 무엇은 불편하다.

같은 맥락에서 다음과 같은 현상이 나타나기도 한다. 사람들은 창의적인 리더보다 창의적이지 않은 리더를 더 선호한다. 뮬러의 또 다른 연구에서, 문제 해결에 창의적인 방법을 제안한 사람보다 일반적이고 익숙한 방법을 제안한 사람들이 더 '좋은 리더'라는 평가를 받는 현상이 나타났다. 아무래도 결과를 예측할 수 없는 길보다 어느 정도 예측 가능한 안전한 길을 택할 때 불안감이 덜할 것이다. 또 새로운 길을 개척하는 데 필요한 새로운 능력들을 기르지 않아도 되기 때문에 몸도 편할 것이다. 팀장이 어느 날 "우리 이번에는 새로운 방식으로 해봅시다"라고 하면 갑자기 없던 피로가 몰려오지 않던가?

하지만 이런 창의적인 리더에 대한 거부감을 종식시켜주는 것이 하나 있다. 바로 리더의 '카리스마'다. 벌여놓은 새로운 일을 능숙하게 처리할 능력이 없을 것 같은 리더, 즉 불확실성을 높이기만 하는 리더는 사람들이 잘 따르지 않는 경향이 있다. 반면 카리스마가 넘쳐서 불확실성을 낮출 수 있다는 믿음을 주는 리더는 사람들이 잘 따르는 경향이 있다.

이렇게 사람들은 자신의 삶에 끼어드는 불확실성을 싫어하고 제거하고 싶어 한다. 불확실성을 늘리기만 하는 제안과 리더는 별로 좋아하지 않고 반대로 불확실성을 최종적으로 줄여줄 수 있는 제안과 리더는 좋아한다. 당신은 어떤 제안을 하고 어떤 스타일의 리더인지 한번 생각해보자.

내가 중요하게
생각하는 게 뭘까?

우리의 삶에 있어 의미감은 굉장히 중요하다. 그런데 어떻게 하면 그 것을 느낄 수 있는 걸까? 첫 단계는 바로 내 삶의 목적을 아는 것이다. 내 삶의 목적이 무엇인지, 내가 무엇을 위해 사는 사람인지도 모르면서 삶의 의미를 찾을 수 있을까?

여기 한 사람이 있다. 그는 "뭘 먹을까?", "A와 B 중에 뭘 택할까?", "이번에 적금을 타면 어디에 투자할까?" 등등 그때그때 닥치는 일에 대한 구체적인 질문만을 던지며 살아왔다. 눈앞에 닥친 문제를 해결하고 목표들을 차근차근 달성하기 위해서는 이런 질문도 굉장히 중요하다. 실제로 그는 자잘한 목표 수행에는 큰 문제가 없이 잘 살았다. 그러던 어느 날 문득 그는 왠지 삶이 공허하다는 것을 느꼈다. 그리고 자신에게 부족한 것은 삶 전체를 아우르는 "어떻게 살아야 할까?"라는 다소 추상적인 질문이었다는 것을 깨달았다. 즉 다이어트, 성적 향상, 진급 같은 구체적인 목표뿐 아니라 자신의 삶 전체를 아우르는 상위의 목표가 필요하다는 것이다.

연구자들은 이럴 때 우리에게 필요한 것은 바로 '왜Why?'라는 추상적인 질문이라고 이야기한다. 다이어트, 성적 향상, 진급 같은 구체적인 목표를 향해 달려가는 와중에도 "그런데 이 일을 내가 왜 하고 있는 거지?", "이 일의 의미는 뭐지?", "내 삶의 목적은 뭐지?" 같은 큰 질문을 던지며 주의를 환기하고 삶의 방향키를 잡을 필요가 있다는 것이다. 이렇게 '왜?'라는 질문은 우리에게 삶의 목적을 재정비할 기회를 준다.

⋯▶ 나의 가치관 알아보기

당신은 왜 사는가? 뜬금없는 질문이지만 쉽게 답할 수 있는 질문은 아니다. 정답도 없을뿐더러, 오늘의 답변과 내일의 답변이 달라질 수도 있다. 하지만 한 가지, 바로 당신의 '핵심 가치관'이 무엇인지 잘 알고 있다면 이 질문은 더 이상 어려운 게 아닐 수도 있다.

심리학에서 말하는, 우리 삶의 중요한 가치관은 '쉽게 흔들리지 않으면서 삶을 지배하는 중요한 원칙, 또는 큰 목적'쯤으로 정의된다. 즉 지금 상황이 어떠하든지 간에 나답게 살 수 있게 하는 원칙들이라고 할 수 있다. 이 가치관은 사소한 행동부터 중요한 결정에까지 광범위한 영향을 미치며 우리 삶의 방향을 잡는 역할을 한다.

예컨대 다음의 상황을 생각해보자. 모양, 크기, 성능이 동일한 제품

A와 B가 있다. 그런데 B의 가격이 더 비싸다. 따라서 A를 선택하는 것이 합리적일 것이다. 하지만 당신은 B를 선택했는데, 이유는 B가 친환경 제품이기 때문이다. 왜 당신은 가격적으로 합리적이지 않은 선택을 했을까? 이것이 바로 가치관의 힘이다. 평소에 환경을 중시하는 가치관을 가진 당신에게는 돈보다 환경을 위하는 것이 훨씬 옳고 만족스러운 행동인 것이다. 반면 환경 보호를 중요한 가치로 생각하지 않는 사람에게는 A를 선택하는 것이 훨씬 적절할 것이다.

이렇게 살아가는 동안 우리는 물건을 사는 것 같은 간단한 행위부터 어떤 직업을 선택할 것인지, 그리고 어떤 정책, 단체를 지지할지와 같은 사회적 활동에 이르기까지 다양한 가치 사이에서 갈등하며 시험대에 오른다. 그리고 이때 평소 어떤 가치를 중요하게 여기느냐에 따라 당신의 선택은 크게 달라진다.

뿐만 아니라 그 선택을 잘했는지에 대한 평가도 달라진다. 본인에게 중요한 가치관을 저버린 행동을 하게 된 경우에는 보통 "그러지 말아야 했는데…"라는 후회가 따르게 된다. 예컨대 환경 보호를 무엇보다 중요시하는 사람이 주머니 사정이 좋지 못해 원래 사려던 친환경 제품을 사지 못할 경우 그 사람은 계속해서 찜찜해하며 결국 자신의 선택에 후회할 확률이 크다. 그리고 다음에는 꼭 친환경 제품을 선택해야겠다고 다짐할 것이다. 이런 식으로 가치관은 삶의 방향을 조련한다. 가치관은 우리 삶의 방향을 정하는 방향키 같은 역할을 하기 때문에 내가 어떤 가치관을 가지고 있는 사람인지 제대로 알지 못한다면 우리는 삶이 목적 없이 표류하고 있는 것 같은 느낌을 지우지 못할 것이다.

가치관을 잘 파악하는 것은 인간관계에서도 매우 중요하다. 연구에 의하면, 연인들이 헤어지는 이유는 사실은 성격차이보다 가치관의 차이 때문일 가능성이 높다고 한다. 예컨대 정치관이 다른 두 사람을 떠올려보자. 한 명은 엄청나게 진보적인데 다른 한 명은 엄청나게 보수적이라면 그들은 사회적 이슈에 대해 이야기할 때마다 사사건건 부딪히게 될 것이다. 그러다 합의점을 찾지 못하면 결국 "너란 애를 도대체 이해할수가 없다"는 말과 함께 "헤어져!"라는 말이 터져나올지도 모르겠다. 이처럼 가치관은 우리가 살면서 어떤 선택들을 하고 어떤 후회를 하게 되는지, 어떤 사람들과 어울리게 되는지 등 다양한 방면에서 큰 이정표 역할을 한다.

사람들이 중요하게 여기는 가치관에는 어떤 것들이 있는지 살펴보자. 심리학자 샬롬 슈바르츠*Shalom Schwartz*에 의하면 사람들의 가치관은 크게 기본적인 욕구, 사회적 관계, 사회와 집단의 존속을 위해 중요한 것들을 아우르며, 오른쪽 표의 열 가지로 나누어볼 수 있다고 한다.

오른쪽 표에서 자신에게 중요한 순서대로 1위에서 10위까지 순위를 매겨보자. 하나하나 모두 중요한 것들이지만 높은 순위를 매긴 것들이 특히 당신의 삶에 많은 영향을 미치고 있는 중요한 이정표라고 할 수 있겠다. 선택의 기로에서 갈등하고 있을 때 높은 순위를 매긴 가치관을 따라갈 확률이 높다는 것이다.

그런데 가만히 보면 알겠지만 서로 상충관계에 있는 가치관들이 있다. 예컨대 '자극'과 '안전'의 경우 동시에 추구하기는 어려울 것이다. 스릴*thrill*을 즐기려면 아무래도 위험을 감수해야 하는 것이니 말이다.

✲✲ 사람들이 중요하게 여기는 가치관 ✲✲[1]

가치관	내용	순위
성취 *Achievement*	사회적 기준에 부합하는 개인적 성공 (성공, 능력, 야망)	
자애 *Benevolence*	주변 사람들의 상태에 주의를 기울이는 것 (사람들에게 도움이 되는 것, 정직, 용서, 사랑)	
순응 *Conformity*	사회나 타인에게 해를 끼칠 수 있는 행동들을 삼가고 규칙을 준수하는 것 (예의 바름, 공경, 절제)	
쾌락 *Hedonism*	자기 자신을 위한 즐거움이나 감각적인 만족을 얻는 것 (기쁨, 삶을 즐기는 것)	
권력 *Power*	사회적으로 높은 지위를 가지거나 다른 이들을 제어할 수 있는 힘을 얻는 것 (힘, 권위, 부, 사회적 인지도)	
안전 *Security*	사회적 상황, 대인관계, 일상생활에 있어 안정과 조화를 추구하는 것 (사회 질서, 가족의 안전, 건강, 소속감)	
자기 주도 *Self-Direction*	독립적인 생각과 행동을 취하는 것 (창의성, 호기심, 자유, 독립, 사생활)	
자극 *Stimulation*	신나거나 새로운 일, 도전을 추구하는 것 (다양성, 신남, 도전)	
전통 *Tradition*	문화적·종교적 관습을 존중, 준수하는 것 (헌신, 전통에 대한 존경)	
보편주의 *Universalism*	모든 인간과 자연을 소중히 여기며 이들에 대해 이해, 관용, 감사, 존중의 태도를 갖는 것 (환경 중시, 사회 정의, 평등, 세계 평화, 조화)	

'성취'와 '자애'도 무한경쟁 사회에서는 성공을 위해서 다른 사람을 짓밟아야 할 때가 많다는 사실을 고려하면 서로 상충관계에 놓일 일이 많은 가치들이다. 그래서 헬싱키대학의 심리학자 마르아나 린더먼*Marjaana Lindeman*은 다양한 가치관들을 상충관계에 따라 정리하는 작업을 했다.

⁎ 나의 가치관 찾기 ⁎ [2]

step1 우선 아래의 여섯 단어 중 자신에게 제일 중요한 것을 1, 2, 3위를 골라 표에 써보자.

step2 각 단어들을 돈을 주고 산다면 최대 얼마까지 지불할 수 있는지 써보자. 쓸 수 있는 돈은 총 1,000만 원이고 0원을 써도 된다. 카테고리, 카테고리 점수 칸은 일단 비워둔다.

· 풍족한 삶 / 사회정의 / 성공 / 베푸는 삶 / 권력 / 정직

순위	단어	금액	카테고리	카테고리 점수
1	ex) 풍족한 삶			
2				
3				

step3 같은 방식으로 아래 단어도 해보자.

· 헌신 / 기쁨·즐거움 / 사회질서 / 자율성 / 예의 바름 / 모험

순위	단어	금액	카테고리	카테고리 점수
1				
2				
3				

step4 선택한 단어가 다음의 네 가지 가치관 카테고리 중 어디에 속하는지 확인
하고 카테고리 칸에 써넣어보자.

단어	카테고리
권력, 성공, 풍족한 삶	자기강화(자기 자신의 성공과 안녕을 중시)
사회정의, 베푸는 삶, 정직	자기초월(타인의 안녕을 중시)
헌신, 사회질서, 예의 바름	보수(안정과 규율을 중시)
기쁨·즐거움, 자율성, 모험	변화(삶의 역동성과 정서적 가치를 중시)

step5 카테고리 점수도 써넣어보자. 1위는 3점, 2위는 2점, 3위는 1점을 준 후 같
은 카테고리에 속한 단어끼리 점수를 더한다.

step6 각 단어에 쓴 금액도 카테고리별로 합산해보자.

자기강화		자기초월	
점수	금액	점수	금액

보수		변화	
점수	금액	점수	금액

· 이것은 기존 이론을 토대로 각색하여 만든 것이며 원래 테스트와 다르다. 더 정확
한 결과를 알고 싶다면 전문 검사기관으로 가보자.
· 인간관계에서는 성격보다 가치관의 유사성이 훨씬 더 중요하다. 따라서 가족이
나 친구, 연인과 함께해보는 것도 좋겠다.

마지막 결과표를 보면 자신이 자기강화와 자기초월 중 어느 쪽에 가까운지, 보수와 변화 중 어느 쪽에 가까운지 대략적으로 파악할 수 있을 것이다.

첫 번째 차원인 자기강화와 자기초월에서 자기강화 쪽 가치관을 갖고 있는 사람들은 더불어 사는 것보다 자신의 성공과 안녕을 중요하게 생각하는 편이라고 볼 수 있다. 즉 나의 성공과 타인의 안녕이 상충관계에 있을 때 자신의 성공을 좀 더 중시할 확률이 높다. 자기초월은 반대의 경우다. 실제로 특히 돈이 걸려 있는 상황에서 자기초월에 비해 자기강화 쪽 가치관을 갖고 있는 사람들은 협동을 덜 하고 이기적인 모습을 보인다는 연구가 있다. 두 번째 차원인 보수와 변화에서 보수 쪽이 강한 사람은 '평탄하고 안정된 삶'을 추구하는 편인 반면, 변화를 선택한 사람은 비교적 역동적인 삶을 원한다고 볼 수 있다.

어떤 결과가 나오든 더 좋고 나쁠 것은 없다. 모두 나름의 중요성과 나름의 장단점을 가지고 있다. 성공을 추구하는 것이나 타인을 돌보는 것, 안정을 유지하는 것이나 도전하고 변화하는 것 모두 다 필요하다. 다만 각각의 선이 어디까지인지, 즉 '정도'가 중요할 뿐이다.

자신이 어느 한쪽에 너무 치우쳐 있던 것은 아닌지, 그래서 놓치고 있던 다른 가치들은 무엇이 있는지 생각해보자. 지나치게 성공에 집착하느라 주변 사람들에게 무심했던 것은 아닌지, 지나치게 안정을 추구하느라 변화가 필요한 부분에서 정체된 일은 없었는지, 또는 지나치게 역동적인 것을 추구하다가 삶이 너무 예측 불가능해지지는 않았는지 생각해보는 것이다. 나의 경우 안정적이기보다 역동적인 삶을 추구하는 편이라 재미있는 일이 생기면 언제든 하던 일을 멈추고 쪼르르 달려가는 편인데, 그 결과 재미는 얻었지만 안정적인 수입은 기대할 수 없게 되었다.

물론 가치관은 잘 변하지 않는 내적 요소들, 예컨대 성격 특성이나 앞서 살펴본 것처럼 보상을 중시하는지 아니면 위험 회피를 중시하는지와도 관련이 있다. 또한 속해 있는 집단이나 사회(교육과 문화의 영향 등)가 요구하는 각종 행동 강령과 규범의 영향도 크게 받는다. 이렇게 가치관은 안정적인 내적, 외적 요소의 영향을 받기 때문에 한번 형성되고 나면 쉽게 바꿀 수 있는 것이 아니다. 하지만 성격같이 안정적인 내적 특성보다는 비교적 바꿀 수 있는 여지가 큰 부분이기도 하다. 따라서 이따금 내가 가지고 있는 가치관들이 나에게 진정으로 이로운 것들인지 잘 생각해보며 삶의 방향을 점검할 필요가 있을 것이다.

⸱⸱⸱⸱ 그 사람이 부정행위를 한 이유는?

얼마 전 명문대를 졸업하고 로스쿨에 진학해서 타의 추종을 불허하는 뛰어난 성적을 거두며 명성을 떨치던 학생이 알고 보니 교수의 컴퓨터를 해킹해 시험문제를 사전에 알아낸 후 시험을 치러왔다는 뉴스를 들었다. 학생은 1등이라는 명성을 지키기 위해 엄청난 부정행위를 저지른 것이었다. 그는 왜 이런 행동을 했을까?

연구에 의하면, 이런 행동은 가치관과 관련이 깊다. 최근 스위스 로산느대학의 연구자 캐럴라인 펄프리*Caroline Pulfrey*의 연구에 의하면, 자기강화(권력, 성공, 풍족한 삶) 가치관을 강하게 받아들이고 있는 사람들이 그렇지 않은 사람들에 비해 부정행위를 대수롭지 않게 바라보고 실제로 부정행위를 저지를 확률 또한 높았다.

　한 가지 실험을 살펴보자. 연구자들은 대학생들에게 10분 안에 여섯 개의 과제를 해결하라고 했다. 그런데 중요한 사실은 과제의 반은 해결이 불가능한 문제였다는 것이다. 과제가 끝난 후 연구자들은 학생들에게 각각의 과제를 풀 수 있었는지 물었고 풀 수 없는 문제를 풀었다고 이야기한 행위가 연구의 관심사인 부정행위로 간주되었다. 그 결과 자기강화 가치관을 강하게 받아들이고 있는 학생들이 그렇지 않은 학생들에 비해 애초에 오류가 있어 해결이 불가능한 문제를 풀었다고 거짓으로 보고하는 경향이 더 크게 나타났다.

　그리고 또 다른 연구를 통해 연구자들은 이런 자기강화 가치관이 경쟁에서 이기는 것을 중시하고 사회적으로 인정받는 것을 중시하는 분위기(예를 들어 사람들이 나를 능력 있는 사람으로 봐주면 좋겠다, 내가 공부하는 이유는 선생님이 나를 좋은 학생으로 봐주길 바라서이다)와 큰 관련을 보이고, 결국 이 둘 때문에 자기강화 가치관이 부정행위를 불러온다는 것을 확인했다. 즉 자기강화 가치관을 강하게 가지고 있는 사람들이 부정행위까지 해서 성공을 이루려는 데에는 경쟁에서 이기고 싶고 사람들에게 인정받고 싶다는 '동기'와, 그런 동기를 갖게 만드는 '상황'의 영향이 크다는 것이다.

　따라서 연구자들은 교육기관이나 직장에서 사람들에게 '많은 것을 성취하고, 영향력 있고, 야망이 있는, 사회적으로 성공한 삶만이 가치

있는 삶'이라며 자기강화 가치관을 심고 경쟁과 사회적 인정 등을 지나치게 강조하는 것이 부정행위 같은 비도덕적인 행동을 불러올 수 있다고 경고하기도 했다.

반면 학생들에게 '남을 돕는 것이 좋은 삶의 핵심이며 세상은 정직하고 넓은 마음을 갖는 사람을 필요로 함. 사회 정의와 평등을 위해 일하는 것이야말로 개인을 지혜롭게 만들고 세상을 아름답게 만드는 길임'과 같이 자기초월의 가치를 강조하는 글을 읽게 했을 때에는 부정행위를 잘 납득하지 않는 쪽으로 태도가 바뀌는 경향이 나타났다. 따라서 연구자들은 자기강화 대신 이런 자기초월의 가치를 강조하는 것이 비도덕적인 행동을 줄이는 효과적인 방법이 될 수 있다고도 했다.

이렇게 내적 또는 외적 영향으로 인해 어떤 가치관을 받아들이게 되느냐는 우리의 동기와 행동에 큰 영향을 준다. 그 가치관이 어떤 상황과 환경을 만나느냐 하는 것도 마찬가지다. 앞서 언급한 로스쿨 부정행위의 경우에도 물론 개인의 책임이 있지만 권력, 성공, 부 같은 자기강화 가치관을 강조하고 경쟁에서 이기고 사회적 명성을 쌓는 자만이 승자라고 보는 사회적 분위기도 한몫했을 것이다. 따라서 개인들도 주위로부터 다양한 가치관을 무비판적으로 받아들이고 있는 것은 아닌지 경계해야겠지만, 조직에서도 구성원들에게 어떤 가치관을 심고 있는지, 그 가치관이 잘못된 행동을 유발하는 것은 아닌지 늘 주의를 기울여야 한다.

연구에 의하면, 우리는 자신이 어떤 가치관을 가지고 있는지를 생각하는 것만으로도 "나는 이런 사람이구나. 내 삶은 이런 원칙과 목적, 의미를 가지고 있구나"라며 앞서 말한 삶의 의미감을 느끼게 된다고 한다.

따라서 삶의 의미를 느끼지 못해 사춘기와 슬럼프에 빠져 있을 때일수록 우리는 눈앞에 닥친 일들을 더 열심히 하려고 하기보다 잠시 멈추고 내 삶의 중요한 가치관들에 대해 생각하는 시간을 가져야 할 것이다.

나는 언제
기쁘고 즐거울까?

가치관을 정립하는 것은 삶의 목적과 정체성을 확립하는 과정으로, 내 삶의 의미를 찾기 위한 기초 작업이다. 지금부터는 좀 더 본격적으로 삶의 의미감을 느끼는 법에 대해 이야기해보자.

인생을 의미 있게 만들어주는 것은 무엇일까? 대부분의 사람들은 아마 고생 끝에 목표를 성취하는 것이라고 이야기할 것이다. 배고픈 소크라테스와 배부른 돼지의 비유 때문인지 사람들은 보통 의미를 추구하는 행위는 고달프고 고통스러운 것이라고 생각하는 경향을 보인다. 그리고 자아실현 역시 괴로움과 고통으로 점철된 삶을 산 끝에 한 줄기 빛처럼 다가오는 무엇이라고 생각한다. 이런 생각에 너무 깊이 빠진 나머지 즐거움을 느끼는 것 자체를 부정적으로 받아들이기도 한다. 즐거움을 느끼는 만큼 삶을 열심히 살지 않는 것 같고 무의미하게 보내는 것 같아 죄

책감을 느끼기도 한다. 하지만 정말 그럴까? 우리는 고생 끝에 엄청난 것을 성취해야만 "내 삶은 정말 충만해"라고 느끼게 될까? 충만한 삶이란 즐거움과 행복을 희생시켜야만 얻을 수 있는 것일까?

⋯▶ 자아실현은 고통 끝에 오는 것일까?

미주리대학의 심리학자 로라 킹Laura A. King과 동료들은 사람들이 어떨 때 가장 삶이 의미 있다고 느끼는지를 조사했다. 여러 연구를 통해 일상 생활 속에서 다양한 활동들과 삶의 의미감 사이의 관계를 조사한 결과, 사람들이 실생활에서 의미감을 느끼는 경우는 고생 끝에 무엇을 성취했을 때보다 행복할 때였다. 객관적 성취보다도 행복감 같은 정서가 사람들이 느끼는 삶의 의미감을 더 잘 설명하는 것으로 나타났다. 사람들은 무엇보다 행복할 때 자신의 삶이 의미 있다고 느끼며, 고생 끝에 대단한 것을 성취하더라도 그 과정에서 즐거움과 보람, 기쁨 같은 낙이 없다면 그 일을 통해 충만함을 느끼기는 어렵다는 것이다.

이런 현상이 나타나는 이유를 학자들은 긍정적 정서의 기능에서 찾는다. 학자들은 기분이 좋고 평온하다는 것은 다 잘 되고 있다는 신호라고 이야기한다. 반면 뭔가 불안하다거나 짜증이 나는 것은 문제가 있다는 신호라고 본다. 우리 삶이 잘 되어 가고 있으면 즐거움, 기쁨 같은 긍정적 정서가 자연스럽게 따라오게 되고, 반대로 뭔가 잘못되고 있으면 불안 같은 부정적 정서가 따라오기 마련이라는 것이다.

결국 우리가 즐거움 같은 긍정적 정서들에 대해 별로 알려 주는 것

(정보가情報價)도 없고 이를 관심 가질 필요도 없는 것으로 치부해버리는 것과 다르게, 이런 긍정적 정서야말로 우리가 삶을 제대로 살고 있느냐에 대한 꽤 정확한 피드백이 된다. 물론 정서와 상관없이 이성적으로 "나는 학벌도 집안도 괜찮으니까 잘 되고 있어"라고 되뇌며 자기 삶에 대해 긍정적인 평가를 내릴 수도 있다. 하지만 일반적으로는 우리의 생각보다 더 직접적으로 다가오는 정서가 삶의 상태를 진단하는 데 더 큰 영향을 미친다. 아무리 머리로 내 삶에 좋은 점수를 주려고 해도 정서적으로 늘 불행하고 우울하다면 진심으로 내가 잘 살고 있다고 지각하기 어려운 것이 사실이다.

따라서 지금 하는 일이 무엇이든 간에 그 속에 낙이 없다는 것은 우리가 머리로 생각하는 것과 별개로 우리 마음이 우리 삶에 대해 안 좋은 평가를 내리고 있다는 것, 즉 겉으로 보이는 것과 달리 삶을 잘 살고 있는 게 아닐 수 있다는 것이다. 당연하게도 이렇게 내 삶이 제대로 흘러가지 않는 것 같은 상황에서 삶의 의미감과 충만함을 느끼기는 어려운 일이다. 낙이 없을 때에는 의미감은커녕 공허감과 허무감만이 남을 뿐이다. 따라서 연구자들은 의미를 추구하는 것과 행복감을 추구하는 것이 별개가 아니라고 이야기하기도 했다.

이렇게 우리가 흔히 생각하는 것과 달리 "나는 지금 충분히 고통받고 있으니까 언젠가 삶이 충만해질 거야"라는 생각은 잘 성립하지 않는다. 충만한 삶이란 골인goal-in 지점에 있는 선물 같은 게 아니다. 고통이 있든 없든 그 가운데서 낙을 느끼는 것, 즉 행복감을 느끼며 살아있음을 느끼는 과정 자체다.

또한 긍정적인 정서는 우리 삶이 전반적으로 잘 되어가고 있는가에 대한 피드백뿐 아니라, 좀 더 구체적으로 지금 내가 진심으로 원하는 일을 하고 있는가에 대한 피드백도 준다. 진심으로 좋아하는 일을 할 때 긍정적인 정서도 자연스럽게 따라오기 마련이라는 것이다. 좋아하는 일에 빠져 있을 때 높은 에너지와 긍정적 정서가 넘치는 '몰입 상태_Flow_'가 되는 것이 좋은 예다.

열렬하게 좋아하는 취미 활동이나 정말 좋아하는 영화, 음악 등에 빠져 있을 때, 또는 궁금했던 무언가에 대한 지적 호기심을 충족시킬 때 등 어떤 활동에 온 정신이 몰입되었던 경험을 떠올려보자. 한 시간짜리 드라마가 너무 재미있어서 마치 5분짜리로 느껴졌다거나, 일에 너무 빠져든 나머지 밤을 꼴딱 새운 것도 몰랐던 경험들 말이다. 그때 당신의 기분은 어땠는가? 정말 좋아하는 일을 한 후에 오히려 기분이 나빠진 적은 거의 없었을 것이다.

내가 진정으로 원하는 것을 추구하는 것과 참된 기쁨과 즐거움을 추구하는 것은 별개의 이야기가 아니다. 진심으로 원하는 것을 얻는 과정에는 고통이 있더라도 낙 또한 반드시 따르게 된다. 물론 노력을 요하는 대부분의 일은 힘들기 마련이지만, 그 일을 하면서 조금도 기쁘지 않고 허무감만 든다면 어쩌면 그것은 당신이 정말로 원하는 일이 아닐지도 모른다. 즉 그 자아실현이 정말 자아를 실현하는 것인지, 아니면 남들이, 사회가 하라고 떠밀어서 억지로 하는 건지, 또는 나 자신이 아닌 남들 눈에 의미 있어 보이는 삶을 위해 노력하고 있는 것인지 생각해볼 필요가 있다.

고통 속에서 자아실현을 하며 위대한 결과물을 낳는 표본으로 알려진 예술가들의 경우에도 작품을 하는 그 순간만큼은 극도의 행복을 느끼는 것으로 알려져 있다. 격렬한 운동으로 힘든 운동선수들도 경기 중에 일종의 엑스터시를 경험한다고 한다. 아무리 힘이 들어도 그런 순수한 기쁨이 존재하기 때문에 자신의 삶을 의미 있다 여기며 계속해서 그런 일들을 할 수 있는 것이 아닐까?

이처럼 힘들기만 하고 기쁨이 없다거나 몸이 아무리 편해도 그 이상의 즐거움이 없으면, 우리는 삶이 의미 있고 충만하다는 느낌을 받기 어려워진다. 삶을 충만하게 산다는 것은 단순히 몸이 힘들거나 편한 것 이상의 문제로 낙이 존재하는가의 문제라는 점을 기억하자.

하지만 앞서 말했듯이, 사람들은 삶의 의미를 잃고 방황하게 될 때 자신을 진심으로 즐겁게 해주는 일들보다 뭔가 거대하고 엄청나며 다른 사람들이 알아주는 일들을 찾으려 하는 경향을 보인다.

그 결과 연구에 의하면, 재미있게도 의미를 찾는 '행위' 자체는 삶의 의미를 느끼게 되는 것과 별 상관이 없는 현상이 나타난다. 그만큼 엉뚱한 데서 삶의 의미를 찾는 사람들이 많다는 것이다. 즉 의미를 찾아 나서는 것보다 '어떻게' 그것을 찾느냐가 중요하다는 것이다.

당신은 어떤가? 충만한 삶을 목표로 엄청난 일들을 계획하며 삶을 고통으로 밀어 넣고 있는가 아니면 현재의 삶에서 긍정적 정서와 행복감을 시시각각 느끼고 있는가?

충만하고 의미 있는 삶을 산다는 건 '고생 끝에 낙'이 아니라 '고생 가운데 (또는 고생이 없더라도) 낙'이 있는 것, 곧 삶의 모든 과정에서 행복감과 살아 있음을 느끼는 것이라는 점을 기억하자. 또 내가 진정으로 원하는 일을 찾는 것은 결국 나를 즐겁고 행복하게 만들어주는 일을 찾는 것이라는 점도 기억하자.

···▶ 행복은 의미의 탐지기

우리는 행복할 때 삶이 의미 있다고 '느끼게' 되기도 하지만 더 나아가 진짜 의미 있는 일들을 더 잘 '찾게' 되기도 한다. 실험을 하나 살펴보자. 사람들에게 어떤 글을 읽게 한다. 한 조건의 사람들에게는 알파벳 E와 S를 찾아내는 작업을 시키고(의미 없는 작업 조건) 다른 조건의 사람들에게는 해당 글이 자신의 삶과 관련 있는 이야기라고 생각하면서 잘 읽어보라고 한다(의미 있는 작업 조건). 그러고 나서 두 조건의 사람들 모두에게 자신이 지금 한 일이 얼마나 '의미 있는' 일인지 점수를 매기게 하면, 아무래도 글을 진지하게 읽고 생각한 사람들이 더 높은 점수를 주는 경향을 보인다.

그런데 한 가지 재미있는 현상은 각 조건에서 '행복한' 사람들이 그렇지 않은 사람들에 비해 더 자신이 한 일이 의미 있거나 그렇지 않다고 뚜렷하게 응답하는 경향이 나타났다는 것이다. 즉 의미 없는 작업을 한 조건에서는 행복한 사람들이 그렇지 않은 사람들에 비해 "이 일은 아무런 의미가 없다"라고 비교적 딱 잘라 말하는 반면, 의미 있는 작업을 한 조건에서는 이들이 더 "이 일은 의미가 있다"라고 이야기한다는 것이다. 즉 행복한 사람들은 의미 있는 일과 그렇지 않은 일에 대한 판단이 정확한 편이었다.

따라서 연구자들은 긍정적 정서가 사람들로 하여금 무엇이 나에게 진정 의미 있는 일이고 무엇이 의미 없는 일인지를 잘 구분하게 만들어 줄 가능성이 있다고 보았다. 긍정적 정서가 '참된 의미(나에게 의미 있는 일)'의 탐지기라는 것이다.

화요일 파트 마지막 부분에서 불행한 사람들은 자신의 불행을 바꾸려고 하기보다 자신의 삶을 합리화 또는 이상화하는 경향을 보인다는 이야기를 했다. 행복한 사람들은 굳이 안 좋은 일들을 합리화하려고 애쓸 필요가 없기 때문에 별로인 일에 대해 딱 잘라 "별로였어"라고 할 수 있는 게 아닌가 싶다. 그런 일들을 좋게 포장하며 자신의 삶을 합리화할 시간에 그냥 행복한 일을 찾아 나서면 그만이니 말이다. 즉 불행한 사람들이 부정적인 부분들을 애써 감추고 치료하는 데 쏟는 시간과 에너지를 행복한 사람들은 더 행복해지는 데 쏟게 되는 것이 아닐까?

역시 결론은 행복한 삶과 의미 있는 삶은 별개의 것이 아니라는 것이다. 당신은 어떤가? 단순히 철자 E와 S를 골라내는 작업처럼 별로 즐겁지 않고 자신에게 그리 의미 있는 것 같지 않은 일에도 나름의 의미를 부여하며 합리화하고 있는가, 아니면 정말 자신의 삶을 충만하게 만들어 줄 일을 찾고 있는가?

한 가지 안타까운 점은 우리 사회가 개인들이 자신을 행복하게 해주는 일을 찾는 것을 잘 허락하지 않는다는 것이다. 어렸을 때부터 우리는 스스로 무엇을, 왜 해야 하는지, 어떻게 사는 게 좋은지 질문하기도 전에 무조건 공부만 열심히 하도록 길들여졌다. "우리 아이들이 지금 행복한가?"라는 질문은 아무도 하지 않고 궁금해하지도 않는다. 단지 '대학에 가면 행복해질 것'이라고 이야기한다. 그렇게 대학에 가면 그제야 낙이 찾아올 것 같지만 이제 취직하면 낙이 올 거라고 한다. 취직한 후에도 월화수목금금금 과로에 시달리면서 이렇게 사는 내 삶에 무슨 의미가 있느냐고 물으면 이제는 결혼하고, 집을 사고, 자식들을 잘 키우면 낙이 올 거라고 말한다.

이렇게 우리는 삶의 낙이란 고생 끝에 스치듯 오는 것이라 배우면서 올지 안 올지, 어떻게 생긴 건지 알 수 없는 낙을 기다릴 것을 요구받는다. 사무엘 베케트의 부조리극 〈고도를 기다리며〉에서 등장인물들이 도대체 고도가 누군지, 실제 존재하는 인물이긴 한 건지, 왜 기다리는 건지 전혀 알지 못한 채 그를 기다리며 아무 의미 없는 말들을 주고받는 것처럼 우리 사회에는 그냥 그렇게 언젠가 찾아올 낙을 기다리면서 노력만 주구장창 하며 살아가는 사람들이 많은 것 같다.

이제는 개인들에게 행복은 중요하지 않다거나 나중의 행복을 위해 지금의 행복을 버리라는 이야기를 하기보다 행복한 삶이야말로 의미 있고 충만한 삶, 낙은 고생의 끝에 오는 무엇이 아니라 삶의 과정에서 찾아야만 하는 것이라고 이야기하는 분위기가 형성되길 바란다. 아이들에게도 "너는 지금 행복하니? 삶이 의미 있다고 느끼니?"를 물어보고 스스로를 행복하게 해주는 일을 찾아 충만한 삶을 살기를 허락하는 사회가 되었으면 좋겠다. 불행한 아이들이 커서 갑자기 행복한 어른이 될 확률보다 행복한 아이들이 행복한 어른이 될 확률이 훨씬 높지 않을까?

살다 보면 이따금씩 방황이 찾아오기 마련이다. 아무리 목표를 잘 설정하고 효율적이고 효과적인 노력을 기울이고 있더라도 "내 삶이 지금 올바르게 가고 있는 건가?"라는 존재론적인 의문은 종종 고개를 들곤 한다. 그래서 이번 장에서는 이런 근원적인 불안에 대비하기 위해 우리 삶을 이해하는 방법과 삶의 의미를 찾는 것이 대해 이야기해보았다.

이번 장에서 나눈 이야기들이 쉬운 이야기들은 아니다. 하지만 넘어 지더라도 다시 일어나는 방법을 안다면 두려움이 조금 사라지듯 적어도 본질적인 불안이 밀려올 때 나에게 필요한 것이 무엇인지를 아는 것만 으로도 이따금 소용돌이처럼 밀려오는 슬럼프들에 속수무책으로 당하 지 않을 수 있을 것이다.

Friday

나 자신을 사랑하는 것-자존감 점검

드디어 금요일이다! 금요일에는 오늘만 지나면 이제 주말이라는 생각에 아침부터 마음이 부풀어 오르는데, 또 한편으론 한 주 동안 별로 한 게 없는 것 같아 나 자신이 한심한 마음이 들기도 한다. 월요일부터 정신없이 눈앞에 닥친 일들을 폴짝 폴짝 허들을 넘듯 해치웠던 기억들을 되짚어보니 잘된 일도 있고 잘 안 된 일도 있었던 것 같다. 일주일을 되짚어 보며 스스로가 대견하고 만족스러운 감정을 들기도 하지만, '역시 내가 그렇지 뭐'라며 스스로에게 실망하고 자책감을 느끼며 자존감이 추락하는 경험을 하기도 한다.

주중을 마무리하는 날인 금요일에는 한 주를 돌아보며 나를 자랑스럽거나 실망스럽게 여긴 경험들, 그리고 이와 관련된 '자존감'에 대해 이야기해보자. 그동안의 내 모습을 진지하게 돌아보는 시간이 될 수 있을 것이다. 우선 자존감이란 무엇인지, 우리는 어떻게 자존감을 방어하려고 노력하는지, 자존감은 높을수록 좋은 건지 등등. 자존감에 대한 오해와 진실에 대해 살펴보자. 그리고 마지막으로, 건강한 자존감을 갖기 위해서는 어떻게 해야 하는지 이야기해보자.

자존감,
넌 대체 누구냐

　　자존감(자아존중감)이란 무엇일까? 자기계발서나 광고 카피에서 자주 나오는 "나 자신을 사랑하자"라는 문장이랑 관련이 있는 것 같긴 한데, 나를 사랑한다는 게 도대체 어떤 걸까? 자존감이란 일반적으로 자신이 가치 있는 사람이라고 믿으며 자기 자신을 자랑스러워하는 등의 긍정적인 느낌을 가지는 것으로, '스스로에게 전반적으로 긍정적인 평가를 내리는 것'으로 정의할 수 있다. 하지만 여전히 그 개념이 두루뭉술하게 다가오는 것이 사실이다. 자존감, 넌 대체 누구냐?

···▶ 능력이나 자신감이 자존감일까?

　　절수는 소위 이야기하는 '엄친아'다. 학벌도 좋고 직장도 탄탄한 데다 외모까지 나무랄 데가 없다. 이렇게 좋은 조건을 갖고 있는 철수는 자존감이 높을까?

철수처럼 대단한 사람이 자기를 좋아하지 않으면 세상 어떤 사람이 자기를 좋아할 수 있을까 싶다. 하지만 사실 꼭 그런 것은 아니다. 자존감이란 능력이나 스펙 따위와는 별 상관이 없다. 연구에 의하면, 흔히 생각하는 것과 다르게 좋은 성적, 뛰어난 업무 능력, 훌륭한 리더십을 가지고 있다고 해서 반드시 자존감이 높은 것은 아니며 자존감이 높다고 해서 이런 것들을 잘하게 되는 것은 아니다. 실제로 우리 주변을 둘러보면 부러울 것 없이 다 가졌는데도 은근한 열등감을 보이는 사람들, 또 그와 반대로 잘난 것은 없지만 열등감이 없고 자존감도 건강한 사람들을 쉽게 찾을 수 있다.

이렇게 실제 능력과 자존감이 별로 상관이 없다면, 능력에 대한 스스로의 평가와 자존감은 어떨까? 철수는 객관적으로 잘나기도 했고 스스로도 자신의 뛰어난 능력을 잘 알고 있다. 자기 능력에 대한 확신이 있는 것이다. 연구에 의하면 철수처럼 자신의 능력에 대해 긍정적으로 지각하는 것은 자존감과 어느 정도 관련이 있다고 한다. 자존감이 높은 사람들은 전반적으로 자신의 능력에 대한 확신을 가지고 있는 반면, 자존감이 낮은 사람들은 자신의 능력을 과소평가하는 경향을 보인다.

하지만 듀크대학의 심리학자 마크 리리*Mark R. Leary*는 자존감은 자신의 실제 능력치뿐 아니라 그 능력에 대한 평가와도 별개라고 이야기한다. 우리가 친구들을 좋아하는 이유를 떠올려보자. 당신은 그 친구가 대단한 능력을 가지고 있기 때문에 그를 좋아하는 것은 아닐 것이다. 또 친구

가 공부도 못하고 운동이나 노래에 소질이 없다고 해도 그 친구를 싫어하진 않을 것이다. 이는 우리가 우리 자신을 대할 때도 마찬가지다. "나는 공부도 잘하고 운동도 웬만큼 하지만, 그래도 내가 정말로 가치 있는 사람인지 모르겠어"라는 식으로, 특정 능력에 대한 자신감은 높아도 전반적인 자존감은 낮을 수 있다. 또 그와 반대로 "공부는 못하지만 그래도 나는 내가 자랑스러워"라는 식으로 능력에 대한 자신감은 낮아도 자존감은 높을 수 있다.

정리하면 자존감이란 사람들의 '실제 가치*actual worth*'를 반영한 엄정하고 객관적인 평가이기보다 내가 나 자신에게 내리는 지극히 주관적인 평가다. 그리고 자존감이 높다는 것은 개별적인 능력 하나하나보다 나라는 인간에 대해 전반적으로 만족하는 것이라고 할 수 있다. 현실이 어떻든 간에 자신에 대해 진심으로 "나는 참 괜찮은 사람이야"라고 생각하고, 삶 속에서 부끄러움보다는 자부심 같은 감정을 자주 느끼고 있다면, 자존감이 건강하다고 볼 수 있다. 결국 내가 어떤 장점이나 약점을 가지고 있든 간에 "그래도 나는 이런 내가 좋아"라고 생각하며 있는 그대로의 자신을 포용하는 것이다.

그렇다면 자존감을 높이는 데에는 능력을 개발하려는 노력 따위가 전혀 도움이 되지 않는다는 말일까? 뭔가를 잘하려는 노력을 통해서는 건강한 자존감을 얻을 수 없는 걸까? 꼭 그렇지는 않다. 자존감의 핵심은 자신에 대한 정확한 평가보다 만족에 있기 때문에 무엇을 하든 자신의 모습을 보며 "나 참 잘하고 있구나"라는 뿌듯함 또는 자랑스러움을 느끼면 자존감이 상승하는 현상이 나타난다. 다만 중요한 것은 아무리 애써 좋은 성과를 내더라도 (스스로 만든 것이든 외부로부터 강요받은 것이든) 자기 자신의 기준이 너무 높고 쓸데없이 주변 사람들과 비교를 해대면 쉽게 만족감을 느낄 수 없어 건강한 자존감을 갖기 어렵다는 것이다.

하지만 이렇게 자신에 대한 만족감을 얻는다는 것이 결코 쉬운 일은 아니다. 또 자존감이 높다고 해서 무조건 좋은 것도 아니다. 따라서 우리는 건강한 자존감을 갖기 위해 노력해야 하는데, 그 방법에 대해서는 앞으로 더 살펴보겠다. 한 가지 분명한 사실은 '나를 사랑하자'라는 간단한 문장 하나로 건강해질 만큼 우리의 자존감이 그리 호락호락한 존재는 아니라는 것이다.

⋯▶ 자존감에 목숨을 걸다

우리는 자존감을 방어하기 위해서라면 목숨까지 거는 동물이다. 자존감이 무너지는 것은 참으로 아픈 경험이기 때문이다. 예컨대 큰 실수를 했거나 일을 망쳤던 경험, 또는 좋지 못한 평가를 들었던 때를 한번 떠올려보자. 방학 동안 다이어트 성공은커녕 생애 최고의 몸무게를 찍었던 경험, 열심히 공부했는데도 컨디션 조절에 실패해 시험을 망쳤던 경험, 나를 믿어줬던 누군가를 실망시켰던 경험, 또는 나에게 맡겨진 임무를 제대로 완수하지 못한 경험 등 지금 생각해도 아찔한 경험들이 한번쯤은 있을 것이다. 각각 경험한 일들은 다 다르겠지만, 사람들은 보통 자신의 자존감에 큰 상처를 준 경험들을 대실패의 경험으로 꼽는 경향

이 있다. "난 정말 가치 없고 쓸모없는 인간이야"라고 되뇌며 스스로에게 크게 실망해서 도무지 자신을 좋아할 수 없었던 때만큼 인생이 나락으로 떨어진 적도 없을 것이다.

실제로 자존감이 추락하는 경험은 우울, 불안, 슬픔 등 각종 부정적 정서와 연관되어 있다. 그 때문에 사람들은 어느 정도 긍정적인 자존감을 유지하고 싶어 하며, 자존감을 떨어뜨리지 않기 위해 다양한 방법들을 동원한다. 실패를 피하고 성공하려고 하는 것, 자존감을 지키기 위해 다른 중요한 것들을 희생하는 것, '남이 하면 불륜, 내가 하면 로맨스'인 것처럼 자신의 행동을 합리화하는 것 등은 자신을 긍정적으로 바라보고 싶은 욕구와 관련되어 있는 행동 반응이다. 흔히 일상생활에서 자존감이 하락하지 않도록 방어하는 방법들에는 다음과 같은 것들이 있다.

"실패할 일은 하지도 말자." 학점이 안 나올 것 같은 과목은 애초에 신청도 하지 않는다.
"내 탓이 아니라 남의 탓(또는 환경 탓)이다." 내가 시험을 잘 못 본 것은 내가 모자라서가 아니라 시험이 어려웠기 때문이다.
"사실 그 일은 별로 중요하지 않았다." 이성에게 차였지만 사실 그 사람을 별로 좋아하지 않았기 때문에 괜찮다고 말한다.
"나보다 잘난 사람을 깎아 내린다." 나보다 좋은 결과를 낸 사람은 그냥 운이 좋았던 것일 뿐이다. 나보다 예쁜 사람은 다 성형한 거다.

연구에 의하면 실패를 아예 피하는 방법은 자존감이 낮은 사람이 주로 쓰는 방어법이라고 한다. 또 문제의 원인을 외부로 돌리거나 일의 중요성을 평가절하하는 등(두 번째와 세 번째) 실패를 합리화하는 건 자존감이 높은 사람이 주로 쓰는 방어법이라고 한다. 자존감이 높든 낮든 우리는 각자의 방법으로 자존감을 지키려 애쓰며 살아간다.

　오늘도 우리는 이러저러한 방법으로 우리의 자존감을 사수하며 살고 있다. 나의 경우 그 일은 별로 중요한 게 아니었다는 식으로, 주로 일의 중요성을 평가절하하곤 한다. 이런 방어법을 어느 정도는 써야, 살면서 어쩔 수 없이 겪게 되는 실패의 충격을 견딜 수 있을 것이다. 다만 아무리 좋은 것도 정도껏 쓰는 것이 중요하다는 것, 너무 지나칠 경우 늘 변명만 늘어놓는 사람이 될 수 있다는 점을 주의해야겠다.

　어쩌면 삶이란 결국 자존감을 지키기 위한 투쟁의 연속일지도 모르겠다는 생각이 든다. 또 사회란 서로 자신의 자존감을 지키겠다며 아옹다옹 투쟁하는 사람들이 만들어가는 것이라는 생각도 든다. 결국 회사든 정치판이든 사회든 이 세상이 돌아가는 모습을 잘 이해하기 위해서는 자존감을 방어하고 싶어 하는 인간의 욕구를 잘 알아야 하는 것이 아닐까? 일례로 수많은 토론이 생산적인 결론을 도출하기보다 결국 '내가 맞고 네가 틀리다'라는 식의 동네 싸움으로 흘러가는 것도, 어느 정도는 자존감부터 지키고 보자는 우리의 기본적 욕구가 반영된 결과일 것이다. 그래서 항상 토론이나 설득을 할 때는 말의 내용뿐 아니라 태도 또한 매우 중요하다. "당신은 바보군요. 그것밖에 모르나요? 내가 한 수 가르쳐드리지요"라고 말하는 듯한 시니컬하고 공격적인 태도는 상대의 자존감에 상처를 내며 결국 자존감 방어전을 초래할 뿐이다.

설득 상황에서뿐만 아니라 사람들과 함께 일하는 대부분의 상황에서는 상대의 자존감을 지켜주는 일이 매우 중요하다는 점을 기억하자. 도움을 줄 때도 지나치게 생색을 내거나 자신의 우월성을 내세워서 도움받는 이의 자존감에 상처를 내게 되면, 결국 서로의 스트레스만 증폭시킬 뿐 관계는 더 악화되고 만다는 연구들도 있다.

⋯⋯ 자존감은 무조건 높은 것이 좋을까?

또 한 가지 유념해야 할 사실이 있다. 자존감이 하늘 높이 치솟는다고 해서 꼭 좋은 것은 아니라는 것이다. 자존감이 높은 사람들은 그렇지 않은 사람들에 비해 행복한 편이고 인간관계도 수월하게 잘 맺는다. 하지만 자존감이 만능은 아니다. 자존감이 높다고 해서 성적이나 업무 능력 등 객관적인 결과들이 더 좋아지지는 않는다. 또 낮은 자존감이 폭력성이나 알코올 중독, 청소년들의 비행 같은 문제와 일정 부분 관련을 보이긴 하지만, 그렇다고 자존감이 이런 일들의 직접적인 원인이 되는 것도 아니다. 심리학자 마크 리리는 일반적으로 자존감이 낮은 사람들이 다양한 문제 행동을 보이지만, 자존감이 낮기 때문에 이런 행동을 보이는 것은 아니라고 이야기한다. 그보다는 좋지 못한 환경과 주변 사람들의 무관심 때문에 자존감도 낮아지고 문제 행동도 보이게 된다는 것이다. 진짜 원인은 따로 있다는 것.

따라서 수행 성과를 높이거나 문제 행동을 없애기 위해 자존감을 높이려는 시도는 큰 효과를 얻을 수 없을 것이다. 차라리 좋지 못한 환경과 주변 사람들의 무관심 같은 본질적인 원인을 개선하려는 시도가 더 중요하다. 자존감만 높인다고 해서 모든 문제가 한꺼번에 해결되는 것은 아니다.

지나치게 높은 자존감은 오히려 우리 삶에 해가 될 수도 있다. 한 연구에 따르면, 이미 적당한 자존감을 가지고 있는 사람에게 자신을 좀 더 사랑하라며 자존감을 하늘 높이 올리려고 하면 오히려 태도가 방만해져서 업무 성과가 낮아질 수도 있다고 한다. 또 나르시시스트처럼 자신에 대해 지나치게 긍정적인 평가를 하고 남들에게 우월감을 느끼며 사람들에게 추앙받고 싶은 욕구를 지닌 사람들은 자존감이 조금만 떨어져도 큰 상처를 받는다. 따라서 이들은 자신의 가치를 위협하는 일들에 대해 매우 민감하게 반응한다. 예를 들어 작은 농담에도 쉽게 화를 내고 별 것 아닌 말에도 "너 지금 나 무시해?", "네가 감히 나에게" 같은 반응을 보이는 것이다. 높은 자존감을 유지하기 위해서는 상당히 많은 유지비가 드는 것 같다.

이렇게, 낮은 자존감이 문제의 원인이 된다든가 높은 자존감이 삶의 질을 향상시킨다는 주장을 뒷받침할 증거들은 다소 부족하다. 이는 즉 자존감은 자기 자신이나 주변 사람을 힘들게 할 만큼 너무 낮은 수준이 아니라면 특별히 높다고 좋을 것도 낮다고 나쁠 것도 없다는 얘기가 된다. 하지만 자존감의 본질이나 그 결과가 어떠하든지 간에 사람들은 일단 자존감이 떨어지는 경험을 끔찍하게 싫어하기 때문에 자존감을 방어하고 유지하려는 경향을 보이는 것이다. 이런 맥락에서 바우마이스터나 리리, 제니퍼 크로커 Jinnifer Crocker 등 저명한 학자들은 자존감의 높낮이보

다 더 중요한 것은 사람들이 구체적으로 '어떻게' 자존감을 유지하거나 높이려고 시도하는지, 즉 '자존감을 추구하는 방법'이라고 이야기한다. 자존감을 구체적으로 어떻게 추구하는지에 따라 우리 삶은 좋아질 수도 있고 나빠질 수도 있기 때문이다.

건강한 자존감
만들기

지금부터는 어떻게 하면 일상생활에 이로운 방향으로 건강하게 자존감을 추구할 수 있을지, 또 어떻게 하면 살면서 마주하게 되는 자존감에 대한 위협에 건강하게 대처할 수 있을지에 대해 이야기해볼 것이다. 우선 다음의 질문에 답해보자.

"우리가 평소에 성공하거나 실패하는 모든 일은 우리의 자존감에 동일한 영향을 미칠까?"

···▶ **내 자존감이 걸려 있는 영역은?**

앞에서, 자신에 대해 뿌듯함이나 자랑스러움을 주는 일은 우리가 건강한 자존감을 세우는 일에 도움을 준다는 얘기를 했다. 그리고 이렇게

우리에게 뿌듯함과 자랑스러움을 주는 자존감이 걸려 있는 일, 즉 나라는 사람의 가치가 걸려 있는 일은 사람마다 다 다르다. 예컨대 어떤 사람은 경쟁에서 이겨서 사회적인 성공에 한 발짝씩 다가갈 때 스스로를 자랑스럽다고 느끼고, 또 어떤 사람은 봉사활동같이 이타적인 행동을 통해, 어떤 사람은 지식을 쌓는 일을 통해 자존감이 싹트는 느낌을 받는다.

이렇게 사람마다 자신의 자존감을 높여주는 영역들이 다른데, 이를 '자존감의 수반성 영역contingency of self-worth'이라고 한다. 쉽게 말해 "이것만 잘하면 난 정말 괜찮은 사람이 되겠지?"라는 생각 속의 '이것'이 사람마다 다 다르다는 것이다. 따라서 같은 영역에서 똑같이 성공했다고 해서 똑같이 기쁜 것도, 똑같이 실패했다고 해서 똑같이 좌절하는 것도 아니다.

한 연구를 살펴보자. 오하이오주립대학의 심리학자 제니퍼 크로커는 대학원 진학을 준비하는 학생들을 대상으로 '훌륭한 지적 능력을 갖는 것'에 자존감을 거는 학생들(똑똑한 사람이 되는 것은 나에게 매우 중요한 일이며, 대학원에 합격하는 것은 내가 뛰어나다는 사실을 확인시켜줄 것이다)과 별로 그렇지 않은 학생들(지식을 쌓는 것은 물론 매우 중요한 일이며 대학원에도 가고 싶다. 하지만 나는 나의 지식 수준이나 학력이 나라는 사람의 가치를 결정한다고는 생각하지 않는다)의 합격 전후 자존감을 비교해보았다.

어떤 결과가 나타났을까? 지적 능력에 자신의 가치가 달렸다고 한 학생들은 그렇지 않은 학생들에 비해 합격 시 자존감이 크게 높아지고 자부심 같은 긍정적 정서도 많이 느끼게 되었지만, 불합격 시에는 자존감이 크게 낮아지고 부끄러움이나 좌절감 같은 부정적 정서도 더 많이 느꼈다. 앞에서 우리는 가장 참담하게 실패했던 경험을 떠올려봤다. 각자 떠올린 그 영역이 바로 자신의 자존감이 크게 걸려 있는 영역일 가능성이 높다.

이렇게 사람들의 자존감이 높아지거나 낮아지는 데에는 모든 일이 동일한 영향을 미치지 않는다. 따라서 스스로의 자존감이 삶에 미치는 영향에 대해 이해하기 위해서는 자신의 자존감이 걸려 있는 영역이 무엇인지 파악하는 것이 중요하다. 자존감이 수반되는 영역이 어디인가에 따라 어느 부분에서 좌절을 느끼고 어느 부분에서 희열을 느끼는지가 달라지고, 삶의 크고 작은 목표들이 달라지기 때문이다. 앞서 살펴본 것처럼 무엇보다 자존감이 지적 능력에 크게 달려 있는 사람들은 그렇지 않은 사람들에 비해 성적같이 학업능력을 알려주는 지표들에 의해 일희일비하고 무엇보다 공부에 많은 시간을 투자하는 경향을 보인다.

그리고 연구에 의하면, 사람들이 자신의 자존감을 거는 분야는 외모, 사람들의 인정, 경쟁에서 이기는 것, 학문적 능력, 가족의 사랑과 지지, 도덕성, 신의 사랑 등 크게 일곱 가지라고 한다. 이들 중(또는 이 외에도) 당신이 잘해야 하거나 잘하고 싶은 것, 당신의 자존감을 좌우하는 것들은 무엇인가? 그 영역들이 특히 중요해진 데에는 어떤 영향들이 있는 것 같은가(부모, 친구, 사회의 영향 등)? 그 영역들이 무엇이냐에 따라 당신이 어디에 많은 시간과 노력을 투자하는지, 당신의 희로애락이 어디에 달려 있는지 등 삶의 모습이 상당 부분 결정된다. 따라서 앞서 살펴본 가치관과 함께 자신의 자존감이 달린 영역들을 아는 것은, 삶이 어디로 흘러가

고 있는지를 아는 것과 같기 때문에 매우 중요하다.

자신의 가치를 어느 하나에만 크게 걸거나(예를 들어 "다른 걸 아무리 잘해도 공부를 못하면 난 살 가치가 없어"라고 생각하는 것) 애초에 잘하기 어려운 영역(예를 들어, 바꾸기 어려운 외모 조건)에 큰 가중치를 두면 건강한 자존감을 갖기 어려울 수도 있다.

····▶ 내 인생을 송두리째 바꿀 일?

본격적으로 건강한 자존감을 갖는 데 걸림돌이 되는 것들과 이를 극복하는 방법에 대해 알아보자. 앞에서 사람마다 자존감이 걸려 있는 영역이 다르고, 각자 그 영역에 따라 다른 노력을 기울인다는 이야기를 했다. 그런데 실제로 이런 영역에서 자존감을 추구하는 것이 건강한 자존감과 객관적인 성공을 보장할까?

앞에서 이야기했듯 '성적이 나의 가치를 결정한다'고 강하게 믿는 사람들은 그렇지 않은 사람들에 비해 훨씬 더 열심히 공부한다. 언뜻 드는 생각으로는, 그러면 이들은 더 좋은 성적을 얻고 그 결과 자존감도 더 상승될 것만 같다. 그러나 항상 그렇듯 우리의 삶은 그렇게 간단하지 않다. 연구에 의하면, 학문적 능력(성적, 지적 능력)을 자존감의 수반성 영역으로 둔 학생들이 그렇지 않은 학생들에 비해 훨씬 더 오랜 시간을 책상 앞에서 보내지만 성적이 더 좋지는 않다. 연구자들은 이런 결과의 원인으로 지나친 부담감을 꼽았다. 외부로부터 "성적만이 너의 가치를 결정한다"는 수입을 받았거나 스스로 그렇게 생각하는 등 성적이 자신의 가치에 미칠 영향을 아주 크게 지각하는 학생들은 시험에 대한 두려움과 부담이 클 가능성이 높다는 것이다.

즉 실제로 중요한 일이더라도 "이걸 망치면 내 인생도 끝이야"라는 식으로 그 일의 중요성을 너무 지나치게 지각하면 실패에 대한 불안이 커져서 오히려 결과가 좋지 못하고 자존감도 타격을 입기 십상이다. 이런 경우 자존감을 추구하는 행동이 자존감 상승으로 이어지지 않는다. 건강한 자존감을 갖고 싶다면 중요한 일일수록 노력은 충분히 하되 부담감은 좀 내려놓는 연습을 해보는 게 좋겠다.

어떻게 하면 이런 부담감을 떨칠 수 있을까? 우선 우리는 살면서 중요한 일들을 무수히 만나기 때문에 어떤 일 하나가 우리의 가치를 완전히 결정하는 경우는 매우 드물다는 사실을 명심하자. 물론 그 당시에는 그 일의 성패가 인생 전반을 뒤흔들 것처럼 여겨질 것이다. 하지만 감정적으로 '뜨거운 상태'일 때 우리는 그 사건에만 사로잡혀 세상에 중요한 일이 눈앞의 그것밖에 없는 듯이 근시안이 되는 동물이 아니던가? 어떤 일이 내 인생의 전부라는 느낌이 아무리 절절하더라도 시간이 지나 그 상황에서 좀 벗어나면 곧 "그때 참 호들갑을 떨었다"고 생각하게 될지도 모른다는 사실을 기억하자.

또 과거에 실패했던 경험들을 떠올려보자. 그때 당신은 자존감이 바닥을 치는 등 괴로움에 몸서리쳤지만, 어느 정도 시간이 흐른 후에는 다시 새로운 일들을 만나고 서서히 자존감도 회복되는 경험을 하지 않았는가? 이와 같이 우리는 특수 고무줄처럼 강한 '탄성'을 가진 존재다. 연구에 의하면, 극단적인 케이스를 제외한 대부분의 사건사고가 우리 정

서에 미치는 영향은 보통 두 달을 넘기지 않는다. 심지어 큰 사고를 당해 하반신 마비가 된 사람들도 시간이 좀 지난 후에는 사고를 당하지 않은 사람들과 비슷한 수준의 행복도를 회복한다. 특히 친구와 수다 떨기, TV 보기, 식사하기, 재미있는 이야기하기, 쇼핑하기 등 일상생활에서 느끼는 소소한 행복에 있어서는 사고를 당한 사람들이나 당하지 않은 사람들이나 거의 차이가 없었다.

너무 큰 충격에는 마치 마취주사라도 맞은 것처럼 감정이 살짝 마비 되는 현상이 나타나기도 한다. 안 좋은 일을 겪었다고 해서 내 감정까지 최악으로 치닫지는 않을 수도 있다는 것이다. 감정이 마비되지 않더라 도 아침에 일어나서 밥 먹고 사람들을 만나고 저녁에는 TV를 보다가 잠 드는 일상은 그대로 진행되고, 주변 세상도 늘 그렇듯 그대로 돌아가기 마련이다. 따라서 정말 심각한 사건이 아닌 이상 우리가 매 순간 그 일을 떠올리며 충격의 도가니에서 허우적대는 일은 잘 일어나지 않는다. 물 론 이따금씩 생각이 나면 매우 괴롭겠지만 그 또한 곧 적응될 것이다.

즉 어떤 실패도 '우리가 상상하는 것만큼' 우리의 삶을 크게 꺾어놓 지는 못한다. 실패의 충격에 있어서는 대체로 상상이 현실보다 더 극단 적이다. 어떤 연구에 의하면, 사람들은 자신이 응원하는 팀이 중요한 경 기에서 지면 한 일주일 정도는 우울하고 밥맛도 없을 거라고 이야기하 지만 실제로는 다음 날부터 멀쩡히 생활하는 모습을 보인다고 한다. 면 접 전에는 떨어지고 나면 한동안 엄청나게 슬플 거라고 예측하지만 막상 떨어지면 "운이 나빴을 뿐이야", "면접관들이 편견에 사로잡혔어"라는 식 으로 합리화하며 금방 이겨낸다. 이렇게 부정적인 사건이 미치는 영향의 크기와 기간을 과대평가하는 경향에 대해 유명한 심리학자 대니얼 길버트*Daniel Gilbert*는 '면역력 무시하기*immune neglect*'라는 이름을 붙였다. 우리가 자신의 면역력과 극복 능력의 위대함을 잘 모르고 있다는 것이다.

당신은 '내 인생이 달려 있는 일'이라고 여기는 것들에서 실패하면 인생이 끝나버리고 다신 일어나지 못할 거라고 생각하는가, 아니면 금방 괜찮아질 것이라 생각하며 실패를 현실적으로 바라보고 있는가? 노력은 비장하게 하되, 그 일이 나의 가치에 미칠 영향은 지극히 현실적으로 생각하자. 어느 하나에 지나치게 높은 가중치를 두며 목숨을 거는 일은 피하자는 얘기다. 어떤 일도 내 우려만큼 내 삶을 크게 뒤집어놓지는 못할 거라는 사실을 알고 나면 좋은 일이든 나쁜 일이든 조금은 덤덤하게 받아들일 수 있을 것이다.

···▶ 비교하기, 서로를 끌어내리기

자존감이 걸린 영역에서 열심히 노력한다고 해서 건강한 자존감을 얻을 수 있는 것은 아닌 또 다른 이유로는 '환경과 비교'를 들 수 있다. 제니퍼 크로커는 다음과 같은 예를 들었다.

> A는 똑똑한 사람이 되는 것에 자존감을 쏟아붓고 있다. 그래서 수준 높은 학교를 선택했고 대학원에도 진학했다. 하지만 A는 분명 많이 배우고 열심히 공부를 하는데도 언제나 자신이 부족하다는 생각을 한다.

훌륭한 지적 능력을 갖겠다는 목표를 추구하는 과정에서 A는 자연스럽게 지적 능력이 뛰어난 사람들로 구성된 집단에 속하게 되었다. 즉 자존감의 수반성 영역은 우리가 환경을 선택하는 데에도 영향을 준다. 뛰어난 사람들과 함께 서로서로 좋은 자극제가 되어 아름답게 배움을 넓혀가는 상황이 된다면 아마 A의 지적 목표를 실현하기에 이보다 좋은 환경은 없을 것이다. 하지만 문제는 그렇게 간단하지 않다는 것을 우리는 잘 알고 있다. 우리는 '비교'하는 존재들이기 때문이다.

내가 아무리 똑똑한 사람이라도 난다 긴다 하는 전국의 수재들이 다 우리 반에 모여 있어서 내 등수가 하위권에 머문다면, 우리는 자연스럽게 나 자신의 가치를 의심하게 된다. "그래도 나는 똑똑하니까 괜찮아"라며 만족하기보다 스스로를 많이 모자란 사람으로 생각하기가 쉽다. 타인과의 비교는 자신의 가치를 파악하는 데 중요한 기준이 된다. 자존감이란 '내가 나한테' 하는 평가임에도 '주변 사람들이 어떻게 하고 있는가'에 대한 판단이 늘 끼어든다. 따라서 비교는 우리가 자존감을 추구하는 것을 방해한다. 자존감을 느끼게 하는 기준의 상당 부분이 '주변 사람들이 나보다 얼마나 잘났는가'라는 스스로 통제할 수 없는 부분으로 넘어가 있기 때문이다.

이렇게 만족감의 기준이 타인의 수행으로 넘어가게 되면 우선 기준이 빡빡해진다. "이번 시험은 어려우니까 80점만 맞아도 성공이야"라는 식으로 기대치가 살짝 낮을 때 사람들은 쉽게 성취감과 자존감을 얻는다. 하지만 "남들도 다 100점을 맞을 테니 나도 100점을 받아야만 해"라는 식으로 비교의 끈을 놓지 못할 때 사람들은 자의 반 타의 반으로 높은 기준을 설정하게 된다. 이렇게 만족의 기준이 높고 빡빡한 상황에서는 자존감을 느끼기가 어렵다. 그리고 아무리 잘해도 만족감의 열쇠가 '나보다 뛰어난 사람이 있는가'의 여부에 있기 때문에 정말 1등이 되지 않는 한 자신에 대해 만족감을 느끼기는 정말 어렵다(현실적으로 이런 상황은 잘 찾아오지 않는다).

충분히 좋은 조건과 능력을 갖췄음에도 더 뛰어난 누군가와 끊임없이 비교를 하며 언제나 열등감에 시달리는 사람들을 주변에서 쉽게 볼수 있을 것이다. 이런 비교 과정에서 사람들은 자신의 자존감에 해가 되는 대상에 대해 적대적인 태도를 취하고 상대방을 적극적으로 끌어내리려는 모습을 보이기도 한다. 실제로 사람들은 중요한 시험을 망치거나 기타 등등의 이유로 자존감에 위협을 느끼면, 이후 만나는 사람에게서 장점보다 단점을 더 잘 파악해낸다. 매의 눈을 뜨고 어디 트집 잡을 게 없나 보게 된다는 것이다. 이렇게 우리는 내 자존감을 끌어올리기 위해서라면 남을 끌어내리는 일도 서슴지 않는다. 또 아무리 친한 친구라도 자존감이 걸린 중요한 영역에서 나를 앞지른다면 그 친구와의 관계를 멀리하는 현상도 나타난다. 친구라도 나보다 앞서는 건 용납할 수 없는 것이다.

남을 끌어내려 자존감을 세우려는 것은 고정관념과 파벌을 형성하는 것과도 관련이 있다. 연구에 의하면, 사람들은 자존감에 위협을 느끼면 경쟁 관계에 있는 사람들에 대해 갖가지 나쁜 편견을 뒤집어씌우고, 이를 통해 상대적으로 "나/우리는 참 대단해"라는 고양감을 느낀다고 한다. "우리 지역/대학 출신도 아닌 게 어디서 까불어?"라며 소속 집단에

의거해 상대방을 누르고 상대적 우월감을 느끼려는 시도들도 남을 끌어내려 내 자존감을 지키는 용도로 자주 사용된다. 《설득의 심리학》의 저자 로버트 치알디니*Robert Cialdini*는, 이렇게 소속 집단을 내세우며 그 영광 뒤에 묻어가려는 시도는 특히 스스로 내세울 건 없지만 자존감은 지키고 싶은 상황에서 두드러질 가능성이 크다고 말했다.

이와 같이 끊임없이 비교하는 환경에서는 객관적인 능력은 향상될지 몰라도, 자존감을 느낄 수 있는 기준이 까다로운 데다 서로가 서로를 공격하며 치열하게 끌어내리려고 하기 때문에, 자존감은 별로 향상되지 않는다. 능력이 아무리 좋아져도 비교의 늪에 빠져 있는 한 스스로 만족하기가 까다로워질 테니 말이다. 게다가 상대방을 끌어내려 우월감을 느끼는 것은 단기적으로 자존감을 향상시킬 수는 있어도, 결국 그것은 자존감에 본질적으로 중요한 영향을 미치는 대인관계를 훼손하는 일이기 때문에 장기적으로는 자존감에 큰 해를 끼친다.

사실 이런 일들은 우리 주변에서 빈번하게 일어난다. 우리는 잘나가는 친구를 보면 기쁘기도 하지만 한편으론 자존감에 심각한 위협을 느끼며 시기하게 된다. "취직했다고? 축하해. 근데 그 회사 좀 그렇지 않니?" "애인이 생겼다고? 잘됐네. 근데 그 사람 좀 그렇다." 이렇게 괜한 트집을 잡게 되고 은근슬쩍 서로 견제한다. 자신의 성공에 대해서는 순전히 '내가 잘나고 노력해서' 얻은 대가라고 생각하며 그 공을 자신에게 돌리는 반면(내적 귀인), 타인의 성공에 대해서는 '운이 좋아서'라고 생각하며 그 공을 외부에 돌리는 현상(외적 귀인) 또한 매우 흔히 나타난다. 이렇게 생각함으로써 "역시 걔들보나 내가 나아"라는 찰나의 우월감을 유지하기도 한다.

　학자들의 이야기처럼 자존감의 높낮이보다 그 자존감을 평소에 어떻게 유지하고 있느냐, 즉 어떤 자존감 부스터booster를 가지고 있느냐가 더 중요하다. 자존감을 추구하는 방법이 건강해야 장기적으로 사람들과 좋은 관계를 맺으면서 괜찮은 삶을 살고 자연스러운 자존감을 얻는 것이 가능할 것이다.

　한편 비교의 늪에 빠져 모두가 손해를 보는 상황에서 벗어나 함께 승자가 되고 자존감도 지킬 수 있는 방법은 없을까? 문제는 나보다 잘난 사람들의 존재에 위협을 느끼지 않는 일이 생각만큼 쉽지 않다는 것이다. 내가 중요하게 생각하는 영역에서 누군가 앞서가면 우리는 곧 내 자리를 뺏길 것 같은 위기감을 느낀다. 사람들이 타인들에 의해 큰 위협을 느끼게 되는 이유 중 하나는 남이 이기면 내가 지고 내가 이기면 남이 지는 일종의 '제로섬 게임zero-sum game'을 가정하기 때문이다. 이처럼 전체 이득의 크기가 고정되어 있어 경쟁자들이 먹는 만큼 내 몫이 줄어든다고 인식하는 경향을 '고정된 파이 지각fixed-pie perception'이라고 한다. 이런 믿음은 사람들로 하여금 같이 일하는 사람들을 동료라기보다 적으로 인식하고 지나친 경쟁에 빠져들게 만드는 주된 원인으로 지목된다.

　물론 남이 가져간 만큼 내 것이 줄어드는 경우가 실제로 있긴 하지만, 생각보다 윈윈win-win이 가능한 게임도 상당히 많다. 유명한 심리학자 카르슈텐 드 드류Carsten De Dreu는 현실 세계에서 일어나는 다양한 경쟁 상황들을 자세히 들여다보면 각자의 구체적인 목표, 우선순위가 조금씩 다르다는 점을 지적했다. 각자 가장 중요시하며 높은 이득을 내고 싶어

하는 부분들이 조금씩 다르다는 것이다. 이렇게 차이가 나는 부분에 대해 서로가 조금씩 양보하면 누이 좋고 매부 좋은 결과를 낼 수 있게 된다. 이렇게 사람마다 중요시 여기는 목표와 우선순위가 조금씩 달라 협력의 여지가 생기는 것을 '통합적 합의의 잠재성integrative potential'이라고 한다. 연구자들은 이렇게 윈윈할 수 있는 상황들이 많은데도 사람들이 당연히 파이가 고정되어 있다고 생각해서 그 상황을 잘 못 보게 되고, 그 결과 충분히 윈윈할 수 있는 것을 제로섬 게임으로 끌고 가는 비극이 일어나게 된다고 이야기한다.

흔히 같은 분야에서 경쟁하더라도 구체적인 능력과 서로의 장단점은 정확히 일치하지 않는 법이다. 내가 못하는 뭔가를 다른 사람이 잘하고 또 그 사람이 못하는 뭔가를 내가 잘할 수 있다. 단기적으로는 거슬리는 상대방을 깎아내리는 것이 정글 같은 세상에서 더 유리해 보일지 모르지만, 장기적으로는 나와 다른 재능을 가진 사람이 늘려가는 새로운 기회들을 함께 공유하며 힘을 합치는 것이 더 지혜로운 세상살이일 것이다.

21세기에 승리하는 사람은 똑똑한 사람도, 돈이 많은 사람도 아닌 협력적인 관계를 많이 갖고 있는 사람이라고 한다. 물론 살다 보면 어쩔 수 없이 누군가 승리하면 내가 질 수밖에 없는 상황들이 있다. 그래도 가급적 함께 가는 방법에 대해 고민하는 태도로 살 수 있다면 일에서나 삶에서나 많은 열매들을 맺고 자존감도 지킬 수 있지 않을까?

···▶ 나의 자존감 지지대는 어디에?

우리가 건강한 자존감을 갖기 어려운 또 다른 이유는 자존감 수반성 영역 자체의 특성 때문이다. 애초에 이 영역들에는 만족감을 얻을 확률이 낮은 영역과 높은 영역들이 있다. 그리고 만족감을 얻을 확률이 낮은 영역에 자존감을 걸게 되면 아무래도 자존감을 느끼기는 어려워진다. 그 예가 바로 외모, 타인의 인정, 경쟁이다. 즉 자존감을 어디에서 찾느냐 하는 문제도 건강한 자존감을 갖는 데 중요한 영향을 미친다.

외모, 타인의 인정, 경쟁 등을 통해 자존감을 느끼기 어려운 이유는 무엇일까? 바로 이 영역에서 승리감을 맛보기 위해서는 "너 정말 잘생겼구나" 또는 "정말 대단하구나" 같은 타인의 승인, 즉 허락이 필요하기 때문이다. 앞서 비교 이야기에서 살펴보았듯, 이렇게 내가 나를 좋게 판단하는 데 외부의 허가가 필요한 경우, 즉 나의 가치를 판단하는 기준이 내가 아닌 바깥에 있는 경우에는 자신에 대한 만족감을 얻기가 힘들다.

실제로 연구에 의하면, 타인의 인정에 자존감을 크게 걸고 있는 사람들은 그렇지 않은 사람들에 비해 자신에 대해 쉽게 만족하지 못하는 모습을 보인다. 뿐만 아니라 이들은 자존감도 불안정하다. 타인의 피드백이란 상당히 변덕스러운 것이라는 점을 기억하자. 부정적인 피드백을 받을 때는 자존감이 훅 떨어졌다가 또 긍정적인 피드백을 받으면 자존감이 높아지는 등, 타인의 인정이라는 불안정함에 자존감을 의지하는 사람들은 하루에도 몇 번씩 자존감이 널뛰는 양상을 보인다. 이처럼 모래성 같은 자존감을 건강하다고 할 수는 없을 것이다. 따라서 학자들은 자존감의 '안정성stability' 또는 단단함이 자존감의 높낮이 못지않게 건강

한 자존감에 기여하는 바가 크다고 보았다. 그리고 일반적으로 별것 아닌 말에도 쉽게 화를 내고 농담도 다큐로 듣는 사람들의 경우 앞서 살펴본 것처럼 자만심과 우월함에 대한 욕구가 심하고 자존감의 안정성도 낮을 확률이 높다고 한다.

다른 사람이 뭐라고 하든 나 자신의 가치에 대해 흔들리지 않는 생각을 갖고 있다면 자존감이 위협받는 일은 비교적 적을 것이다. 하지만 자기 가치에 대한 확신이 없이 인정받고 싶은 욕구만 강할 경우 타인의 반응에 따라 자존감이 쉽게 위협받게 된다. 아주 작은 위협에도 상당히 민감하게 반응하고 별것 아닌 말에도 "지금 뭐라고 했어?"라며 쉽게 화를 내는 것이다. 심한 경우에는 공격적인 행동까지 보이며 자신을 방어하기도 한다. 이렇게 지나치게 높으면서 불안정해서 쉽게 위협받는 자존감을 '위협받은 자만심threatened egotism'이라고 부르기도 한다. 과하게 부풀려져 있지만 확신이 없이 불안정한 자존감은 언제 터질지 모르는 시한폭탄과 같다. 만약 당신이 관계에서 쉽게 상처받거나 화를 자주 내는 편이라면 혹시 자존감이 불안정해서는 아닐지 한번 생각해보자.

정리하면 자존감의 원천이 외부에 있는 사람들은 그렇지 않은 사람들에 비해 불안정하고 건강하지 않은 자존감을 갖기 쉽다. 실제로는 아무리 잘하고 있어도 누군가가 나를 좋게 보지 않으면 자신에 대한 의심과 회의에 빠지며 하루에도 몇 번씩 기분이 롤러코스터를 타게 된다. 따라서 건강한 자존감을 위해서는 자존감 지지대를 위태롭고 예측이 어려운 외부 요소에 두기보다, 굳건하고 안전한 내부 요소에 두는 것이 좋겠다.

그렇다면 우리의 자존감을 모래성처럼 만들지 않으려면 어떻게 해야 할까? 비바람에도 쉽사리 무너지지 않는 자존감의 원천들에는 무엇이 있을지 살펴보자.

먼저, 목요일 파트에서 이야기했던 삶의 의미감과 나만의 가치관을 찾는 것이 좋은 방법이다. '나는 자연 보호를 중시하는 사람', '나는 사회 정의를 중시하는 사람', '나는 진취적인 사람' 등등 그 내용이 무엇이든 자신의 고유한 가치관을 알고 있는 것만으로도 사람들은 자신이 가치 있는 사람이라는 느낌을 받는다. 이렇게 내 삶이 갖는 고유한 목적과 가치관을 확립하는 것은 쉽게 흔들리지 않는 건강한 자존감을 위한 좋은 출발이 된다.

실제로 연구에 의하면, 이런 튼튼한 자존감 지지대를 한두 개쯤 가지고 있는 사람은 그렇지 않은 사람에 비해 자존감을 훨씬 안정적으로 잘 느끼는 모습을 보인다. 예컨대 다음의 상황을 한번 상상해보자. 당신이 길을 가다가 지갑을 주웠다. 조금 귀찮기도 했지만 착한 일이니까 시간을 내서 주인에게 지갑을 찾아주었다. 지갑을 돌려주기 위해 지갑 주인을 만나러 가는 길에 당신은 무척 뿌듯했다. 그런데 지갑 주인을 만나 지갑을 돌려주는데 그에게서 예상치 못한 반응이 나왔다. 고마워하지도 않고 그냥 시큰둥했던 것이다. 이때 당신의 기분은 어떨까? 당신은 당신이 한 일에 대해 뿌듯해하며 만족할 수 있을까?

위와 같은 실험을 진행한 연구자들은 다음과 같은 결과를 예측했다. 사람들의 시선보다 도덕적으로 옳은 일을 하는 것을 자존감의 기반으로 삼고 있는 사람들은 다른 사람들의 반응이 어떻든 간에 좋은 일을 했다는 사실 자체에 상당한 기쁨을 느끼고 자존감이 향상되는 현상이 나타날

것이다. 반면 사람들의 반응에 자존감을 걸고 있는 사람들은 좋은 일을 하고도 인정받지 못할 경우 자존감을 별로 못 느끼게 될 것이다.

사람들에게 위와 같은 질문을 한 결과 좋은 일을 하는 것보다 타인의 인정에 상대적으로 더 많은 가중치를 둘수록 좋은 일을 하고도 사람들의 반응이 시큰둥하다면 자존감을 별로 느끼지 못하는 모습이 나타났다.

타인의 반응을 신경 쓰느라 좋은 일을 하고도 뿌듯함을 느끼지 못한 나는 얼마나 억울하겠는가? 이렇게 쓸데없이 외부의 시선에 의해 자존감이 좌우되지 않기 위해서라도, 누가 뭐라고 해도 포기할 수 없는 나만의 목적과 가치관을 갖는 것이 중요하다. 건강한 자존감을 유지하기 위해서는 나라는 사람을 잘 알아야 한다는 얘기다. 사람 사이의 관계도 마음을 나누는 대화를 통해 그 사람이 어떤 사람인지 알아야 좋아하는 게 가능하듯 나 자신을 좋아하는 것 역시 마찬가지다. 어떤 사람이 말만 그럴싸하게 하고 행동은 전혀 그렇지 않으면 그를 좋아하기 어렵듯 나 역시 내가 중요시하는 목적과 가치관에 맞춰서 살 때 자연스럽게 자기 자신을 괜찮은 사람이라고 여기게 될 것이다.

이런 의미에서 건강한 자존감은 결국 스스로의 신념에 따라 잘 살고 있는지를 반영하는, 바람직한 인생의 결과물이라고 이야기되기도 한다. 건강한 자존감을 원한다면 평소 삶의 목적과 가치관을 정립하고, 그것에 따라 살아야 한다는 것이다.

한 가지 더 중요한 것은, 결과보다 과정에서 자존감을 찾는 게 좋다는 것이다. 일의 성격과 그 과정들이 나의 가치관에 잘 부합하는지를 살펴보며 그 속에서 의미를 찾으면 결과와 상관없이 어느 정도 만족을 얻는 것이 가능할 테니 말이다.

당신은 결과와 과정 중 어떤 것을 더 중요하게 생각하는가? 또 누가 뭐라고 해도 흔들리지 않는 자신만의 자존감 지지대를 가지고 있는가? 답변은 바로 하지 않아도 좋다. 나답게 사는 법이란 사는 동안 계속해서 찾아내야 하는 것이니까 말이다.

사람들이 자기만의 가치관을 발견하고 자신이 원하는 방식으로 살아가는 데에는 개인이 속한 집단이나 사회의 영향 또한 매우 크다. 어렸을 때부터 "성적만이 너의 가치를 결정한다", "경쟁에서 승리하는 자만이 가치 있는 인간이다"와 같은 이야기를 듣고 자란 사람들은 자신에게 맞는 삶을 찾아가기보다 익히 들어온 그 기준에 맞춰 인생을 살아가려고 하기 쉽다. 즉 사회의 기준이 엄격할수록 자기만의 기준을 세우기 어렵게 된다는 것이다.

이런 사회의 개인들은 나다운 사람이 되기 전에 사회와 다른 사람들에게 좋아 보이는 사람이 되는 법을 먼저 생각한다. 결국 사람들이 건강한 자존감을 추구할 수 있게 허락하는 사회가 있고 비교적 그렇지 못한 사회가 있는 셈이다. 우리나라는 자신의 삶을 자신이 원하는 대로 살기 비교적 어려운 사회에 속하는 것으로 알려져 있다. 연구에 의하면, 우리나라 사람들은 미국 사람들에 비해 빡빡한 요구에 맞춰 사느라 처한 상황이나 마주한 대상에 따라 가면을 쓰며 다른 사람이 되는 정도가 비교적 크고, 결국 "나는 내가 도대체 누구인지 모르겠어"라고 성토하는 사람들이 비교적 많다. 또 우리나라 사람들의 자존감은 미국이나 유럽 국가 사람들에 비해 비교적 낮은 편이고 자기비하 정도는 비교적 높은 편

Friday
나 자신을 사랑하는 것

이다. 또한 비교적 장점을 살리기보다 단점을 감추는 데 익숙하다.

어떤 학자들은 이런 현상을 보고 "혹시 이 나라 사람들은 자존감에 대한 욕구가 없어서 그런가?"라고 이야기하기도 했다. 하지만 그보다는 건강한 자존감을 갖고 싶어도 그렇게 놔두지 않는 환경적, 사회적 요소의 영향이 크지 않을까 싶다. 물론 우리들부터라도 주변 사람들에게 이렇게 저렇게 살라는 기준을 들이미는 것부터 삼가야겠다.

사회적 동물의
자존감

앞에서 얘기했듯 나의 가치를 판단하는 기준이 내 안에 있는 것이 아니라 타인이나 외부 요소에 있으면 우리의 자존감은 불안정해지고 건강하지 못한 상태가 된다. 하지만 우리는 기본적으로 사람들의 인정과 사랑 없이는 살 수 없는 '하드코어한' 사회적 동물이기 때문에 어느 정도는 타인의 인정에 자존감을 의지할 수밖에 없다.

따라서 안정적이고 건강한 자존감을 위해서는 별별 사람들의 시선을 신경쓰기보다 정말로 친한 몇몇 사람들과의 안정적인 인간관계를 갖는 것이 무척 중요하다. 내가 무얼 하든 "난 네 편이야"라고 말해주는 사람들의 존재가 우리의 자존감을 돕는 것이다.

Friday
나 자신을 사랑하는 것

소속감이 자존감을 돕는다

아래 글이 당신과 얼마나 일치하는지 살펴보자.

당신은 때론 소심하고 때론 대범하다. 겉으로는 안 그런 척하지만 속으로는 쉽게 상처를 받는다. 누가 뭐라고 하면 화가 나기도 하지만 곧 '나는 왜 이런 인간일까' 하고 자책한다. 인간관계 때문에 기쁜 일도 많지만 힘든 일도 많다. 외로움도 은근히 잘 타는 편이다. 칭찬을 받으면 매우 좋아한다. 사람들에게 먼저 다가가고 싶지만 거절당할까 두렵기도 하고 항상 토닥여줄 누군가를 기다리고 있다.

"어머, 어떻게 알았지?"라고 생각하고 있는가? 정도의 차이는 있지만 사회적 동물인 인간은 누구나 이런 모습을 보이기 때문에 이렇게 두루뭉술하게 나열하면 "맞아 맞아, 완전 내 얘기야" 같은 반응이 나타난다.

이렇게 우리는 누구나 혼자 고립되지 않고 타인들과 끊임없이 어울리려 하며 그 안에서 인정받고 사랑받고 싶어 하는 욕구를 강하게 가지고 있다. 이를 '소속욕구*need to belong*'라고 한다. 따라서 당신이 사람들로부터 소외당하면 외로움 불안, 또는 분노를 느끼는 것은 아주 자연스러운 일이다. 실제로 사람들에게 언제 슬픔을 느끼는지 물어보면 63퍼센트의 응답이 사랑하는 사람과 떨어졌던 경험, 따돌림을 당했던 일, 사람들과 다투고 갈등했던 일 등 주로 인간관계의 실패를 이야기하는 현상이 나타난다.

이런 우리들이 소속욕구가 어느 정도 충족되었을 때 비로소 '내가 잘 살고 있구나'라는 만족감을 느끼는 것은 당연한 일일 것이다. 자존감이란 내가 나를 긍정적으로 바라보는 것이지만 우리는 기본적으로 사회적 동물이기 때문에 여기에 "남들이, 내가 속한 집단이, 사회가 나를 좋게, 쓸모 있는 인간으로 봐주나?" 등의 판단이 어쨌든 자존감 형성에 중요하게 작동된다는 것이다. 이렇게 사회적 동물인 우리에게는 자존감을 추구하는 것 자체가 기본적으로 어느 정도 '인정 투쟁'의 속성을 띤다. 따라서 결과적으로 자존감은 "내가 보는 나와 남이 보는 나가 괜찮은 사람인가" 하는 문제와 관련이 있다.

실제로 연구에 의하면 자존감이 높든 낮든 실제 능력이나 자신의 능력에 대한 자신감에는 큰 차이가 나지 않는다. 다만 "다른 사람들도 내가 잘한다고 생각해줄까?"의 문제에서 큰 차이를 보인다. 자존감이 건강한 사람들은 "나도 내가 괜찮다는 걸 알고 다른 사람들도 나를 그렇게 생각한다"고 믿는 반면, 자존감이 건강하지 않은 사람들은 "나도 내가 장점이 있다는 건 알지만, 다른 사람들은 그렇게 생각하지 않을 것 같아"라고 믿는 것이다. 실제로 엄친아 수준으로 많은 것을 성취한 사람들도 자신이 성취한 것을 주변 사람들이 별로 인정해줄 것 같지 않다고 생각할 경우 자존감이 상당히 낮은 편이라는 연구가 있다.

이렇게 자존감이 건강하지 않은(지나치게 낮거나 불안정한) 사람들의 큰 특징 중 하나는 사람들이 자신을 받아들여줄 거라는 확신이 부족하다는 것이다. 때문에 이들은 특히 관계에서 불안을 많이 느낀다. 자존감이 건강하지 않은 사람들은 대인관계에서 사람들이 자기를 싫어할까 봐 눈치를 많이 본다. 또 사람들과 가까워지는 과정에서 자신의 장점을 내

세우며 적극적으로 다가가기보다 단점을 감추는 데 급급한 모습을 보인다. 연애를 할 때는 사랑에 대한 확신을 잘 못하기 때문에 상대방을 잃게될까 불안해하며 잠재적인 경쟁자에게 질투를 느끼기도 한다.

이런 현상들을 바탕으로 리리와 바우마이스터 등의 학자들은 자존감이란 결국 "사람들이 날 받아들여줄까?"에 대한 판단이라고 이야기한다. 이렇게 자존감을 소속감이 채워졌는가에 대한 지표(채워진 소속감=건강한 자존감, 채워지지 않은 소속감=건강하지 않은 자존감)라고 보는 이론이 '자존감의 사회적 계기판 이론sociometer theory of self-esteem'이다. 이 이론에 따르면, 사람들은 사랑받고 존중받고 있다고 느끼지 못할 때 소외감과 외로움을 비롯해 자신이 가치 없는 사람이라는 느낌(낮은 자존감)을 받게된다. 그리고 이렇게 자존감이 낮아지면 인정과 사랑을 갈구하게 된다.

실제로 연구에 의하면, 자존감이 낮은 사람들은 "누구라도 좋으니 제발 나 좀 껴줘"라는 식으로 소속감을 갈구하는 모습을 보인다. 일례로 자존감이 낮은 10대들의 경우 소위 비행 청소년들과 어울리며 여러 가지 문제 행동을 보이곤 한다. 그런데 그 아이들에게 비행의 이유를 물으면 비행 자체가 좋다기보다 그 친구들이 '유일하게 나를 인정해주는 사람'이기 때문에 함께 어울릴 수밖에 없었다고 이야기하는 경우가 많다. 이에 대해 리리는 낮은 자존감과 관련되어 나타나는 다양한 문제 행동에서 낮은 자존감 자체가 문제인 경우는 드물며 그보다는 '소속감이 충족되지 않은 것'이 더 본질적인 원인이라고 본다. 이것이 낮은 자존감과 비행 두 가지를 모두 초래한다는 것이다.

또 자존감이 낮은 사람들은 자신의 의견과 상관없이 주변 사람들의 의견에 순응하는 모습을 보이기도 한다. 연구자들은 이런 현상이 나타나는 이유 역시 사고 능력이 떨어지거나 자신의 의견이 옳다는 확신이 부족해서라기보다 자신의 의견이 사람들에 의해 받아들여질 거라는 확신이 부족하기 때문이라고 본다. 그래서 자기주장을 하기보다 부족한 소속감을 채우기 위해 눈치를 보며 어떻게든 다른 사람들에게 맞춰주려 한다는 것이다. 결국 앞서 살펴본, 다른 사람들의 시선과 승인을 지나치게 신경 쓰며 일희일비하다가 자존감이 불안정해지는 현상도 일부는 소속감이 채워지지 않았기 때문일 수 있다.

이런 의미에서도 연구자들은 사람들에게 단순히 "자신을 사랑해보세요"라고 말한다고 해서 그들의 자존감이 쉽게 올라가지는 않을 거라고 말한다. 뿐만 아니라 낮은 자존감과 관련된 다양한 문제들, 예컨대 비행 집단과 어울린다든가, 자기주장이 지나치게 약하다든가, 사람들과의 관계에서 소극적으로 행동한다든가 하는 문제들을 해결하는 데 별로 효과적이지도 않다고 얘기한다. 자존감의 핵심 기둥이 되는 사랑받는다는 느낌 없이 단지 혼자만의 생각으로 건강한 자존감을 갖는 것은 어려운 일이고, 건강하지 않은 자존감은 하나의 증상일 뿐 문제의 핵심은 '부족한 소속감'이기 때문이다.

···▶ 건강한 자존감을 위한 운동법

다시 한 번 강조하지만 건강한 자존감을 위해서는 좋은 관계를 갖는 것이 필수적이다. 실제로 연구에 의하면, 친구나 연인, 배우자와의 관계

가 좋은 사람들은 그렇지 않은 사람들에 비해 자존감이 건강하다. 또 부모와 자녀의 관계는 자녀의 자존감 형성에 영향을 미친다. 부모가 자녀의 요구를 적극적으로 수용해주고 자녀의 상태에 깊은 관심을 기울이며 필요할 때 옆에 있어준 자녀들은 그렇지 않은 자녀들에 비해 건강한 자존감을 형성하는 경향이 있다. 청소년들의 경우 무엇보다 친구들 사이에서 얼마나 잘나가는지, 친구들이 자신을 얼마나 좋아해주고 인정해주는지가 자존감을 예측하는 데 중요한 요소가 된다.

이렇게 사랑과 인정을 부여해주는 가족, 친구, 연인 등의 안정적인 관계는 자존감의 매우 중요한 요소다. 만약 자신이 중요하게 생각하는 부분에서 충분히 잘하고 있는데도 불구하고 자신에게 좀처럼 만족할 수 없고 자존감이 불안한 편이라면 나에게 부족한 것은 다름 아닌 좋은 관계가 아닐지 생각해보자.

그런데 우리들에게 안정적인 소속감을 주는 관계들이 이렇게 본질적으로 중요한데도 불구하고 의외로 많은 사람들이 이 점을 모르거나, 알고 있더라도 잘 인정하지 않으려고 하는 것 같다. 외로움과 사랑받지 못한다는 느낌이 자신을 갉아먹고 있는데도 진정한 친구를 만들기보다 비교적 쉬워 보이는 눈앞의 다른 자존감 지지대들(돈과 명예, 그때그때 사람들에게 인정받는 것 등)을 얻으려고 하는 것이다. 또 연구에 의하면, 사람들은 돈이 많을수록 힘들 때 주변 사람들보다 돈에 더 기대려는 경향을 보인다. 그래서 돈과 행복이 비례하는 일이 흔치 않은지도 모르겠다.

한편, 좋은 관계의 역할을 완전히 대신할 수는 없지만 비슷하면서도 부작용도 적고 관계 쌓기보다 조금 쉬운 방법이 있다. 바로 봉사와 기부

활동이다. 타인에게 도움을 주고 그들이 나로 인해 기뻐하는 것을 보면 자연스럽게 "나는 쓸모 있는 사람이구나"라고 생각하게 된다. 또한 일반적으로 '주는' 기쁨은 '받는' 기쁨 못지않게 크기도 하다. 실제로 우리가 생각하는 것과 다르게 사람들은 같은 돈을 써도 자신을 위해 쓸 때보다 타인을 위해 쓸 때 더 기분이 좋아진다.

그런데 곳간에서 인심 난다고 이런 얘기는 부유한 나라에서만 통할 것만 같다. 가난한 나라나 가난한 사람들은 자기 사느라 바빠 남에게 베풀 여유가 없을 것이고, 남에게 베푼다고 해도 "나도 살기 빠듯한 처지에 무슨 기부야"라고 생각할 것 같다. 하지만 연구에 의하면, 그렇지도 않다고 한다. 나보다 남을 위할 때 행복해지는 현상은 가난한 나라들에서도 나타난다. 브리티시컬럼비아대학의 심리학자 라라 아크닌*Lara B. Aknin* 과 동료들은 136개국 20만 명을 대상으로 한 대규모 연구에서 경제적 수준, 나이, 성별, 교육 수준 등과 상관없이 평소 좋은 일에 돈을 기부하는 사람들이 그렇지 않은 사람들에 비해 행복하다는 것을 발견했다. 그리고 이 결과는 가난한 나라든 부유한 나라든, 정치·경제적으로 부패한 나라든 깨끗한 나라든 상관없이 거의 대부분의 국가에서 공통적으로 확인되었다. 우리나라에서도 가난하든 부유하든, 나이가 많든 적든, 여성이든 남성이든, 교육 수준이 높든 낮든 기부활동을 하는 사람들이 그렇지 않은 사람들에 비해 더 행복한 것으로 나타났다.

정말 남을 위해 돈을 쓰는 것이 우리를 행복하게 만들어주는지를 직접 확인하기 위해 연구자들은 다음과 같은 실험을 했다. 사람들에게 최근에 돈을 쓴 경험에 대해 자세히 떠올려보게 했을 때 비교적 가난한 나라에 속

하는 우간다와 부유한 나라인 캐나다에서 모두 '내가 필요해서 내 옷을 샀음'같이 자신을 위해 돈을 쓴 경험보다 기부를 했거나 친구를 위한 선물을 사는 등 다른 이를 위해 돈을 쓴 경험을 떠올린 사람들이 더 행복감을 느낀 현상이 나타났다. 두 나라 모두에서 똑같은 가방을 사더라도 그냥 내가 가지려고 샀을 때보다 병원에 있는 아픈 어린이들을 위해 샀을 때 사람들은 더 높은 행복감을 느끼게 된다는 현상 또한 확인했다.

이러한 일련의 연구를 통해 연구자들은 "남을 도움으로써 얻는 보상(뿌듯함, 기쁨 등)은 우리 인간의 본성에 뿌리 깊게 내재되어 있어서 서로 다른 문화와 경제적 상황을 막론하고 공통적으로 나타난다"고 언급하기도 했다. 즉 남을 돕는 일은 사회적 동물인 우리 인간에게 본질적으로 행복과 자존감을 높여주는 일이라는 것이다.

많은 봉사자들이 "베풀러 갔다가 더 많이 얻고 왔어요"라는 말을 하곤 한다. 이 말 속에는 아마 자존감, 행복, 마음의 여유 등을 선물받았다는 의미가 포함되어 있을 것이다. 튼튼하고 건강한 자존감을 갖고 삶을 더 풍성하게 살고 싶다면 봉사나 기부 활동을 해보면 어떨까?

자존감이란 한 방에 확 높일 수 있는 것이 아니라 인생을 총체적으로 잘 살아야 얻어지는 것이다. 그런 의미에서 이번 장을 통해 삶을 되돌아보는 계기가 마련되었기를 바란다. 인생을 잘 산다는 건 결국 오늘, 내일, 모레를 잘 산다는 것이지 않는가. 하루하루 자신의 신념에 맞게 사는 삶, 그리고 주변 사람들로부터도 존중받고 사랑받는 삶을 살며 결국 이런 자신을 좋아할 수밖에 없는 우리가 되길 기원한다.

감사와 격려에는 힘이 있다

●
●

　앞서 나를 필요로 하는 사람들이 있다는 데에서 오는 기쁨이 우리로 하여금 쓸모 있다는 느낌을 갖게 하며 자존감을 높여준다는 이야기를 했다. 이와 비슷하게 사람들로부터 받는 '감사' 또한 우리의 자존감을 향상시키는 효과가 있다.

　뉴욕대학의 심리학자 애덤 그랜트_Adam M. Grant_와 동료들은 다음과 같은 실험을 했다. 사람들에게 에릭_Eric_이라는 (실은 가상의) 사람이 쓴 글을 읽은 후 피드백을 주도록 했다. 그 후 사람들은 자신들이 도와준 에릭에게서 "당신의 피드백을 잘 받았음"이라는 메일 또는 "당신의 피드백을 잘 받았음. 매우 고맙게 생각함"이라는 메일을 받았다.

　메일을 확인한 후 사람들의 자존감을 살펴봤더니 '고맙다'는 이야기를 들은 조건의 사람들이 그렇지 않은 조건의 사람들에 비해 자존감이 향상된 사람들이 약 두 배 정도 더 많았던 것으로 나타났다. 그냥 좋은 일을 하는 것만으로도 뿌듯함을 느끼며 자존감이 상승할 수 있지만 고맙다는 말을 듣게 되면 뿌듯함과 기쁨이 배가 되어 "역시 내가 잘했군"

이라며 자존감을 더 확실하게 느끼게 된다는 것이다.

감사의 효과는 그냥 자존감을 높이는 데에서 끝나지 않았다. 감사를 받은 사람들은 그렇지 않은 사람들에 비해 그다음에 다른 사람이 도움을 요청할 때에도 더 잘 승낙하는 모습을 보였다(66퍼센트 vs. 32퍼센트). 감사를 받으면 자존감이 상승할 뿐 아니라 더 좋은 사람이 되려는 의지 또한 높아지는 선순환이 일어난다는 것이다.

이렇게 사람들이 한 일의 가치를 높여주는 감사는 동기부여의 좋은 방법이며 일의 성과를 높이는 데도 효과적이다. 또 다른 실험에서 연구자들은 전화가 주 업무인 직장에서 상사가 부하 직원에게 "열심히 해주어 정말 고맙게 생각하고 있어요. 당신의 공로를 진심으로 가치 있게 여기고 있답니다"라는 이야기를 하면 그 전 주에 비해 전화 횟수가 50퍼센트나 증가하는 현상을 확인했다.

누군가에게 건강한 자존감과 동기를 부여하고 싶다면 무엇보다 "고맙다", "네가 하고 있는 일의 가치를 인정한다"는 메시지를 자주 전하는 게 좋겠다. 고맙다는 말이 어려운 것도 아니고 많이 한다고 닳는 것도 아니니 인색할 필요는 없을 것이다.

이번에는 '격려'의 힘에 대해 이야기해보자. 칭찬은 고래도 춤추게 한다는 말처럼 칭찬과 격려의 힘에 대해서는 흔히 들어봤을 것이다. 하지만 사람들은 "괜찮아. 잘할 수 있어"라는 말보다 "이게 뭐야, 이 멍청아" 같은 비난을 더 쉽게 입에 담는 것 같다. 물론 때로는 채찍을 휘두르는 것이 효과적인 상황들이 있다. 예컨대 어학 수업의 경우 '초보반'의 경우 칭찬과 격려가, '고급반'의 경우에는 지적과 비판이 각각 학생들의 동기를 높이고 실력향상에 도움이 된다는 연구가 있다.

하지만 간과하지 말아야 할 것은 "이 부분은 괜찮지만 여기는 잘 못했군요"라며 내가 잘한 것과 못한 것에 대해 객관적인 피드백을 주는 '건설적인 비판'과 "당신은 도대체 왜 그 모양입니까?"라며 상대방의 인격을 깎아내리고 모욕감을 주는 '비난'은 다르다는 것이다. 그리고 연구들에 의하면 보통 이런 식의 비난은 단기적으로는 효과를 볼지 몰라도 장기적으로는 도움이 안 된다.

관련해서 재미있는 사례를 하나 살펴보자. 비만인 사람에게 "그게 뭐니? 살 좀 빼라"라며 핀잔을 주고 압박하는 것이 다이어트에 도움이 될까? 실제로 많은 사람들이 비만인 사람들에게 단지 살이 쪘다는 이유만으로 인격 모독 수준의 가혹한 비난을 일상적으로 퍼붓는다. 그리고 자신의 말로 인해 살을 뺄 생각이 들었을 거라고 짐작한다. 하지만 이 문제를 연구한 연구자들의 결론은, 사람들은 비만인 사람들에게 수치심을 줌으로써 살을 빼게 하려 하지만 그건 잘 들어먹지 않는다는 것이었다.

4년간의 추적연구에 의하면 기타 인구통계학적 특성과 상관없이 몸매에 대한 비난을 많이 받은 사람일수록 살이 빠지기는커녕 오히려 비만이 될 확률이 더 높았다는 놀라운 결과가 나타났다. 원래 몸매가 통통했든 날씬했든 간에 주변에서 몸매에 대해 왈가왈부하며 스트레스를 줄수록 나중에 살이 많이 찌게 되는 현상이 나타났다는 것이다.

또 다른 연구에서는 살찌는 것에 대한 위협을 받은 여성들(살이 찌면 직장을 잃을 수도 있다는 기사를 읽은 여성들)과 살과 관련된 위협에 노출되지 않은 여성들이 식욕을 얼마나 잘 절제하는지 살펴보았다. 아무래

도 살찌는 것에 대해 위협을 받은 여성들이 식욕을 절제했을 것 같지만 결과는 그렇지 않았다. 위협을 받은 여성들이 훨씬 더 식욕을 자제하지 못하는 모습을 보였다. 살에 대해 스트레스를 주는 것이 오히려 역효과를 낼 수 있다는 것이다.

왜 이런 현상이 나타날까? 우선 다이어트는 식욕을 절제하는 고도의 자기통제력이 필요한 일이다. 하지만 앞서 월요일에서 살펴본 것처럼 비난이나 위협을 포함한 '사람들의 부정적인 시선'은 사람들로 하여금 해낼 수 있다는 자신감을 떨어뜨리고, 이런 시선 자체에 대응하느라 많은 에너지를 소모하게 해서 사람들의 자기통제력을 떨어뜨린다. 비난은 스트레스 또한 높이는데, 그 역시 우리의 정신력을 갉아먹으며 자기통제력을 떨어뜨린다. 또한 스트레스 자체가 일반적으로 사람들의 식욕을 높이는 효과를 내기도 한다. 따라서 비만인 사람들에게 살을 빼라고 비난, 협박하는 것은 여러모로 안 좋은 결과를 낳을 수밖에 없다.

비만을 예로 들었지만 비난을 가하면 가할수록 일을 추진하는 동력이 되는 자신감과 동기, 그리고 각종 능력들이 떨어지게 되는 현상이 다양하게 나타난다. 따라서 힘을 주지 못할망정 스트레스만 줘서 오히려 사람들을 넘어뜨리는 일은 삼가는 게 좋겠다.

Saturday

행복을 찾아서-행복의 실체

　드디어 기다리고 기다리던 토요일이 되었다. 헤롱헤롱 정신없던 월요일부터 의지가 불타오르던 화요일을 지나 삶의 목표를 다진 수요일, 나 자신에 대해 좀 더 깊게 생각해 본 목요일, 금요일까지 우리가 그토록 힘들게 달려온 이유는 무엇일까? 여러 가지 이유가 있겠지만 아마 그중 한 가지는 행복해지기 위해서가 아닐까 싶다. 실제로 많은 사람들이 '행복해지는 것'을 삶의 가장 큰 목적이라고 이야기한다.

　하지만 대부분의 사람들은 행복이 무엇인지, 어떻게 하면 행복해질 수 있는지에 대해 잘 알지 못한다. 그저 돈이 많아지면, 또는 과시할 게 많아지면 행복해질 거라고 막연히 생각한다. 정말 그럴까? 지금부터는 행복한 삶이란 무엇인지, 행복해지는 방법에는 어떤 것들이 있는지 살펴보자.

행복한 삶은
어디서 오는가?

행복은 뭘까? 다소 난해한 질문이지만 여러 가지 대답이 가능하다. 어떤 사람은 자신의 능력을 최대한으로 실현하면서 사는 것이라고 답할 수도 있고, 또 어떤 사람은 그런 것과 상관없이 그때그때 즐거움을 느끼는 것이라고 답할 수도 있을 것이다.

행복이 뭔지에 대한 다소 관념적인 답을 내는 것과 별개로 실제로 사람들이 "행복해"라고 하는 상태에는 어떤 요소들이 들어 있을까? 심리학자들은 관련한 연구에서 다음과 같은 것들을 발견했다.

• 긍정적 정서(행복감): 행복하다고 느끼는 것. 짜증, 슬픔, 분노 같은 부정적 정서에 비해 즐겁고 기쁘고 활기찬 감정들. 긍정적 정서를 자주 느끼는 것.

• 행복하다는 생각: 이 정도면 내 삶이 괜찮다는 인지적 평가.

이렇게 행복하다는 말 안에는 '즐거운 기분'과 '자신의 삶이 얼마나 만족스러운지에 대한 평가'가 함께 나타난다. 하지만 이 둘은 등장 시기가 조금씩 다르다. 예컨대 연구에 의하면, 학력이나 소득 수준 같은 객관적 조건들은 행복하다는 생각과는 관련이 있으나 실제로 느끼는 행복감과는 관련이 적은 편이다. 행복감은 조건보다 건강, 외로움, 좋은 관계와 큰 관련성을 보인다. 이번 장에서는 이처럼 어떤 사람들이, 어떨 때 행복한지를 밝히는, 행복의 비밀을 파헤쳐보려고 한다.

···▶ 불행하지않다고 행복한 건 아니다

소설가 아인 랜드 *Ayn Rand* 는 자신의 책 《아틀라스》에서 이렇게 썼다.

"삶을 잘 산다는 것은 죽음을 피하는 것과 다르다. 즐거움은 단지 고통이 없음을 의미하는 것이 아니며 지적으로 뛰어난 것 역시 명청함이 없음을 의미하는 것이 아니다. 빛은 단지 어둠이 없음을 의미하는 것이 아니다."

아인 랜드의 문장을 깊이 되새기며 다음 질문에 답해보자. 행복을 촉진시키는 것과 불행을 막는 것은 같은 효과를 낼까? 불행을 없애면 우리는 행복해질까?

20~30년 전까지만 해도 대부분의 심리학 연구는 '불행을 없애는 것'에 초점을 맞췄다. '마음의 병'처럼 인간의 약한 부분을 주로 다뤘는데, 마치 불행을 없애면 행복이 저절로 따라오게 될 거라는 가정을 담고 있는 듯이 보였다. 하지만 유명한 심리학자 마틴 셀리그먼Martim E.P. Seligman은 이러한 가정에 의문을 품었다. 그는 행복과 불행은 다르다고 보았다. 간단히 생각해봐도 불행하지 않은 상태, 즉 기분이 나쁘지 않은 상태는 그저 별일이 없는 것일 뿐 행복한 상태와는 다르지 않겠는가? 막 사는 게 아니라고 해서 잘 사는 거라고 말할 순 없고 어둡지 않다고 해서 밝다고도 할 수 없듯이 말이다. 물론 일반적으로 사람들의 평상시 정서 상태는 부정적 감정(-)과 긍정적 감정(+)의 완전 중간 상태(0)보다 '살짝' 긍정적인 상태에 속하지만 이런 상태가 우리가 흔히 이야기하는 행복은 아니다.

이를 다시 생각해보면, 당신이 행복해지기 위해 한 일들이 만약 행복을 촉진시키기보다 불행을 없애는 것에 더 초점이 맞춰져 있었다면 진정으로 행복을 얻기는 어려울 거라는 얘기가 된다. 당신이 얻을 수 있는 것은 그저 불행하지 않은 상태일 뿐인 것이다. 내가 지금 하고 있는 일들이 불행을 없애는 일에 가까운지, 아니면 행복을 촉진시키는 일에 가까운지 한번 생각해보자.

행복은 사람들마다 주관적으로 느끼는 것이지만 개인의 태도와 성격, 재력, 외모, 학력 같은 '개인적 요소'만이 행복에 온전히 영향을 미치는 것은 아니다. 사람들의 행복에는 '사회적 요소'도 큰 영향을 미친다. 예컨대 개인주의-집단주의 문화적 특성이나 사회가 개인에게 자율성을 부여하는 정도, 부패하고 공정하지 못한 정도 등이 모두 구성원들의 행복도에 영향을 미친다. 즉 사람들을 행복하게 하는 사회가 있는가 하면, 개인의 행복을 비교적 많이 억압하는 사회도 있다는 것이다.

따라서 특히 개인들의 행복을 억압하는 요소가 많은 사회에서는 행복에 대해 논할 때 개인적 노력에 대한 이야기뿐 아니라 사회적으로 이루어져야 할 노력에 대해서도 함께 이야기하는 것이 좋다. 이런 사회적 요소에 대한 이야기는 뒤에서 좀 더 하겠다. 우선 우리는 행복에 영향을 미치는 개인적 요소에는 어떤 것들이 있는지 살펴보자.

약 20년간의 행복 연구 끝에 연구자들은 (사회적 요소는 일단 제외하고) 개인적 요소들 중 유전이 행복의 반을 결정하고, 돈, 좋은 집, 교육 수준, 외모 등의 객관적 조건이 10퍼센트 정도, 좋은 친구들과의 사귐, 여가 활동 등 일상생활에서의 노력이 40퍼센트 정도를 결정한다는 큰 결론을 내렸다. 하나씩 차례로 살펴보자.

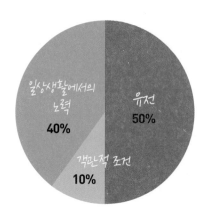

행복 연구자 소냐 류보머스키의 책에 실린 그래프**1**

Saturday
행복을 찾아서

···› 행복은 타고나는 것이다?

행복은 태어날 때부터 어느 정도 정해져 있는 것이다? 언뜻 들으면 잘 이해가 되지 않는 이야기다. 행복의 반이 운명처럼 정해져 있다니 왠지 서글픈 마음도 든다. 하지만 행복의 나머지 50퍼센트는 어느 정도 바꿀 수 있다는 걸 의미하기도 하므로 희망을 버릴 필요는 없을 것 같다. 우선 내 행복의 고정된, 붙박이 요소들이 무엇인지 한번 들여다보자.

많은 연구들에 의하면, 사람들의 행복 수준은 삶의 환경이 바뀌고 시간이 지나도 획기적인 수준으로 크게 변하지는 않는다. 일반적으로 삶의 기반을 송두리째 흔들어놓는 크나큰 사건을 제외하고는 우리가 일상생활에서 흔히 겪는 기쁜 일 또는 슬픈 일은 우리의 감정에 장기적인 영향을 미치지 않는 것이다. 연구에 의하면, 부모님께서 돌아가셔도, 사고로 몸이 불편해져도, 복권에 당첨되어도 약 두 달 정도가 지나면 대부분의 사람들은 다시 어느 정도 원래의 행복 수준을 회복하게 된다. '적응 hedonic adaptation'하게 되는 것이다.

이렇게 사람들이 별 다른 일이 없을 때 가지고 있는 일상적인 행복 수준 또는 어떤 사건이 일어나도 두 달 정도 시간이 흐르면 다시 회귀하게 되는 원래의 행복 수준을 '행복의 고정점'이라고 한다. 이 행복의 고정점은 사람마다 차이가 난다. 크게 기쁘거나 슬픈 일이 없는 평상시에 10점 만점에서 5점(4, 5, 5, 6, 5, 5, 5, 5.) 정도 행복한 사람도 있고, 7점(7, 6, 7, 7, 7, 8, 7, 7.) 정도 행복한 사람도 있다.

그리고 쌍둥이 연구를 통해 이런 평상시의 행복도는 크게 80퍼센트까지 유전에 의해 정해진다는 사실이 밝혀졌다. 같이 자란 이란성 쌍둥

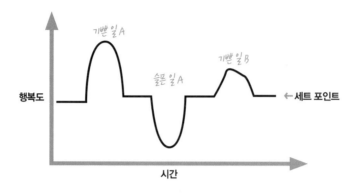

기쁜 일 A

슬픈 일 A

기쁜 일 B

행복도

← 세트 포인트

시간

대부분의 기쁜 일이나 나쁜 일은 두 달 정도 지나면 행복에 더 이상 영향을 주지 않고, 대부분의 사람들은 원래의 행복 수준을 회복하게 된다. 이와 같은 행복의 고정점은 크게는 80퍼센트까지 유전에 의해 정해진다.

이(유전자 유사성은 반이지만 같은 환경을 공유)보다 태어나자마자 떨어져 자란 일란성 쌍둥이(유전자는 거의 같지만 전혀 다른 환경)가 더 비슷한 수준의 행복도를 보인다는 것이다.

그렇다면 기본적인 행복 수준의 많은 부분이 유전에 의해 정해진다는 것을 어떻게 이해하면 좋을까? 흔히 행복은 마음속에 있다고 한다. 똑같이 안 좋은 일이 일어나도 어떤 사람은 불같이 화를 내고 짜증을 내는 반면, 어떤 사람은 대수롭지 않게 받아들인다. 반대로 똑같이 좋은 일이 일어났을 때 어떤 사람은 매우 기뻐하고 즐거워하는 반면, 어떤 사람은 덤덤하게 받아들인다.

이렇게 같은 상황이라도 받아들이는 사람에 따라 반응은 천차만별로 나타난다. 사람들은 모두 각자 다른 정서와 사고, 행동 패턴, 즉 서로 다른 성격을 가지고 있다. 다시 말해 어떤 사람은 작은 일에도 쉽게 행복

할 수 있는 성격을 가지고 있는 반면, 어떤 사람은 작은 일에도 쉽게 불행해질 수 있는 성격을 가지고 있다.

그리고 이러한 성격 특성(행동, 사고, 느낌의 일반적인 패턴/경향성)은 상당 부분 유전에 의해 정해진다. 우리의 성격은 아무 흔적도 없는 새하얀 도화지 같은 게 아니라 그 도화지에 약간의 밑그림 정도는 이미 그려져 있는 상태와 같다. 물론 살면서 환경이나 경험에 의해 변하기도 하지만, 이 역시 이미 그려진 밑그림을 바탕으로 더해나가는 것이지 밑그림까지 완전히 바꾸는 일은 어렵다.

따라서 연구자들은 행복의 반이 유전에 의해 정해진다는 얘기는 곧 행복의 반이 내 성격에 의해 정해진다는 뜻이라고 말한다. 실제로 유전적 차이로 인한 사람들의 행복도 차이를 결국 성격 차이가 설명한다는 연구가 있었다. 늘 즐겁고 스트레스를 잘 받지 않는 사람과, 쉽게 즐거워지지 않고 스트레스에 엄청 예민한 성격의 사람 중 누가 더 행복할까? 주변 사람들 가운데 어떤 사람이 더 행복해 보이는지, 어떤 사람과 함께 있을 때 행복한 에너지가 전달되는지를 생각해보면 금방 답이 나올 것이다.

실제로 연구에 의하면 외향성, 원만성, 개방성, 성실성, 신경증의 다섯 가지 성격 특성 중 외향성(사회성이 좋고 보상/즐거움을 추구하는 특성)과 신경증(예민하고 쉽게 짜증을 내는 등 정서적으로 불안정한 특성)이 행복과 가장 높은 상관을 보인다. 일반적으로 외향성이 높을수록, 신경증이 낮을수록 행복한 모습을 보인다. 그리고 이 둘은 '독립적'이다. 하나가 높다고 해서 다른 하나가 낮거나, 똑같이 높은 식의 관련성은 나타나지 않는다. 즉 서로 따로 논다. 다음에서 행복에 중요한 영향을 미치는 두 가지 성격 특성인 외향성과 신경증에 대해 더 자세히 살펴보자.

⋯▶ 어떤 성격이 더 행복할까?

먼저 외향성과 행복의 관계에 대해 살펴보자. "행복은 안정적인 외향성이다"라고 말하는 학자가 있을 정도로 외향성은 행복과 큰 관련이 있다. 이는 외향성이 신나고 즐거운 일(보상과 자극)을 열심히 찾아다니는 특성이기 때문이다. 내향적인 사람과 비교했을 때 외향적인 사람들이 보이는 가장 근본적인 차이는 사회성보다도 '심심한 걸 잘 못 참는다'는 것이다. 따라서 집에서 혼자 가만히 있어도 무탈한 내향적인 사람들과 달리, 외향적인 사람들은 밖으로 나가 뭐라도 하지 않으면 좀이 쑤셔 한다. 따라서 그들은 활동적이고, 그런 활동을 돕는 에너지 수준도 높은 편이다. 외향적인 사람들은 이렇게 "뭐 재미있는 거 없을까" 하고 능동적으로 즐거움을 찾아다니기 때문에 결과적으로 사회성이 좋은 모습을 보인다.

외향적인 사람들은 즐거움을 열심히 찾기도 하지만, 잘 찾기도 한다. 예컨대 똑같이 독서 같은 정적인 활동을 시켜도 외향적인 사람들이 내향적인 사람들에 비해 더 즐거워한다는 연구가 있다. 즉 외향성은 즐거움을 귀신같이 탐지하는 '레이더' 같은 것이다. 이렇게 외향성이 즐거움을 열심히 찾고(그러다가 사람도 잘 사귀고) 또 잘 찾다 보니 외향성이 높은 사람들은 비교적 더 즐겁고 행복한 편이다.

Saturday
행복을 찾아서

하지만 이것이 내향적인 사람들이 불행하다는 걸 의미하지는 않는다. 우리는 평상시에 살짝 긍정적인 정서를 지닌다. 또 대부분의 사람들의 행복도는 10점 만점에 6~9점 사이에 위치한다. 이런 평온한 평상시 정서를 '미지근한 물'이라고 본다면 외향적인 사람들은 여기에 즐거움 같은 뜨거운 물을 좀 더 잘, 그리고 열심히 찾아서 붓고 다니니 평균적으로 좀 더 뜨거워지는 것일 뿐이다.

또 연구에 의하면 외향성의 특징들 중에서 우리의 행복에 가장 크게 기여하는 것은 결국 '긍정적인 사회적 관계'를 많이 형성한다는 것이다. 실제로 내향적이라고 해도 외향적인 사람들 못지않게 좋은 사회적 관계를 많이 갖고 있는 경우 외향적인 사람들과 비슷하게 높은 행복도를 보이는 현상이 나타난다. 다만 일반적으로 외향적인 사람들이 내향적인 사람들에 비해 활발하고 긍정적인 관계를 형성할 확률이 높기 때문에 평균적인 행복도에서 차이가 나는 것이다. 따라서 당신이 내향적인 사람이라면 좀 더 힘을 내서 활발히 사람들과의 관계를 쌓아보는 것도 행복을 얻기 위한 좋은 방법이 될 것이다.

그런데 만약 "내향적이라 수줍음이 많은데 어떻게 사람을 만나지?"라는 생각이 든다면, 그건 내향성보다 자존감의 문제일 수 있다. 앞서 자존감 이야기에서 수줍음이나 소심함 등은 자존감이 건강하지 않은 것, 즉 소속감이 잘 채워지지 않은 것(사람들이 받아들여줄 것인가에 대한 확신이 없어 거절에 대한 두려움이 크고, 그 결과 눈치 보고 순응하는 등 소심하게 행동)과 관련이 있다고 했다. 성격이 아무리 외향적이어도 자존감이 낮아서 "내 눈에도 내가 별로인데 누가 이런 나를 좋아하겠어?" 같은 생각을 한다든가 사람들이 자신을 싫어할까 늘 걱정이라면 얼마든지 대인관계에서 움츠러들 수 있다.

⋯▸ 신경증과 행복의 관계

이제 신경증에 대해 살펴보자. 외향성과 반대로 신경증은 높을수록 행복에 좋지 않다. 신경증은 '위험에 대한 민감성'이라고 이야기할 수 있다. 신경증이 높은 사람들은 예민해서 작은 일에도 쉽게 걱정하고 스트레스를 받는다. 그들은 세상의 모든 스트레스를 다 안고 사는 것처럼 보인다. 사사건건 민감하게 반응하기 때문에 정서가 오락가락하며 상당히 불안정하기도 하다. 그리고 부정적인 기운을 뿜어내는 통에 사회적 관계를 쉽게 맺지 못하는 경우가 많다. 쉽게 불안해지는 성격 때문에 관계에서도 "날 안 좋게 보면 어떡하지?", "나를 거부하면 어떡하지?" 등의 불안을 안고 있는 것이다. 또 소외감이나 외로움도 잘 느낀다.

이렇게 사람들과 관계를 맺는 것이 힘들다 보니 신경증이 높은 사람들은 힘들 때 물적 · 심적인 도움을 잘 받지 못한다. 그래서 스트레스에 대한 대처에도 취약한데, 줄담배를 피거나 과음을 하는 등 혼자서 삭이는 행동도 높은 신경증과 관련되어 있다.

스트레스를 잘 받고 사람들과의 관계는 좋지 않은 데다, 그에 대한 대처도 미숙하기 때문에 신경증이 높은 사람들은 몸과 마음이 비교적 건강하지 않은 모습을 보인다. 예컨대 이들은 (나이, 성별 같은 인구통계학적 요소나 사회경제적 요소, 그리고 기존의 건강상태와는 상관없이) 우울

증이나 불안장애 같은 정신적 문제뿐 아니라 심장 질환, 천식, 장 질환 등 각종 질병에 더 잘 걸린다. 같은 병에 걸려도 신경증이 높은 사람들은 예후가 더 나쁜 편이기도 하다. 결국 이들은 신경증은 낮지만 다른 조건은 같은 사람들보다 약 두 배 정도 높은 사망률을 보인다.

이렇게 보면 신경증은 우리에게 우울감만 안겨줄 것 같다. 그러나 이것은 사실 우리의 생존에 꼭 필요한 요소다. 외향성이 우리 삶의 즐거움을 탐지하는 레이더인 반면, 신경증은 우리 삶의 위험 요소들을 탐지하는 레이더이기 때문이다. 예컨대 신경증은 부엌에서 이상한 냄새가 날 때 "혹시 냄비가 타고 있나?"라고 생각하거나, 밤에 이상한 소리가 날 때 "혹시 도둑인가?"라고 생각하거나, 또는 몸 상태가 좀 이상할 때 "혹시 큰 병이 아닐까?"라고 생각하는 등 별별 걱정을 다 하게 해준다. 이 때문에 실제로 위험이 닥쳐왔을 경우 신경증이 높은 사람들은 누구보다 빨리 위험에 대비하게 된다. 다만 위험 탐지기(신경증)가 너무 예민한 경우 과도한 스트레스 등으로 삶이 피곤해지기 쉬운 것은 사실이다.

···▸ 성격이 행복을 만든다

이렇게 성격은 평소에 즐거움을 얼마나 열심히 찾고 또 잘 찾는지(외향성), 또 평소에 얼마나 스트레스를 잘 받고 심장이 덜컥 내려앉는지(신경증)같이 사람들의 기본적인 정서, 사고, 행동의 일반적인 패턴, 다시 말해 평소 느끼고 생각하고 행동하는 모양새를 결정한다. 따라서 성격은 우리의 삶과 행복에 큰 영향을 미친다.

외향성이 높아서 별다른 노력을 하지 않아도 즐거움을 잘 찾고, 신경증이 낮아 별로 걱정이 없고 마음이 편한 사람은 그렇지 않은 사람들에 비해 비교적 행복하기가 쉽다. 기본적으로 많은 즐거움과 적은 걱정을 누리는 타입의 사람과 그렇지 않은(적은 즐거움과 많은 걱정) 타입의 사람이 있다는 것이다. 즉 성격에 따라 행복의 출발선이 조금씩 다르다고 할 수 있다. 하지만 이런 성격을 가졌다고 해서 반드시 행복하거나 반드시 불행한 것은 아니다. 다만 '상대적'으로 확률이 높을 뿐이다.

성격은 타고나는 부분이 크기 때문에 그 성향 자체를 바꾸는 것은 어렵다. 하지만 그에 대한 '대처 방식'은 충분히 훈련할 수 있다. 하루에 몇 명 이상에게는 꼭 연락을 하는 등 인간관계에 좀 더 힘쓴다거나 자신만의 스트레스 해소 방법을 터득하는 것, 감정조절에 좀 더 신경 쓰는 것 등등 작은 노력으로도 당신의 행복도가 달라질 수 있음을 기억하자.

당신의 스펙이
행복에 미치는 영향

이제 우리의 가장 큰 관심사인 재력, 학력, 외모 등 객관적 조건에 대해 이야기해보자. 소위 '스펙'이라고 부르는 이런 조건들이 행복을 담보할 수 있을까? 한마디로 답할 수 있는 질문은 아니지만 일단은 '그렇다.' 이 객관적 조건은 행복에 10퍼센트가량 영향을 미치니까 말이다. 그런데 또 다르게 생각하면, 객관적 조건에 아무리 힘을 쏟아도 얻을 수 있는 행복은 단 10퍼센트에 불과할 뿐이다.

어제도 오늘도 내일도 더 좋은 조건을 만들기 위해 좋은 학교에 가려 애쓰고 고된 업무에 시달리고 있는 사람들에게는 조금 허탈한 소식일지도 모르겠다. 고작 10퍼센트를 위해 그렇게 열심히 달려온 거라니 말이다. 대체 이런 객관적 조건들이 우리의 행복에 별 도움이 안 되는 이유는 무엇일까? 지금부터 찬찬히 살펴보자.

⋯▶ 얼마를 쌓느냐보다 중요한 것

먼저, 돈이 행복을 주지 않는 이유를 살펴보자. 많은 이유들이 있겠지만 그중 하나로 '욕망의 쳇바퀴 현상Hedonic treadmill'을 들 수 있다. 예를 들어, 평소 갖고 싶던 고가의 물건을 마련했다고 상상해보자. 처음 1, 2주는 물건을 바라보기만 해도 입가에 흐뭇한 미소가 번질 것이다. 하지만 한 달, 두 달이 지나서까지 그 즐거움이 유지될까? 그렇지 않을 것이다. 멋져 보였던 그 물건은 어느 순간 우리 눈에 구닥다리 골동품으로 보이고 이제 다시 신상을 장만해야겠다는 생각이 스멀스멀 들어온다. 이렇게 우리는 물질이 가져다주는 기쁨에 빠르게 적응한다(기쁨이 사그라짐). 그리고 기대치만 높아져서 더 새롭고 좋은 무언가를 추구하게도 된다.

아래 그래프에서 왼쪽은 물질을 획득할 때 얻게 될 거라고 예상하는 행복도를 나타낸다. 물건을 구매할 때는 이걸 사면 자신의 행복 수준이 영구적으로 한 단계 업그레이드될 것처럼 느껴진다. 하지만 현실은 오른쪽과 같다. 물건을 산 후 몇 주 정도 매우 기뻤다가 다시 원래의 행복 수준을 회복하게 된다.

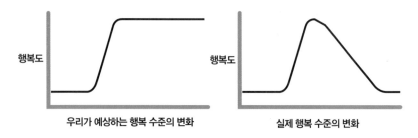

무엇을 획득 또는 성취했을 때 행복 수준의 변화[1]

주변에서 혹시 꽤 넓은 크기의 집에 살고 있으면서도 집이 좁다고 더 큰 곳으로 이사 가야 한다고 투덜거리는 사람들을 본 적 있는가? 또는 이미 많은 명품을 가지고 있으면서 부족하다고 징징대거나 돈이 정말 많은데도 만족하지 못하는 사람들을 본 적이 있는가? 이들은 모두 욕망의 쳇바퀴에 빠진 것일지도 모르겠다.

유명한 행복 연구자 에드 디너_Ed Diener_는 '행복 = 만족/기대'라고 보았다. 그에 따르면, 삶에서 기대하는 바는 적고 만족하는 부분이 많을수록 행복하다. 이러한 관점에서 보면 부유해질수록 '이 정도는 누려야지'라는 기대치는 자꾸 커지는 반면, 만족하기는 어려워져서 웬만해서는 행복해지지 않는다. 쉽게 만족할 수 없는 몸이 된다고 할까? 이와 관련된 한 연구에서는 돈이 많아지면 달콤한 초콜릿을 먹으며 기뻐하는 등 작은 것에 행복해하는 능력도 떨어질 가능성이 있음을 확인했다. 따라서 학자들은 오직 소유하는 물질을 늘림으로써 행복 수준을 높이려고 하는 것은 결국 다람쥐 쳇바퀴 돌듯 항상 제자리로 돌아오게 만드는 헛된 시도라고 보고 있다.

물질적인 부유함과 행복이 비례하지 않는 두 번째 이유는 바로 '비교' 때문이다. 우리는 보통 자신의 소득 수준이나 삶의 조건에 대해 만족할 때 자기만의 절대적인 기준을 사용하기보다 다른 사람들은 어떤지, 특히 자기 주변 사람들은 어떤지 그 상태를 기준으로 삼는다. 예컨대 똑같이 실직했어도 실업률이 높은 동네에서 실직한 사람(남들도 실직)이 실업률이 낮은 동네에서 실직한 사람(나만 실직)보다 더 행복해하는 모습을 보인다. 내가 실직을 했다는 사실은 변함이 없는데도 주변 사람들도 실직을 했다는 사실에 위안을 받는가 하면, 반대로 주변 사람들이 직장에 잘 다니고 있으면 스스로 불행해진다는 것이다.

이와 같이 연봉이 높은 회사에 다니는 사람들도 자신의 소득 수준에 기뻐하기보다, 자신과 같이 연봉이 높은 사람들과 비교(내가 잘나질수록 비교 기준도 높아진다)하며 이 집단에서 그 정도는 '당연한 것' 정도로 생각하기 쉽다. 그 결과 연구에 의하면, 실제 소득 수준과 자신의 소득에 대해 만족하는 정도 사이에는 별 상관이 없는 현상이 나타난다.

그 밖에도, 보통 소득이 늘어날수록 사회적 지위가 올라가고 맡은 역할들이 무거워지면서 각종 업무나 인간관계에서의 스트레스 또한 만만치 않아지는 것, 또 소득이 늘어나는 만큼 삶을 즐길 시간도 늘어나기는커녕 오히려 적당히 벌었을 때보다 더 여유가 없어지는 것도 소득의 증가와 행복도가 비례하지 않는 한 가지 원인이 된다.

물질과 행복이 비례하지 않는 세 번째 이유는, 돈은 그 자체로 행복감을 주지 않는다는 것이다. 돈이 진정한 기쁨이 될 때는 쌓을 때보다 '쓸 때'다. 돈을 벌기만 하고 쌓아두기만 하면 그건 그냥 종잇조각일 뿐 그 자체로 행복감을 선사하는 데는 한계가 있다. 우리의 행복에는 돈을 '얼마나' 쌓느냐보다 '어떻게' 쓰느냐가 더 중요하다. 이에 대해서는 뒤에서 더 자세히 살펴보자.

이렇게 물질이 주는 기쁨에는 빨리 적응하면서 기대감은 계속 커지고 행복도는 늘 제자리를 맴돌게 되는 욕망의 쳇바퀴 현상과, 주변 사람들과의 비교, 사회적 지위가 높아지면서 생기는 스트레스, 또 돈은 얼마를 쌓느냐보다 어떻게 쓰느냐가 중요하다는 점 때문에, 돈은 '생각보다'

우리의 행복을 크게 늘려주는 역할을 하지는 않는다.

⋯▸ 그래도 돈은 중요하다

　돈을 포함한 객관적인 조건들이 행복에 10퍼센트 정도 영향을 미치는 것은 분명한 사실이다. 기대하는 수준이건 기대 이하이건 돈이 우리의 행복에 영향을 미친다는 사실은 부인할 수 없다. 그 때문에 연구자들이 행복에 있어 돈의 영향력을 계속해서 살펴보는 것이다.

　사실 이러한 현상이 당연한 것은 그래도 걱정 없이 먹고살 만한 정도는 되어야 행복할 수 있기 때문이다. 돈이 너무 없으면 의식주같이 생존과 관련된 것들이 위협을 받을 수 있기 때문에 돈은 '불행을 막아주는 역할'을 톡톡히 한다. 예컨대 국가별 GNP(국민총생산)와 그 나라 사람들 행복도의 평균을 그래프로 그려보면 아래와 같이 GNP가 높은 국가들이 행복도도 높은 모습을 보이다가 GNP가 어느 수준을 넘으면 더 이상 높은 GNP가 높은 행복도를 보장하지 않는 현상이 나타난다.

　우선 가난한 나라들은 아무래도 낮은 행복도를 보인다. 당장 먹을 것

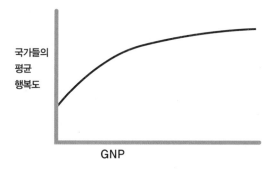

국가들의
평균
행복도

GNP

GNP와 국가 행복 수준의 관계. 돈은 행복에 분명 중요한 영향을 미치지만, 그 영향력은 어느 시점을 넘어서면 점점 줄어든다. **2**

이 없고 입을 것이 없는 상황에서 행복하기란 매우 어려울 것이다. 생존이 위험한 상황에서 마냥 행복해하는 것은 부적응적이기도 할 것이다. 몇몇 조사들에서 세상에서 제일 가난한 나라(방글라데시)가 제일 행복하다더라 하는 이야기들이 나왔지만 적어도 심리학의 연구들에서는 그 결과가 타당하지 않다. 참고로 앞서 긍정적 – 부정적 사고 부분에서 살펴봤듯, 이런 식의 '신화'는 "가난하더라도 행복할 수 있으니까 가난도 나쁜 게 아니야"라며 가난을 지속시키는 사회 구조를 정당화하는 부작용을 낳는다는 연구들도 있다.

하지만 어느 수준을 넘어서면 돈이 행복에 미치는 영향은 점점 줄어들기 시작한다. 돈이 행복에 미치는 영향은 한계효용*declining marginal utility*의 곡선을 따른다는 것이다. 어느 정도 넉넉하게 먹고살 만한 수준이 되면 돈은 가난할 때처럼 행복도를 팍팍 높이는 역할은 하지 않게 된다. 배부른 상태에서는 배고팠을 때만큼 음식을 맛있게 느끼지 않는 것과 같다. 따라서 돈은 부유한 사람들보다 가난한 사람들의 행복에 더 중요한 역할을 한다고 한다.

이런 경향은 국가들의 평균 행복도를 비교했을 때뿐 아니라 한 국가 안에서 개인들의 행복도를 비교할 때도 나타난다. 즉 가난한 개인들이 부유한 개인들에 비해 행복도가 낮은 건 맞지만 일단 소득이 일정 수준 이상이 되면 개인 간 행복도에는 큰 차이가 나지 않는다.

대니얼 카너먼과 동료들이 2010년 미국에서 4만 명을 대상으로 한 대규모 조사 결과, 연소득 4~5만 달러를 기점으로 돈이 실제로 느끼는 '행복감(정서)'에 미치는 영향은 서서히 줄다가 7만 달러 즈음에서 멈추

는 현상이 나타났다.

카너먼의 연구에서, 소득이 낮은 그룹과 높은 그룹을 비교했을 때 소득이 높은 그룹이 비교적 즐겁고 행복하며(행복감), 슬픔, 걱정, 화가 적고, 스스로가 행복하다고 생각(인지적 평가)하며, 스트레스도 적었다. 그런데 이 차이를 보면 긍정적 정서의 경우 소득 최하위 그룹과 최상위 그룹에서 행복감을 자주 느낀다고 한 사람들이 각각 약 70퍼센트, 90퍼센트로 생각보다 큰 차이가 없다는 것을 알 수 있다. 부정적 정서를 별로 느끼지 않는다는 케이스도 각각 55퍼센트, 80퍼센트, 행복에 대한 인지적 평가도 10점 만점에 각각 5점, 7.5점으로 소득 최하위층과 최상위층의 행복도 차이가 어마어마하게 크지는 않았다.

그리고 앞서 이야기했듯 소득이 어느 선을 넘으면 행복에 미치는 영향이 점점 줄어드는 모습이 확인되었다. 연소득 4~5만 달러를 넘어선 그룹끼리 비교하면 긍정적 정서와 부정적 정서, 스트레스를 느끼는 사람들의 수가 서로 크게 다르지 않았다. 하지만 긍정적 정서와 다르게 "난 이 정도면 행복한 것 같아"라는 삶에 대한 긍정적 평가는 소득과 함께 비교적 일직선으로 상승하는 경향이 있었다.

즉 소득이 늘어날수록 우리가 실제 느끼는 '행복감'이 늘어나는 데는 한계가 있지만 행복하다는 '생각'은 비교적 일직선으로 늘어날 수 있다는 것이다. 이렇게 소득이 행복에 미치는 영향에는 한계가 없다고 주장하는 연구들을 보면 대체로 행복 측정치가 정서가 아닌 생각인 경우가 많다. 하지만 물질을 통해 우리가 실제로 느끼는 행복감이 늘어나는 데에는 한계가 있다는 게 일반적인 결론이다.

연소득 4~5만 달러까지는 소득과 행복감이 작지만 분명한 차이를 만드는 것에서도 확인할 수 있듯이 적당한 소득 수준은 행복에 중요하다. 소득이 그 이하로 내려갈수록 긍정적 정서를 느끼는 사람의 수는 적어지고 부정적 정서를 느끼는 사람들이 가파르게 늘어나는 경향을 보인다. 따라서 연구자들은 많은 돈이 반드시 더 많은 행복을 가져오는 것은 아니지만, 적은 돈은 정서적 고통과 중요하게 관련되어 있다고 언급했다. 이렇게 돈은 행복을 촉진시키는 것보다 불행을 예방하는 데서 중요한 역할을 한다.

따라서 "돈으로 행복을 살 수 있나요?"라는 물음에 대해서는 "어느 정도의 행복은 돈으로 살 수 있지만 그 이상은 어렵다"라고 답할 수 있겠다. 이러한 결과는 우리나라에서도 대체로 비슷하게 나타나는 것으로 알려져 있다.

그런데 이 행복을 사주는 4~5만 달러의 소득에는 어떤 의미가 있을까? 카너먼은 결국 행복을 살 수 있는 선의 돈이란 맛있는 음식을 먹고 만나고 싶은 사람들을 만나고 여가 생활을 하는 등 자신을 행복하게 해주는 일들을 마음 편히 누릴 수 있을 만큼의 돈이라고 이야기한다. 미국의 경우 연소득 4~5만 달러가 바로 그 기준이라는 것이다(물론 적은 돈은 아니다). 결국 돈은 우리가 하고 싶은 일을 하게 해주는 '매개체'가 되는 만큼 행복과 연관을 보인다. 이는 앞서 언급한 돈을 쌓는 것 자체보다 돈을 어떻게 쓰느냐가 더 행복과 큰 관련을 보인다는 것과도 연결된다.

따라서 돈을 많이 벌어도 나 자신을 행복하게 하는 일을 하지 않으면 별로 행복해지지 않을 거라고 예상해볼 수 있다. 만약 돈을 어떻게 쓰느

나에 대한 논의를 제쳐두고 단지 많이 버는 데에만 급급해 있다면 재고
해보자. 돈을 행복에 도움이 되게끔 쓰는 법에 대해서는 일요일 파트에
서 좀 더 구체적으로 이야기하겠다.

불공평하다는 느낌

●
●

몇몇 연구에 의하면, 한 나라의 소득이 불평등한 정도를 나타내는 각종 수치들과 그 나라의 행복도 사이에는 별로 큰 관련성이 없거나 아주 적은 관련성이 있다. 하지만 이런 객관적인 불평등 지수와는 별개로 사람들이 주관적으로 불평등하고 공정하지 않다고 느끼는 것, 즉 불공정성에 대한 지각은 행복도와 큰 관련성이 있다.

미국에서 실시한 한 연구에 의하면, 소득 불평등 정도가 높았던 해에 사람들은 비교적 불행한 모습을 보였다. 그리고 이런 효과는 소득 수준이 하위 40퍼센트인 사람들에게서만 나타났다. 중산층 이하인 사람들은 소득 불평등 정도가 높을 때 그것을 피부로 느끼며('세상이 공정하지 않다는 느낌'과 '사람들을 믿을 수 없다는 느낌') 불행해하지만, 중산층 이상인 사람들은 소득이 불평등하든 아니든 불공정성을 피부로 느끼지 않아 행복한 것으로 나타났다. 즉 소득이 불평등하다는 사실 자체보다는 관련한 느낌, 불공정성에 대한 지각이 행복에 중요하다는 것이다.

그런데 불공평하다는 느낌은 왜, 그리고 어떻게 불행과 관련되어 있을까? 세상이 공정하게 잘 돌아가고 있다고 가정해보자. 그렇다면 정해진 규칙대로 열심히 살기만 하면 언젠가 합당한 보상이 주어질 것이다. 즉 공정한 세상에는 '희망'이 있다. 반대로 사회가 심각하게 불공정해서 노력해도 그만큼 얻을 수 있을지 매우 불투명하다면 내 삶에는 희망보다 좌절이 가득할 것이다.

따라서 사람들은 희망적인 삶을 만들기 위해 공정성을 요구하는 동시에, 일단 세상은 모두에게 공평하기 때문에 다 각자 노력한 만큼 얻게 되어 있다는 '믿음'을 가지고 싶어 한다. 현실은 시궁창일지언정 이렇게 믿기라도 해야 마음이 편해지기 때문이다. 이를 '세상이 공정하다는 믿음 *belief in a just world*'이라고 한다.

그래서 때로 희망이 절박한 사람들, 사회적 계층이 낮은 사람들이 유독 세상이 공정하다는 믿음을 잃지 않으려 애쓰는 모습을 보인다. 시스템에는 문제가 없고 나만 노력하면 된다고 믿음으로써 희망과 통제감을 어떻게든 가져보려고 발버둥치는 것이라고나 할까? 가혹한 현실을 있는 그대로 받아들이는 순간 모든 의지가 꺾일 수도 있으니 말이다(앞에서 정확한 현실지각은 우울증과도 관련을 보인다는 이야기를 했다). 그래서 가난한 사람들이 오히려 '가난은 게으름과 무능력의 결과'라는 식의, 사회보다 개인(자신)을 비난하는 메시지에 더 잘 수긍하기도 한다. 그리고 "다 자기가 하기 나름이지"라고 생각하며 희망을 가지려고 한다. 이렇게 공정성에 대한 믿음(위의 경우 거짓 희망에 가깝지만)은 할 수 있다는 희망과 긴밀한 관련을 보이며 우리의 행복에 큰 영향을 미친다.

따라서 행복한 사회를 만들기 위해서는 공정한 사회 시스템을 만드는 것, 그리고 결정적으로 사람들이 이를 피부로 느낄 수 있게 하는 것이 매우 중요하다. 그리고 이렇게 사람들이 느끼는 공정성에는 절대적인 액수보다도 "노력한 만큼 정당한 대우를 받고 있는가?"에 대한 지각이 중요하다. 예컨대 우리는 똑같이 일한 후 누구는 90을 받는데 나는 10을 받는 경우보다 둘이 똑같이 5를 받을 경우 더 공정하다고 느낀다. 사람들이 각자 자신의 능력과 노력에 비춰볼 때 '정당하다고 생각하는 소득 수준'을 확보해주는 것이 일단 기본이고, 나아가 노력한 만큼 칭찬하고 존중하며 합당한 보상을 해주는 것이 더 중요할 것이다. 한편 우리나라 사람들은 자신이 존중받고 충분히 잘 대우받고 있다는 느낌을 잘 받지 못하는 편이다. 학자들은 이것이 우리 사회를 불행하게 만드는 한 요소라고 보고 있다.

더 나아가 빈부격차가 한 사회의 도덕성을 낮출 가능성이 있다고도 한다. 일례로 빈부격차가 심할수록 사람들이 사기를 칠 가능성이 높다는 연구가 있다. 미국에서는 빈부격차가 심한 주_{state}일수록 학생들이 숙제할 때 남의 것을 베끼는 모습을 보였다. 구글_{google} 검색에서, 빈부격차 정도가 큰 주일수록 학생들이 남이 작성한 리포트를 사고파는 사이트를 검색하는 빈도가 높았다.

이러한 현상이 나타나는 이유로, 불공정성에 대한 지각과 사람들에 대한 불신이 강해지면 '세상이 정직하지 않은데 나도 정직하게 살 필요 없다'는 식의 태도가 만연해지는 것이 지목된다. 규칙의 공정함을 신뢰할 수 없을수록 나만 손해볼 수 없다고 생각하며 서로 속이는 경향이 나타날 수 있다는 것이다. 이렇게 부패하고 공정하지 못한 사회는 사람들

의 도덕성을 떨어뜨리며 다시 더 부패하는 악순환을 겪을 가능성이 있다. 따라서 사람들의 행복과 도덕성을 위해서라도 공정한 사회를 만드는 것은 굉장히 중요해 보인다.

행복을 뒤흔드는
조건이 있을까?

　지금까지 행복에 있어 돈이 생각보다 큰 영향을 주지 않는다는 것을 살펴보았다. 이는 학력이나 외모도 마찬가지다. 그런데 왜 우리는 보통 객관적 조건이 향상되면 그만큼 행복도가 수직 상승할 것처럼 느끼는 걸까?

　행복감을 실제로 느끼는 것과 머리를 굴려 어떤 일이 가져다줄 행복감을 예측하는 것은 다르다. 그리고 행복을 예측하는 과정에는 다양한 요소들이 개입된다. 예컨대 사람들에게 "당신은 얼마나 행복합니까?"라고 물은 후 "지난달에 데이트를 몇 번 했습니까?"라고 물으면 두 질문 사이에는 별다른 관련성이 나타나지 않는다. 하지만 데이트 횟수를 먼저 묻고 그다음 얼마나 행복한지를 물으면 갑자기 두 응답 사이에 큰 관련성이 나타나면서, 데이트를 많이 한 사람들이 그렇지 않은 사람들에

비해 자신의 삶이 더 행복하다고 이야기하는 경향을 보인다.

⋯▶ 연봉과 결혼 여부가 미치는 영향

이에 대해 카너먼은 "사람들은 자신의 키와 전화번호를 아는 것처럼 행복을 바로 알지 못한다"고 했다. 사람들은 평소에 '내 키는 165센티미터'같이 자신의 절대적인 행복도를 딱 알고 있는 게 아니라, 행복하냐는 질문을 받았을 때에야 비로소 "나는 행복한가?"'라고 물으며 자신의 행복도를 추론하기 시작한다. 그리고 이때 다양한 기준들을 사용해서 답을 낸다. 따라서 행복에 대해 생각할 때 마침 데이트 횟수나 재력, 건강상태 같은 걸 떠올리게 되면 이것들이 실제로는 평소 느끼는 행복감에 별 영향을 안 주더라도 이들에 따라 자신이 얼마나 행복한지에 대한 평가가 달라지는 현상이 나타나게 된다. 앞서 살펴본 것과 같이 학력이나 소득이 실제 느끼는 행복감보다 행복하다는 생각(인지적 평가)과 더 큰 관련을 보이는 현상들도 비슷한 맥락이라고 할 수 있다. 이렇게 평소 느끼는 정서와 달리, (앞으로의 행복을 예측하는 것 포함) 자신의 행복도에 대해 답을 내는 것은 무엇에 초점을 맞추느냐에 크게 좌우된다.

우리는 보통 '눈에 확 띄는' 것에 초점을 맞추기 마련이다. 똑같이 중요한 여러 요소들이 있어도 우리는 유독 눈에 쉽게 들어오는 요소에 쉽게 마음을 빼앗긴다. 예컨대 미국 사람들에게 캘리포니아 사람들과 중서부 지방 사람들 중 어디 사람들이 더 행복할 것 같으냐고 물으면 캘리포니아 사람들이나 중서부 지방 사람들이나 모두 캘리포니아 사람들이 더 행복할 것이라고 예측한다. 아무래도 캘리포니아 하면 좋은 날씨와 휴양지의 이미지가 강하기 때문일 것이다.

하지만 정말 그럴까? 우리가 행복해지기 위해 중요하게 작용할 것 같은 요소들을 한번 떠올려보자. 아마 안정된 직업, 배움의 기회, 사람들과의 원만한 관계, 문화생활, 여가활동 등 매우 다양한 것들이 있을 것이다. 여기에 '좋은 날씨'는 몇 번째로 떠오르는가? 이렇게 사람들에게 당신의 행복에 있어 중요한 게 뭐냐고 물으면 날씨는 상대적으로 적은 비중을 차지할 것이다. 하지만 캘리포니아를 상상하면 반짝이는 햇빛의 이미지가 워낙 강해서 행복에 중요한 다른 요소들은 머릿속에 잘 떠오르지 않는다. 그래서 사람들은 그냥 날씨라는 요소만을 고려한 채 아무래도 캘리포니아에 사는 사람들은 엄청 행복할 것이라고 자신 있게 예측하게 된다. 하지만 연구에 의하면 미국 중서부 지방 사람과 캘리포니아 사람의 행복도는 별 차이가 없었다.

이렇게 우리는 행복을 예측할 때 눈에 띄는 무엇에만 정신을 빼앗겨 다른 중요한 요소들은 무시한 채 성급한 판단을 내린다. 그 결과 어떤 일이 얼마나 우리를 행복하게 해줄 것인지에 대한 예측은 빗나갈 때가 많다. 이런 현상을 일컬어 카너먼은 주의, 초점을 잘못 둠으로써 생기는 착각, 즉 '초점 착각focusing illusion'이라고 한다. 전체 그림보다 화려한 부분적 요소 하나에 지나치게 홀려서 생기는 착각이다.

초점 착각은 외모나 학력, 그리고 돈이 가져다줄 행복의 크기를 과대 평가하는 것에도 영향을 미친다. 우리가 보통 '재력'에 관해 떠올리는 이미지는 급여 입금의 순간 또는 갖고 싶은 물건을 획득하는 순간, 높은

사람이 되어 주위를 호령하는 순간 등 화려한 그림들이다. "돈이 생기면 내 삶은 과연 행복해질까?"라는 질문 앞에서 이와 같이 오로지 몇몇 상징적인 그림만 떠올리는 것이다. 그만큼 벌려면 현실적으로는 일이나 관계에서 오는 스트레스도 적지 않고 나름의 고충이 있을 거라는 사실이나 돈 외에도 더 중요한 것들이 많다는 사실 등은 고려하지 않는다.

이렇게 우리는 돈과 행복이라는 큰 그림에서 달콤한 부분만을 보고 쓰디쓴 부분은 확인하지도 않은 채 무작정 핑크빛 꿈을 꾸곤 한다. 사과의 반대편에는 독이 발라져 있는데도 먹음직스러운 앞면만 보고는 냉큼 한 입 베어 무는 것과 같다. 일반적으로 눈에 띄는 것만 보고 어떤 조건을 갖게 되면 행복해질 것이라고 생각하거나 이런 인생을 부러워하며 동경하는 것은 현실보다는 환상에 가깝다.

자, 그럼 다음에 답해보자. 연소득이 2,000만 원 이하인 사람과 1억 이상인 사람이 각각 '얼마나' 행복할까? 질문을 살짝 바꿔보자. 하루 중 이들이 불행을 느끼는 시간은 각각 몇 퍼센트나 될까? 마흔이 넘어 미혼인 여성과 기혼인 여성의 경우 각각 하루에 불행한 시간이 얼마나 될까? 한번 답해보자.

〈사이언스〉지에 실린 연구에 의하면, 사람들은 일단 다른 사람들이 하루 중 불행한 시간을 실제보다 과대평가하는 경향을 보인다. 즉 실제보다 사람들이 불행할 거라고 생각한다. 그리고 특히 환경이나 조건이 안 좋은 사람들에 대해서는 더 심하게 불행을 과대평가하는 경향을 보인다.

표를 보면 소득이 낮은 사람들과 높은 사람들이 실제로 기분이 안 좋

하루 중 기분이 안 좋은 시간(%) [1]

	실제	예측	실제 차이	예측한 차이
가계 소득 2만 달러 이하	32.0	57.5	12.2	32.0
가계 소득 10만 달러 이상	19.8	25.7		
40세 이상 미혼 여성	21.4	41.1	-1.7	13.2
40세 이상 기혼 여성	23.1	27.9		

은 시간의 차이는 12.2퍼센트였던 반면, 예측한 수치의 차이는 32퍼센트였다. 실제보다 약 3배 크게 지각한 것이다. 마흔 이상 미혼 여성에 대해서도 마찬가지로 실제보다 훨씬 더 불행을 과대평가하는 경향을 보였다.

이 역시 행복의 여러 요소 중 '소득', '결혼 여부'의 중요성을 다른 것보다 크게 지각하기 때문에 나타나는 현상이다. 이들의 직장 생활, 친구 관계, 여가생활 등 평소 삶의 모습은 고려하지 않고, 오직 "소득이 2,000만 원 이하? 마흔이 넘었는데 아직 미혼?"과 같은 조건들에만 집중하여 "그럼 불행할 게 뻔하잖아"라고 생각하는 것이다.

당신의 예측은 어떠했는가? 솔깃한 정보에 마음을 확 빼앗겨서 오직 그게 전부인 것처럼 생각하게 되는 단순한 우리들에게 복잡한 현실을 정확하게 예측하는 것은 상당히 어려운 일이다.

이렇게 돈, 결혼 여부 등 몇 가지에 꽂혀서 그것이 우리 삶에 미칠 영향력을 과대평가하고 마는 우리들의 모습을 빗대어 카너먼은 사실 어떤 일도 '우리가 생각하는 것만큼' 우리의 삶에 큰 영향을 미치지 않는다고 이야기했다. 물론 아주 영향을 미치지 않는 건 아니지만 그 '정도'가 우리가 흔히 생각하는 것만큼 엄청 크지 않다는 것이다. 앞서 실패의 영향력을 과대평가하는 현상에서도 언급했지만 행복의 예측에 있어서도 상상이 현실보다 극단적이다.

┈▶ 진짜로 행복하게 만드는 것

이렇게 눈에 띄는 것들의 중요성을 과대평가하는 초점 착각 때문에 사람들은 행복에 중요한 것이라고 하면 '삶의 전환점' 같은 게 될 만한 굵직한 사건을 떠올린다. 그리고 행복해지기 위해서는 삶이란 도화지에 이런 굵고 인상적인 점들을 찍어야 한다고 생각한다. 하지만 정말 그럴까? 행복해지기 위해서는 반드시 인상적인 업적들을 만들어야 할까?

여기서 삶은 결국 '시간'이라는 점을 기억해보자. 단순하게 이야기하면 인생을 잘 살았느냐는 질문은 삶의 매 시간을 잘 살았느냐는 뜻이 된다. 그리고 이런 삶이라는 시간에는 몇 안 되는 기념비적인 사건들보다 잔잔한 일상들의 비중이 훨씬 크다. 따라서 행복한 삶을 사는 데는 굵직한 사건을 만들어내는 것도 중요하겠지만 일상의 시간들을 가급적 즐겁게 잘 보내는 것 또한 매우 중요하다. 52만 5,600분으로 이루어진 1년을 매 순간 사랑으로 채워보자고 외치는 뮤지컬 〈렌트〉의 노래 가사처럼 말이다.

연구에 의하면, 실제로 평상시에 우리의 행복감을 잘 예측하는 것들은 살면서 성취한 굵직한 것들(높은 학력, 많은 재산 등)보다 아침 출근 시간의 교통 체증, 진구들과 함께하는 시간, 맛있는 음식을 먹었는가 하는 사소한 것들이다. 그리고 돈이나 사는 곳 같은 객관적 요소들은 우리가 이런 일상을 행복하게 보내는 데 생각보다 큰 영향을 주지 않는다. 이런 요소들이 심하게 결핍되어 있는 경우를 제외하고는, 늘 돈이나 주변 환경을 탓하며 기분이 오르락내리락하는 사람은 별로 없다는 것이다.

직장을 선택할 때에도 마찬가지다. 많은 사람들이 처음에는 간판이나 연봉 같은 객관적 요소들을 보고 직장을 선택한다. 물론 중요한 것들이지만 문제는 다른 중요한 것들은 빼놓고 '이것들만' 고려할 경우에 생긴다. 물론 처음 며칠, 몇 주 정도는 좋은 회사에 들어갔다는 기쁨에 기분이 들뜨고 행복할 것이다. 하지만 시간이 지나면 처음의 기쁨은 사그라지고 직장생활이라는 평범한 일상에 파묻히게 된다. 업무 내용이나, (사실 그보다도) 주변 사람들이 괜찮은 사람들인지, 조직 문화같이 생활의 상당부분을 차지하게 되는 것들이 우리의 행복도에 훨씬 중요한 영향을 미친다.

그럼에도 많은 사람들이 '합리적인' 선택이라는 미명하에 생활적인 요소보다 돈을 훨씬 크게 고려하며 직장을 선택한다. 이러한 현상에 대해 시카고대학의 심리학자 크리스토퍼 시는 사람들은 겉으로 보이는 효용에 눈이 팔려 '진짜 효용(만족감과 행복)'을 놓치곤 한다고 이야기했다. 이를 '일상적 합리주의Lay rationalism'이라고 한다. 우리는 합리적인 선택을 한다고 늘 애쓰지만 결과적으로는 그렇지 않은 '헛똑똑이'인 셈이다.

그렇다고 뭐가 되는 게 중요하지 않다는 이야기는 아니다. 다만 무엇이 되든, 무엇을 하든 겉으로 드러나는 것보다 '속 내용'을 보는 것, 즉 화려해서 딱 눈에 띄지 않는 일상의 모습을 볼 줄 아는 것이 훨씬 중요하

다는 것이다. 진짜 내막을 보지 않고 내린 결정들은 화려한 겉표지만 보고 고른 책처럼 우리를 후회하게 만든다.

⋯▸ 어떻게 살면 좋을까?

행복은 의외로 별 게 아니라는 생각이 들지 않는가? 예컨대 당신이 여행을 떠났다고 해보자. 당신이 원하는 여행은 내내 시시하고 재미없다가 마지막에 보물이라도 발견하는 그런 것인가, 아니면 맘에 드는 카페를 발견하고 우연히 맛있는 음식을 먹고 친절한 사람들을 만나며 여행의 과정 하나하나를 설레는 마음으로 즐길 수 있는 여행인가? 삶은 결국 짧다면 짧고 길다면 긴 여행일 것이다. 큰 결과만 바라보며 사는 것과 일상의 순간을 즐겁게 보내는 것 중 어떤 삶을 사는 게 좋을지 생각해보자.

대니얼 길버트는 다음과 같이 말했다. "사람들은 돈을 많이 벌어서 여유를 즐기고 편하게 살면 행복해질 거라고 생각하지만 우리의 마음은 뭔가에 빠져 있을 때 행복하다. 친구와 수다를 떨거나, 뭔가를 만들거나, 성관계를 할 때가 대표적이다." 즉 우리의 삶은 큰 성취 후 더 이상 할 게 없을 때보다 뭔가에 빠져 있을 때 더 행복하다는 것이다. 결국 성취의 결과가 어떠한가, 어떤 타이틀을 다느냐는 것보다 매 순간을 누구와, 무엇을, 어떻게 하며 사는가, 즉 '어떻게 사느냐'가 훨씬 중요하다는 것이다.

프랑스 작가 아르튀르 드레퓌스가 쓴 《행복하게 만들어주는 책》의 인상적인 구절을 하나 소개한다.

"(화가) 모네는 유명세를 얻은 후에 부자가 되었다. (중략) 모네는 행복했겠다고? 그가 정말 행복했다 하더라도, 성공이 그 행복에 지대한 공헌을 한 것은 아니었어. 이전에 그를 불행하게 만드는 것은 가난이 아니라 그림을 그리지 못하게 되는 것이었으니까."

성공한 화가라는 타이틀과 백만금이 있어도 그의 생활 속에 그림이 없었더라면 모네는 불행했을 거라는 이야기다. 아마 모네에게 그림 그리는 일은 인류 역사에 이바지하는 위대한 일이라든가 자신의 명성을 드높이기 위한 '수단'이었다기보다 그저 재미있고 즐거운 일이었을 것이다.

사람들에게는 저마다 책이나 영화를 보는 것, 좋은 커피 한 잔을 마시는 것 등 그냥 즐거운 일, 행복을 주는 일들이 있다. 당신은 당신을 행복하게 해주는 일들이 무엇인지 잘 알고 있는가? 우리를 즐겁게 해주는 일들과 이것들을 찾는 방법에 대해서는 일요일에 이어서 살펴보자.

예쁘고 잘생기면 더 행복할까?

●
●

　사는 곳, 소득에 이어 교육 수준도 우리의 행복에 큰 영향을 끼치지 않는다. 교육 수준 역시 '행복 = 만족/기대'라는 공식에서 기대를 높이는 역할을 하기 때문이다. 그런데 '외모'에 대해서는 어떨까? 예쁘고 잘생긴 사람들은 그렇지 않은 사람들에 비해 더 행복하지 않을까?

　결론부터 말하면 그렇지 않다. 연구에 의하면, 잘생기고 예쁜 사람들은 그렇지 않은 사람들에 비해 '아주 조금' 더 행복한 양상을 보인다. 하지만 이는 매우 근소한 차이라서 연구자들은 외모가 행복에 미치는 영향은 상당히 제한적이라고 보고 있다. 물론 외모로 인해 삶의 질이 심각하게 저해되는 극단적인 케이스라면 좀 다를 수 있지만 일반적으로 외모가 행복에 미치는 영향은 생각보다 적다.

　한 실험에서 임의로 구성한 평가단에게 사람들이 객관적으로 얼마나 예쁘고 잘생겼는지 평가하도록 했다. 이를 통해 얻은 객관적인 외모지수와 각 사람들의 행복도가 상관이 있는지 분석해보면 외모가 행복과 어느 정도 관련이 있는지 알아볼 수 있었다. 실제로 분석해본 결과 외모와 행복 사이에는 0.1 정도의 다소 약한 상관관계(외모가 사람들의 행복도 차이를 설명하는 양은 1퍼센트 정도)가 확인되었다. 연세대학교 서은국 교수 연구팀에 의하면 우리나라에서도 비슷한 결과가 나타났다.

언뜻 생각하면 외모가 출중한 사람들이 확실히 삶에서 더 많은 이득을 얻고 따라서 더 행복할 것 같은데, 별로 그렇지 않은 이유는 무엇일까? 여러 번 이야기했지만 우리는 적응하는 존재다. 우리가 이미 갖고 있는 물건이나 이미 주어진 상황에 매일매일 감사하며 기뻐하지 않듯이 이미 출중한 외모를 갖고 있는 사람들은 외모를 통해 얻는 이득들에 그냥 익숙해져 있을 가능성이 높다.

여기에 우리의 기대치란 그 자리에 머물러 있는 것이 아니라 점점 커진다는 것과, 우리는 비교의 늪에도 쉽게 빠져 언제든 '나보다 예쁘고 잘생긴 사람'을 떠올리고 의기소침해질 수 있다는 점까지 더해보자. 지금도 충분히 예뻐서 그 이상으로 더 아름다워지기 어려울 것 같은 연예인들도 외모에 대한 콤플렉스를 말하고 성형 중독에 빠지기도 한다는 것이 좋은 예가 될 것이다.

한편 평범한 외모로 살아가고 있는 우리의 일상으로 눈을 돌려보자. 연예인들의 사진을 보면서 "저렇게 예뻐지면 좋겠다"라는 생각을 하곤 하지만 밥 먹고 학교에 가거나 회사에 가서 일을 하고 사람들과 일상적인 수다를 떨다 집에 와서 TV를 보는 일상 속에서 우리가 외모로 인해 기뻐하거나 좌절하는 시간은 과연 얼마나 될까? 물론 외모로 인해 심각한 고민에 빠져 있는 경우는 조금 다르겠지만, 그렇지 않은 대다수 사람들의 경우 외모 자체로 인해 불행을 느끼는 일은 그렇게 많지 않을 것

이다. 게다가 우리는 모두 "나는 적어도 중간은 간다"고 굳게 믿는 존재들(평균 이상 효과*better than average effect*)이기 때문에 일부를 제외하고는 외모로 인해 언제나 심각하게 기가 죽거나 불행을 느끼지 않는다.

다만 한 가지, 외모와 행복 사이에서 중요한 게 있다. 바로 "나 정도면 괜찮지"라는 믿음이다. 객관적인 외모가 어떠한가를 떠나 주관적으로 자신의 외모에 만족하고 있는 사람들은 그렇지 않은 사람들에 비해 행복한 경향을 보이며, 외모에 대한 주관적 자신감은 객관적인 외모 수준보다 더 우리의 행복과 크게 연관되어 있다. 따라서 앞서 언급한 것처럼 '내 외모는 그래도 중간 이상'이라고 생각한다면 외모로 인해 행복도가 떨어질 일은 별로 없다고 할 수 있겠다. 다른 사람들이 뭐라고 하든 바로 스스로 자신의 외모에 만족하는 것이 행복에 있어서는 훨씬 중요하다는 것이다.

당신은 당신의 외모에 만족하는 편인가? 끊임없이 비교하며 만족하지 못하는 편이라면 지금보다 더 예뻐져도 생각만큼 행복해지기 어려울 거라는 점을 기억해보자.

Sunday

행복해지는 방법–행복 만들기

　　일요일이다. 하룻밤 자고 나면 또다시 월요일이 찾아오지만 어쨌든 지금은 여유와 휴식을 즐기고 싶다. 좋아하는 사람들을 만나 행복한 시간을 보내고도 싶고, 집에서 아무것도 하지 않고 시체처럼 누워 나만의 행복을 즐기고 싶기도 하다. 그런데 어떤 게 가장 좋은 휴식일지, 또 그렇게 한다고 정말 내가 행복해질지 잘 모르겠다.

　　토요일에 우리는, 행복 수준은 획기적으로 바꿀 수 없다는 얘기를 했다. 그 말은 이미 행복하지 않은 사람이라면 더 이상 행복해질 수 없다는 말일까? 조금 절망스러운 것 같기도 하지만 아직 낙심하긴 이르다. 행복해지기 위해 우리가 할 수 있는 일은 분명히 존재한다고 하니 말이다. 지금부터 그 방법에 대해 살펴보자.

행복으로 가는
마지막 비밀

심리학자 소냐 류보머스키와 동료 연구자들은 많은 연구 끝에 행복의 약 40퍼센트는 의도적인 노력을 통해 바꿀 수 있다고 주장했다. 지금부터 할 이야기는 행복의 세 가지 요소 중 마지막, 즉 우리의 노력으로 바꿀 수 있는 40퍼센트에 대한 이야기다.

또 앞으로 우리가 할 이야기들은 매 순간을 최대한 알차게, 행복하게 보내는 것에 대한 이야기다. 우리가 월화수목금토일, 일주일을 지나며 해온 모든 이야기들과 더불어 우리가 더욱 행복해지기 위해 할 수 있는 '작은 실천'들에 대해서 중점적으로 이야기해보자.

⋯▶ 넓은 관계보다 깊은 관계

구체적으로 무엇을 하면 행복해질 수 있을까? 맛있는 음식 먹기, 활발히 취미생활하기 등 여러 가지를 떠올려볼 수 있겠다. 사람마다 이런 구체적인 활동 리스트는 다를 것이다. 그런데 그중에서도 모든 사람들에게 공통적으로 중요한 한 가지는 바로 '좋은 관계'다.

알랭 드 보통은 "우리의 자아상은 바람이 새는 풍선과 같아, 늘 외부의 사랑이라는 헬륨을 집어넣어주어야 하고, 무시라는 아주 작은 바늘에 취약하기 짝이 없다. (중략) 동료 한 사람이 인사를 건성으로 하기만 해도, 연락을 했는데 아무런 답이 없기만 해도 우리 기분은 시커멓게 멍들어버린다. 누가 우리 이름을 기억해주고 과일 바구니라도 보내주면 갑자기 인생이란 살 가치가 있는 것이라는 환희에 젖는다"라고 했다. 이렇게 우리는 사람들의 인정과 사랑에 의해 천국에 갔다가 지옥에도 떨어지고 자존감이 왔다 갔다 한다. 따라서 행복을 위해서는 좋은 관계가 필수적이다.

실제로 수많은 연구 끝에 발견된, 행복한 사람들이 갖는 가장 큰 특징은 결국 '사회성이 좋고, 좋은 인간관계를 형성하고 있는 것'으로 요약된다. 행복한 사람들은 그렇지 않은 사람들에 비해 사람을 좋아하고, 사회적 활동에 더 적극적으로 참여하는 모습을 보인다. 이 외에도 외로움이 건강 및 행복에 치명적인 영향을 미친다는 사실은 이미 잘 알려져 있다.

어떤 사람들에게는 좀 허탈한 결론일지도 모르겠지만 적어도 행복에 있어서는 돈, 명예, 권력 같은 것보다 곁에 있는 '좋은 친구'가 더 중

요하다. 그리고 관계는 '양'보다 '질'이라는 것을 기억하자. 연구에 의하면, 외로운 사람들의 큰 특징은 친구 수가 적은 게 아니라 진정한 친구가 별로 없다는 것이다. 행복해지고 싶은가? 그렇다면 깊은 관계를 만들어 보자.

실제로 최근 일상생활에서 사람들과 깊이 있는 교제를 하는 사람들이 행복한 편이라는 연구 결과가 나왔다. 연구자들은 사람들에게 4일간 디지털 녹음기를 몸에 지니고 다니게 하고 매 10분마다 일상의 소리를 녹음했다. 그리고 대화 등을 통해 얼마나 많은 시간을 혼자 있거나 사람들과 같이 있었는지를 분석했다. 또한 대화 내용을 통해 "날씨가 좋네요" 같은 피상적인 대화를 하고 있는지 아니면 "이런 일을 보고 이런 생각이 들었어"같이 개인적인 의견이나 사적인 이야기가 담긴 깊이 있는 대화를 했는지를 분석했다.

그 결과 행복한 사람들은 그렇지 않은 사람들에 비해 혼자 있는 시간이 적고 사람들과 함께하는 시간이 많은 것으로 나타났다. 또 행복한 편일수록 피상적인 대화는 적고 깊은 대화는 많은 반면, 불행한 편일수록 피상적인 대화가 많고 깊은 대화가 적었다. 가장 행복한 사람과 가장 불행한 사람들을 비교해보니 주중에나 주말에나 행복한 사람들의 피상적인 대화 횟수는 불행한 사람들의 3분의 1정도였고 깊은 대화 횟수는 불행한 사람들보다 약 두 배 더 많았다. 연구자들은 행복한 삶이란 "고독하기보다 사회적이고, 사람들과의 교류에 있어 피상적이기보다 깊다"고 결론지었다. 만약 대화가 늘 피상적인 수준에 머물러 있다면 행복한 삶은 사람들과의 깊은 교류가 있는 삶이라는 점을 기억해보고 사람들과 깊이 있는 대화를 나눠보는 건 어떨까?

⋯› 행복에 대한 긍정적 태도

행복에는 그것을 바라보는 우리의 태도도 중요한 영향을 미친다. 당신은 아래 문장들에 얼마나 동의하는가?

- 행복해지는 것은 불가능한 일이다.
- 행복한 사람들은 인생의 고달픔을 잘 견디지 못한다.
- 나는 행복할 자격이 없는 것 같다.
- 반드시 모든 사람이 행복해야만 한다는 생각은 옳지 않다.

류보머스키는 위와 같은 생각을 행복해지는 것이 불가능하거나 별로 좋지 않다고 보는 태도(행복에 대한 부정적 태도)라고 보았다. 그리고 이러한 생각의 옳고 그름을 떠나, 만약 이런 태도를 강하게 가지고 있는 사람이라면 행복해지는 데 어려움을 겪을지도 모르는 일이다.

류보머스키와 동료 연구자들은 대학생들을 대상으로 여섯 달 동안 다음의 과제를 수행하도록 했다. 한 조건의 학생들에게는 다음의 지침을 주었다. "당신 자신에게 흥미롭고, 의미 있고 가치 있는 일들을 선택해서 하시오(자율성 느끼기). 또 지금 하는 일들을 충분히 잘하고 있으며 당신은 스스로의 삶을 잘 이끌어갈 능력이 있다고 느껴보시오(통제감, 자신감 느끼기). 마지막으로 소중한 사람들과 가까워짐을 느끼시오. 당신이 그들에게 관심을 갖고 마음을 쓰는 것처럼 그들도 당신을 아낀다고 느껴보시오(소속감 느끼기)."

또 다른 조건의 학생들에게는 다음의 지침을 주었다. "사는 곳, 소유물, 외모 등 당신의 객관적인 조건을 향상시켜보시오." 여기서 구체적인 예로는 가구 배치를 바꾸거나 헤어스타일을 바꾸는 것, 성형수술을 하는 것 등을 들었다.

여섯 달 후 결과를 살펴봤더니 자율성, 통제감, 소속감에 신경 쓰며 지낸 학생들만 그전에 비해 행복도가 높아진 것으로 나타났다. 반면 객관적 조건을 향상시킨 학생들은 행복도가 상승하지 않았다. 그리고 이런 효과는 처음의 행복도와 상관없이, 행복의 변화에 대한 태도가 긍정적인 사람들에게서 더 크게 나타났다. 즉 행복해지는 건 불가능하거나 행복해져봤자 소용없다고 생각하는 사람들은 똑같은 노력을 들여도 비교적 덜 행복해지는 효과를 보았다.

따라서 연구자들은 행복해지는 데에는 적절한 방법을 사용하는 것뿐 아니라 행복해지고자 하는 의지를 갖는 것 또한 매우 중요하다고 이야기한다. 당신은 행복해지려는 의지를 가지고 있는가? 물론 때로는 행복해져야 한다는 강박관념을 가지고 지나치게 행복을 추구하는 것이 불안과 이기적인 행동을 낳는 등의 부작용을 가져올 수 있다. 하지만 이는 다소 극단적인 사례들이다.

연구에 의하면, 우리나라는 비교적 개개인의 행복을 별로 중요하게 여기지 않는 사회에 속한다. 행복해지는 것은 별로 중요하지 않다든가 또 제 역할도 못하는 쓸모없는 인간은 행복해질 자격도 없다는 식의 말들이 비교적 많고, 따라서 행복해지는 데에는 어떤 자격이 필요하며 자신은 그럴 자격이 없는 사람이라고 생각하는 사람들도 많은 것 같다. 하지만 굶주린 사람이 비만을 걱정하는 게 이상한 일이듯, 행복도가 지나치게 낮아서 문제인 우리나라 사람들은 행복을 지나치게 추구해서 생길 부작용을 걱정하기 전에 우리 모두 행복해질 권리가 있음을 먼저 지각하는 게 필요할 것이다.

익숙한 일도
낯선 일처럼 하기

앞에서 이야기했듯, 행복해지기 위해서는 사람들과 좋은 관계를 맺고, 또 행복에 대해 긍정적인 의지를 갖는 것이 중요하다. 이 단계를 잘 거쳤다면 이제부터는 행복으로 가는 구체적인 방법들에 대해 알아보도록 하자. 우선 그 첫 번째는 권태로부터 벗어나는 방법들이다.

····▶ 불확실성이 주는 기쁨

돈이나 외모 같은 객관적인 요소가 우리를 영구적으로 행복하게 해주지 못하는 가장 큰 이유는 '적응' 때문이었다. 우리의 감정은 그것이 어떤 것이든 일정 시간이 흐르면 날아가버린다. 그래서 어떤 학자들은 물질의 획득을 포함해서 우리가 언젠가 적응하게 되는 일(사실 대부분의 일들이 그렇다)들을 통해서는 지속적인 행복을 느끼는 게 불가능하다고 보았다. 그렇다면 우리는 권태로워질 수밖에 없는 존재라는 말일까? 적응을 피하는 것은 절대로 불가능한 일일까?

심리학자 티모시 윌슨의 유명한 실험을 하나 살펴보자. 도서관에서 혼자 공부하고 있는 사람들에게 동전이 붙어 있는 쿠폰을 준다. 준비된 쿠폰은 두 종류인데, 내용은 같지만 한 쿠폰에는 '우리는 누구인가 Who are we?', '왜 이 일을 하는가 Why do we do this?' 같은 문장이 쓰여 있었고 다른 쿠폰에는 그런 문구가 없었다. 즉 한 쿠폰이 좀 더 구체적인 정보를 담고 있다. 그리고 5분 후 쿠폰을 받은 사람들에게 "수업 과제 때문에 그러는데 간단한 설문을 부탁드립니다"라고 말하며 다가가 그들의 기분이 어떤지 물었다. 이때 두 가지 쿠폰 중 어떤 쿠폰을 받은 사람들의 기분이 더 좋았을까?

답은 '우리는 누구인가?', '왜 이 일을 하는가?' 같은 문장이 쓰여 있지 않은 쿠폰을 받은 사람들이었다. 이 정보가 비교적 불명확한 쿠폰을 받은 사람들이 5분 후에도 더 크게 기뻐하고 있는 현상이 관찰되었다. 이런 현상이 나타나는 이유에 대해 연구자들은 어떤 사건이 아리송할수록, 즉 아직 명확하게 설명할 수 없어서 쉽게 종결할 수 없을수록 그 사건에 대한 감정이 오래 지속되기 때문이라고 설명한다. 즉 우리는 불확실성이 높은 긍정적 사건에서 더 오랫동안 기쁨을 느낀다.

이는 부정적인 사건에서도 마찬가지다. 예기치 못하게 닥친 일, 원인을 알 수 없는 안 좋은 일에 우리는 더 많이 오랫동안 고통받는다. 우리의 감정은 긍정적인 감정이든 부정적인 감정이든 감정을 유발하는 사

건에 대한 이해가 종결될 때 같이 닫히는 성질을 갖는다. 각종 불안을 종식시키기 위해 우리가 여러 가지 답을 찾는 것도 같은 맥락이다.

따라서 적응과 권태에서 벗어나기 위해서는 무엇보다 내가 하는 일들이 너무 뻔한 것이 되지 않도록 노력하는 게 중요하다. 그러고 보면 삶의 불확실성은 우리를 힘들게 만들기도 하지만 일상을 예측 가능하지 않게 만들어줌으로써 권태를 물리치는 유익한 역할도 하는 것 같다. 따라서 삶이 권태롭다면 일부러 익숙하지 않은 새로운 일을 해보는 것도 좋을 것이다.

···▶ 흥미로운 관계만들기

어떤 일이든, 설명할 수 있고 예측 가능한 일이 되면 더 이상 재미없는 일이 되고 만다. 물질같이 불확실성이 적은 것들보다 여행, 문화생활, 여가활동, 사람들과의 만남같이 비교적 불확실성이 높아서 상대적으로 쉽게 적응할 수 없는 경험들이 우리를 더 오랫동안 행복하게 만들어준다. 하지만 이런 경험들도 (물질보다 적응이 느리긴 하지만) 항상 하던 대로, 똑같은 방식으로 이루어지면 언젠가는 적응되기 마련이다. 인간관계 또한 그렇다.

연인관계도 서로에 대해 충분히 알게 되기 전, 그리고 사랑의 향방이 불확실할 때는 숨만 쉬고 있어도 설레고 지루할 틈이 없다. 하지만 서서히 서로에 대한 많은 것들을 알게 되고 관계의 미래가 예상 가능해지면 예전 같은 설렘이 느껴지지 않는다. 사람도 관계도 익숙해지는 순간이 오는 것이다.

이렇게 오래된 관계는 어쩔 수 없이 권태가 찾아온다는 사실을 부인할 수는 없을 것 같다. 하지만 꼭 그런 것만은 아니다. 예컨대 지금껏 이야기해보지 않은 새로운 주제나 마음속 깊은 이야기를 나눠보는 것도 "아, 이 사람에게 이런 면도 있었구나"라는 느낌과 함께 큰 신선함을 줄 수 있을 것이다. 또한 "내가 이런 걸 하리라고는 생각하지 못했겠지?"라며 의외의 모습을 보여주는 것 또한 상대방에게 커다란 신선함을 선사할 수 있을 것이다. 평소에 무뚝뚝했던 사람이 갑자기 따뜻한 말을 건넨다든가 생각지 못했던 작은 선물을 주는 경우 큰 감동을 받는 것처럼 말이다.

이렇게 꼭 눈에 띄는 변화를 만들지 않더라도, 단지 대화의 깊이를 조절하고 서로의 새로운 모습을 보여주는 것만으로도 관계에서 얻을 수 있는 새로움과 기쁨은 무궁무진해질 수 있는 것 같다. 결국 서로가 서로에게 있어 '뻔한 사람이 되지 않기 위한 노력'이 필요하다.

그리고 사실 타인이란 존재는 열 길 물속보다 훨씬 알기 어려운 복잡한 존재 아니던가. 관계란 파면 팔수록 뻔하긴커녕 더 심오해지는 것이다. 관계에서 거둘 수 있는 행복은 노력에 따라 무한정일지도 모르겠다. 다만 문제는 어느 순간 노력을 관두게 되는 것 아닐까?

이렇게 작지만 끊임없는 변화를 주는 것은 일상적인 활동들에서도 중요하다. 소냐 류보머스키는 매일 아침 조깅을 할 때 항상 조금씩 다른 루트로 달릴 것을 권한다. 실제 일련의 연구를 통해 계속해서 작은 변화들을 주는 것이 우리의 행복감을 오래 유지시켜준다는 사실이 확인되

었다.

새로운 스타일의 옷을 입어본다든가, 들어보지 못한 장르의 음악을 들어본다든가, 생소한 주제의 책을 읽어본다든가, 새로운 요리에 도전해보는 것도 좋다. 이런 소소한 변화들이 행복을 만드는 작은 밑거름이 되어준다.

시카고대학의 연구자 크리스토퍼 시는 다음과 같은 예를 들었다. 아이에게 나무 블록을 사줬다. 아이는 블록을 조금 가지고 놀다가 금방 질리고 말았다. 이때 아이가 나무 블록에 다시 흥미를 갖고 행복하다고 느끼게 만들 수 있는 방법은 뭘까?

1. 나무 블록을 더 많이 사다준다.
2. 나무 블록을 새로운 방식으로 쌓는 법을 알려준다.

우리는 보통 돈을 더 많이 버는 등 객관적인 조건을 양적으로 향상시키면 권태를 이겨내고 행복해질 수 있을 거라고 생각한다. 즉 1번에만 주목하는 것이다. 하지만 이미 질려버린 나무 블록을 좀 더 많이 갖게 된다고 해서 나무 블록을 가지고 노는 게 다시 재미있어질까?

우리에게 필요한 것은 이미 권태로워진 것들을 더 많이 갖는 것(1번)보다, 가진 것들 안에서 지속적인 변화를 만들어가며 새로운 의미와 즐거움을 찾아내려는 노력(2번)이다. 관계든 물질이든 일이든 시간이 흐르면 익숙하고 지루해지는 것을 당연하게 받아들여서 거기에 별다른 노력을 하지 않는다면 무엇을 새로 가지든 항상 금방 질리게 되지 않을까? 특별한 뭔가를 찾는 것 못지않게 우리에게 필요한 것은 일상 속에서 즐거움을 최대한 누려보겠다는, 즉 즐거움을 정체시키지 않겠다는 마음가짐을 갖는 것, 일상에 대해 무관심해지지 않는 것이라는 점을 기억해보자.

···› '평범'을 '특별'로 바꾸는 감사

이렇게 이미 가진 것들에 관심을 가지고 즐거움을 계속해서 뽑아내는 것은 때로 생각을 바꾸는 것만으로도 가능하다. 생각만으로 지극히 평범하고 당연해 보이는 일상을 평범하고 당연하지 않게 바꾸는 것이 가능하다는 것이다. 대표적인 예는 바로 '감사'다. 감사한 마음을 가지면 어떤 상황에서든 지속적으로 행복할 수 있다는 말은 식상하지만 상당히 근거 있는 이야기다.

미국 캘리포니아대학 데이비스 캠퍼스의 심리학자 로버트 에몬스 Robert Emmons는 사람들에게 매주 한 번씩 또는 매일매일 크건 작건 감사할 일들을 떠올리며 감사일기를 쓰게 했다(감사 조건). "오늘 날씨도 좋았고, 업무는 좀 까다로운 일이 있었지만 다행히 별 문제 없이 넘어갔고, 우연히 옛 친구와 마주치는 반가운 경험도 했지" 등등 여러 가지를 쓸 수 있을 것이다. 이렇게 일상 속에서의 작은 축복들을 찾아 적는 한편, 그날의 기분과 건강 상태(두통, 근육통, 피부 상태, 소화 상태 등)도 자세히 기록하게 했다.

또 다른 조건의 사람들에게는 짜증났던 일에 대해 쓰게 했다(짜증 조

건). 여기서도 주차 공간을 찾기 어려웠던 일, 집안 상태가 엉망인 것, 시험을 망친 것, 통장 잔액이 급격히 줄고 있는 것 등 다양한 일들이 있다. 또 다른 조건의 사람들에게는 딱히 좋지도, 나쁘지도 않았던 일반적인 일(병원에 갔다, 청소를 했다, 영화를 봤다 등)에 대해 쓰게 했고(통제 조건), 나머지 사람들에게는 다른 사람들에 비해 내가 더 낫다고 생각되는 일(돈이 많다, 키가 크다 등)에 대해 쓰게 했다(하향비교 조건).

이렇게 각자 주어진 내용을 쓰며 길게는 10주 짧게는 2주 정도를 보내게 했더니, 감사한 일들을 떠올린 사람들이 짜증나는 일, 일반적인 일, 남들보다 비교우위에 있는 일들을 떠올린 사람들에 비해 행복해지고 건강 상태도 좋아졌다. 특히 주 단위보다 매일매일 감사할 만한 일들을 떠올린 사람들이 이런 효과를 더 톡톡히 본 것으로 나타났다.

왜 이런 현상이 나타날까? 앞서 언급했듯 연구자들은 평범한 일상 속에서 익숙하게 겪고 있는 일들에 대해 "사실 이것들이 그리 당연한 게 아닐지 몰라"라고 재해석해보는 것만으로도 그 일들에 대한 식상한 느낌을 지울 수 있게 된다고 한다. 작은 감사가 뻔한 일들을 더 이상 뻔하지 않은 것처럼 느끼게 해준다는 것이다. 이렇게 감사는 우리가 평범한 일상 속에서 즐거움을 최대한 뽑아내게 해주는 좋은 무기가 된다.

또한 감사는 사람들을 도덕적으로 만들기도 한다. 감사는 기본적으로 긍정적인 결과에 대해 기뻐하는 것인데 여기에는 내 힘보다도 타인이나 운의 덕을 봤다는 인식이 함께 들어가 있다. 연구자들은 이렇게 조건 없이 수혜자가 되었다는 '빚을 진 듯한 느낌'은 이 은혜를 어딘가에 갚고 싶다는 마음을 가지게 할 것이라고 예측했다. 실제로 연구 결과,

감사 일기를 쓴 사람들은 다른 조건 사람들에 비해 도움이 필요한 사람들을 더 기꺼이 도와주는 모습을 보이기도 했다.

그런데 감사도 감사할 수 있는 상황에서만 할 수 있는 게 아닐까? 만약 정말 힘든 상황에 처해 있다면 진심으로 감사하기 어려울 테고 감사의 효과도 없지 않을까? 하지만 이런 생각과 다르게 감사의 효과는 도저히 감사하기 어려운 환경에 있어 보이는 사람들에게서도 나타난다. 만성질환 환자들에게 21일간 매일매일 일상생활에서 감사할 일들을 떠올리게 한 결과, 감사할 만한 일들을 떠올린 사람들은 그렇지 않은 사람들에 비해 수면 시간이 늘고 수면의 질도 더 좋아진 것으로 나타났다. 긍정적인 생각도 늘었으며 사람들에게 사랑받고 있다는 느낌 또한 더 많이 받은 것으로 나타났다. 즉 우리에게는 힘든 상황에서도 긍정적인 의미를 발견할 수 있는 능력이 있고, 이러한 시도들이 우리의 행복과 건강에 도움이 된다는 것이다.

그런데 한 가지 주의할 점은 감사 자체가 뻔한 일이 되면 안 된다는 것이다. 일례로 감사도 너무 자주하면 별로 도움이 안 될 수 있다는 결과가 보고되기도 했다. 진짜 감사함을 느껴야지 그냥 습관적으로 무미건조하게 해서는 별로 도움이 안 된다는 것이다. 뭐든 그렇지만 감사하는 일도 형식적이고 식상한 일이 되어버리면 행복감을 주지 못하게 된다는 것. 따라서 만약 감사의 효과를 얻고 싶다면 매일매일 또는 일주일에 몇 번 정도 진심으로 감사한 마음을 느낄 수 있는 선에서 감사일기를 쓰는 게 좋을 것 같다.

···▶ 마음의 여유를 가져라

일상에 소소한 변화를 주거나 감사의 경우같이 흔한 일에 새로운 의미를 부여하는 것 외에 또 즐거움을 끌어올릴 수 있는 것이 있다. 바로 '음미하기'다. 똑같은 음식을 먹어도 단지 배를 채운다는 일념으로 금방 먹어치워버리는 사람이 있는가 하면, 침샘을 자극하는 음식의 냄새와 아름다운 비주얼, 한 입 베어 물었을 때 혀끝에서 느껴지는 맛 등 음식이 주는 경험을 최대한으로 끌어내면서 먹는 사람이 있다. 음미하기란 후자의 경우와 같은 것이다. 연구에 의하면, 사람들은 긍정적인 경험들을 음미할 때 그렇지 않을 때에 비해 큰 행복감을 느끼게 된다.

그런데 우리 사회에서는 모두가 '빨리빨리'를 외치는 게 현실이다. 우리는 식사도, 볼일도 빨리 해치우고 빨리 그다음 일을 해야 한다. "천천히 즐기며 하겠습니다"라고 하면 이해받지 못하는 경우가 더 많은 것 같다. 그리고 이렇게 효율성만을 중시하는 분위기는 우리가 삶을 음미하며 충분히 즐길 기회를 앗아가곤 한다.

실제로 최근 우리 사회에서 효율성과 관련된 대표적 상징인 '패스트푸드 마크'를 보면 음미하기 능력이 떨어진다는 연구 결과가 보고되었다. 토론토대학의 연구자 줄리언 하우스_Julian House_와 동료들은 사람들에게 여러 가지 그림을 보여주었다. 그림 중 절반에는 M자 모양 마크 등 맥도날드와 관련된 상징들이 들어 있었다. 이후 연구자들은 자연 풍경이 담겨 있는 아름다운 그림들을 보여주고 사람들에게 지금 기분이 얼마나 좋은지 물었다. 그랬더니 맥도날드 상징에 노출된 사람들은 아름다운 그림을 보면서 기분이 덜 좋은 것으로 나타났다.

또 다른 실험에서는 사람들에게 맥도날드 상징이 들어간 그림과 아닌 그림을 보여준 후 약 90초간 잔잔한 음악을 들려주었다. 그 결과 이번에도 맥도날드 상징을 본 사람들은 음악을 들은 후 기분 좋은 정도가 덜했고 음악을 듣는 데 더 오랜 시간이 걸렸다고 느끼는 등 참을성도 적었던 것으로 나타났다.

이에 연구자들은 '빨리빨리'와 관련된 자극들에 둘러싸여서 사는 것이 사람들로 하여금 일상을 즐길 여유를 갖지 못하고 참을성이 없게 만들 가능성이 있다고 이야기했다. 뭐든지 빨리 하며 시간을 효율적으로 쓰면 더 많은 여유 시간을 갖게 될 테고 그러면 마음도 더 여유로워질 거라는 생각과 현실은 다를 수 있다는 것이다. 효율성은 좋아질지언정 작은 행복들을 음미할 마음의 여유를 빼앗기게 될 수 있다는 것.

그렇다면 거꾸로 효율에 집착하지 않으면 마음의 여유를 찾을 수 있을까? 한 예로 시간을 아끼기보다 다른 사람에게 퍼줄 때 쓸 수 있는 시간의 절대량은 줄지 몰라도 마음의 여유는 늘어난다는 연구가 있었다.

펜실베이니아대학의 심리학자 캐시 모길너*Cassie Mogilner*와 동료들은 다음과 같은 실험을 했다. 사람들에게 아픈 아이를 위해 편지를 쓰게 하거나 공부에 어려움을 겪는 학생을 도와주게 하는 등 일정 시간을 남을 위해 보내도록 했다. 또는 물건을 들어주거나 길을 가르쳐주거나 고민상담을 해주는 등 "하루 중 10분을 남을 위해서 쓰세요"라는 지시를 했다.

그리고 다른 사람들에게는 같은 시간을 자신을 위해서 쓰거나 문장에서 알파벳 e와 s가 몇 개인지 세기 같은 별 의미 없는 일을 하며 소모하게 하거나 자유시간을 줬다. 그런 다음 사람들에게 '나는 내 삶에 주어

진 시간이 촉박하다고 느낀다', '시간은 한정된 자원이다', '시간적인 여유가 없다' 등의 문장에 얼마나 동의하는지 물었다.

그 결과 재미있게도 여가 시간을 갖거나 별일 없이 시간을 써버린 사람들, 무얼 하든 자신을 위해 시간을 쓴 사람들보다 남을 위해 시간을 쓴 사람들이 가장 자신에게 주어진 시간이 넉넉하다고 지각하며 마음의 여유를 갖는 모습을 보였다. 따라서 연구자들은 많은 사람들이 시달리고 있는 만성적인 '시간 기근time famine'에 대한 한 해법은 남을 위해 시간을 보내는 것이라고 이야기했다.

이런 현상이 나타나는 이유로 연구자들은 타인을 위해 시간을 쓰고 있는 자신을 바라볼 때 더 "내 시간이 여유로운가 보다"라고 느끼게 되기 때문이라고 설명한다. 연구에 의하면, 돈의 경우도 자신보다 타인을 위해 쓸 때 스스로가 더 '풍족하다는 느낌'을 받는 현상이 나타나는데 시간도 누군가에게 나눠줄 때 자신의 시간이 더 풍족하고 여유로운 것처럼 느끼게 된다는 것이다.

흔히들 시간에 쫓길수록 특히 다른 사람들을 위해 쓰는 시간을 줄이려는 듯 보인다. 하지만 그럴수록 다른 사람에게 시간을 내주는 것이 마음의 여유를 줄 수 있다는 것을 기억해보자.

소중한 돈
행복하게 쓰기

이제 행복에 도움이 되려면 어떻게 돈을 써야 하는지 알아보자. 우선 같은 돈도 나 자신보다 타인을 위해서 쓸 때 더 행복해진다는 이야기를 했다. 가난한지 부유한지와 상관없이 나를 위해 쓸 때보다 타인을 위해 쓸 때 더 행복하며 이는 비교적 소득 수준이 낮은 나라들에서도 공통적으로 나타나는 현상이라는 것을 살펴보았다.

그리고 여기서 살펴볼 것은 같은 돈이라도 '경험'을 사는 데 쓰는 것이 우리를 더 행복하게 해준다는 것이다.

···▶ 물건이 아닌 경험을 사라

다음의 질문에 답해보자. 갑자기 100만 원이 생긴다면 다음 중 어디

에 쓰고 싶은가?

1. 평소에 갖고 싶었던 물건을 산다.
2. 평소에 하고 싶었던 경험(여행 등)을 하는 데 쓴다.

소비를 나누는 방법은 여러 가지가 있지만 그중 하나가 물질적 소비와 경험적 소비로 나누는 것이다. 물론 칼같이 딱 나누어지는 건 아니고 소비의 최종 '목적'이 무엇이냐에 따라 나뉘게 된다.

물질적 소비는 뭔가를 소유하는 것 자체가 소비의 목적이자 이유다. 반면 경험적 소비는 두 번째 항목처럼 경험 자체를 사거나 물건을 사더라도 결국엔 그걸 통해 특정 경험을 하는 것이 목적인 소비다. 예컨대 오디오를 샀는데 그냥 '장식품'이거나 '콜렉션'일 뿐이라면 이 경우는 물질적인 소비에 가깝다. 반면 오디오를 통해 좋아하는 음악을 들으며 황홀해한다면 이는 경험적 소비라고 볼 수 있다. 또 유럽여행 같은 경험을 사더라도 여행을 통해 자신을 더 깊숙이 알게 된다든가 행복을 느끼는 것이 목적이 아니라, 단지 사진만 많이 찍어서 '과시'하는 것이 목적이라면 이를 경험적 소비라고 보기 어려울 것이다.

그리고 연구에 의하면 물질적 소비보다 경험적 소비가 사람들을 행복하게 만들어줄 가능성이 높다. 사람들은 물질적 소비보다 경험적 소비를 했을 때 더 행복해했다고 이야기하고 물질적 소비보다 경험적 소비를 했을 때 더 즐거웠다고 기억하는 경향을 보인다. 간단히 생각해봐도 물질이 주는 기쁨은 금방 줄어드는 반면(적응), 친구들과 함께 여행을 갔던 일이나 멋진 공연을 본 경험들은 기억 속에 강하게 남아서 현재에도 우리에게 행복감을 불어넣어주지 않던가. 또 경험들은 보통 해석하기에 따라 변화무쌍하다. 오래된 추억들은 시간이 지나도 빛이 바래지 않고 의미가 더해지기도 한다. 특히 소중한 사람들과 만든 추억들은 지속적으로 좋은 이야깃거리를 만들어주고 오래된 친구들의 유대감을 유지시켜준다. 이렇게 정체되어 있지 않고 시간이 지나도 우리 삶과 관계에 있어 새로운 의미를 갖게 되는 경험은 물질처럼 금방 지루해지지 않는다.

따라서 학자들은 '왜 사느냐(소비의 목적)'가 '무엇을 사느냐'만큼 중요하다고 이야기한다. 소유보다 경험이 목적인 소비를 해보자.

⋯▶ 과시를 경계하기

앞서 진정한 의미의 경험적 소비라고 보기 어렵다고 한 '과시'를 위한 소비에 대해 더 이야기해보자. 우리나라 사람들은 서구권 사람들에 비해 '칫솔' 하나를 살 때도 사람들의 이목을 신경 쓰며 브랜드 제품을 선택하는 경향이 비교적 많이 나타난다는 연구가 있다. 그런데 앞서 언급했듯 물건을 사든 여행 같은 경험을 사든 최종 목적이 경험이 아닌 과시라면 그 소비는 우리의 행복에 별로 도움이 되지 않을 가능성이 높다. 우월감 같은 짜릿한 기분은 오래 지속되지 않는다. 그리고 과시하느라 경험을 음미하며 얻을 수 있는 긍정적 정서를 누릴 기회를 빼앗길 수 있다.

그리고 실제로 심리학자 지아웨이 장_Jiawei Zhang_의 연구에 따르면 콘서트 티켓을 사거나 해외여행을 가는 경험을 소비할 때도 과시가 목적인 사람들은 그렇지 않은 사람들에 비해 자신이 진짜 원하는 삶을 살고 있다는 느낌을 덜 받고 자신감도 낮았으며 사람들과의 친밀감도 덜 느끼는 것으로 나타났다. 반면 스스로의 욕구, 흥미, 가치관에 따라 경험을 소비하는 사람들은 자율성, 자신감, 관계 친밀감을 모두 더 높게 느낀 것으로 나타났다.

물론 상관연구이기 때문에 인과관계는 알 수 없다. 자존감이 낮고 불행한 사람들이 사람들의 인정을 갈구하며 소속감을 채우고 자신의 삶이 멋지다고 합리화하기 위해 과시에 빠져드는 것일 수도 있다. 하지만 어느 쪽이든 과시에 열중하는 것은 우리의 행복에 있어 현명한 선택은 아닐 것이다.

과시가 행복에 도움이 안 되는 것은 페이스북 같은 SNS를 사용할 때에도 마찬가지다. 최근 SNS를 열심히 하는 사람들이 그렇지 않은 사람들에 비해 과소비를 하고 신용등급이 낮은 편이라는 연구 결과가 보고된 바 있다. 개인적인 생각으로는 인정욕구 또는 과시욕이 큰 사람들이 SNS를 열심히 하는 동시에 과소비를 하는 경향이 있기 때문에 이런 관련성이 나타나는 게 아닐까 싶다(과시를 위해 무리해서 명품을 사거나 비싼 레스토랑에서 밥을 먹고 그 사진들을 올리기 바쁘다든가). 정확한 원인은 알 수 없지만 SNS에 빠진 정도가 과소비 및 신용등급과 관련을 보인다는 점은 흥미롭다.

⤳ 현명한 선택하기

앞서 소유나 과시보다는 경험이 목적인 소비가 우리를 행복하게 해준다는 점에 대해 알아보았다. 돈을 쓸 때, 그것이 줄 수 있는 행복에 한계가 있는 물질보다 비교적 한계가 적은 경험에 투자하는 것이 좋다는 이야기였다. 결국 돈을 쓸 때 우리를 행복하게 해줄 수 있는 옵션을 고를 줄 아는 능력이 매우 중요하다는 말이다. 여기서부터는 이렇게 행복을 높이는 현명한 선택에 대해 이야기해보도록 하자.

노트북을 사는 상황을 가정해보자. 매장에는 수십 대의 노트북이 진열되어 있고 디자인이나 사양도 가지각색이다. 우왕좌왕하는 당신을 보고 직원이 다가오더니 각 노트북의 다양한 스펙을 알려준다. 화면 픽셀이, CPU 사양이, 사운드 카드가 어쩌고 하는 이야기를 한참 하더니 이래저래 성능이 제일 괜찮다는 노트북 A를 추천해준다. 하지만 사실 당신은 아까부터 노트북 B가 눈에 들어왔다. 디자인도 예쁘고 들어봤을 때 가볍고 왠지 마음이 간다.

이때 당신은 A와 B 중 어떤 노트북을 선택하겠는가? 많은 사람들이 "노트북 성능이 중요하지"라며 A를 선택하곤 하지만 심리학자 크리스토퍼 시에 의하면 (당신이 노트북 전문가나 고사양이 필요한 프로그램을 돌리는 사람이 아니라면) B를 선택하는 것이 더 높은 만족도를 줄 가능성이 높다고 한다. 그 이유로 시는 우리가 물건을 고를 때는 비교 모드이지만 물건을 실제로 사용하는 '경험은 비교 모드가 아니기 때문'이라고 이야기한다.

물건을 선택할 때 우리는 보통 수많은 물건들에 둘러싸이게 되고 이

중 '가장 좋은' 물건을 골라야 한다는 과제를 짊어지게 된다. 가장 좋은 물건을 선택하기 위해 서로의 장단점을 따지며 '비교 모드'에 돌입하게 된다. 그리고 이때 우리는 무엇보다 물건 간 비교를 용이하게 해주는 기준으로 사양 같은 '스펙'들을 따지게 된다. 그 결과 사운드 카드의 사양 차이, 화면 픽셀 차이같이 미세한 차이가 실제보다 크게 부각되는 현상이 나타난다.

하지만 선택한 물건을 실제 사용할 때는 선택했을 때와는 상황 자체가 다르다. 여러 물건들과 비교하는 선택 상황과 다르게 실제 사용할 때는 사가지고 온 그 물건 하나만 경험하게 된다. 따라서 상점에서는 크게만 보이던 스펙의 차이가 실제 경험할 때에는 느껴지지 않는다. 보통 사람의 경우 사운드 카드 성능이나 화면상의 미세한 차이는 여러 개의 노트북을 한 곳에서 비교하는 상점에서만 알 수 있지 실제 사용 시에는 느끼기 어렵다는 것이다. 따라서 노트북 사용 시 우리의 만족도에 큰 영향을 미치는 것은 미세한 스펙보다 굳이 비교하지 않아도 그냥 좋은지 나쁜지 바로 알 수 있는 예쁜 디자인이나 무게 같은 요소가 된다.

따라서 만약 노트북 A를 선택했다면 다음과 같은 시나리오가 가능하다. B보다 더 CPU가, 그래픽이 좋다는 노트북 A를 들고 집에 왔으나 B가 계속 생각이 난다. "그게 분명 더 예쁘고 가벼웠는데⋯. 성능에서 숫자상으로는 차이가 난다고 해도 내가 고사양을 필요로 하는 작업을 하는 것도 아니고 좋은 성능을 실제 체감할 일은 별로 없을 텐데⋯"라는 생각이 든다. 반면 처음부터 B를 선택했다면 "디자인도 맘에 들고 무게도 가볍고 잘은 몰라도 성능도 괜찮은 것 같고 참 잘 선택했어"라며 흐

못해할 가능성이 높다.

크리스토퍼 시는 이렇게 '선택 시' 여러 옵션을 비교하며 일어나는 평가를 '동반 평가 모드 *joint evaluation mode*(비교 모드, 여러 가지 결과들을 비교하며 평가)'라고 하고 실제 선택 후 '경험 시' 일어나는 평가 과정을 '단일 평가 모드 *single evaluation mode*(비非비교 모드, 하나의 결과만을 평가)'라고 명명했다. 그리고 여러 물건들을 비교하며 따지는 동반 평가 모드(비교 모드)에서 각각의 미세한 차이가 실제보다 크게 지각되는 현상을 '구별 편향 *distinction bias*'이라고 불렀다. 이런 구별 편향에 의해 우리는 서로 뭐가 다른지 구분하는 데에만 정신이 팔려 정작 사용 시 나의 만족도에 중요한 요소들을 간과하곤 한다.

최대한 꼼꼼하게 따져본다며 애쓰지만 결과적으로는 덜 만족스러운 선택을 하고 마는 헛똑똑이 같은 모습이라고도 할 수 있겠다. 따라서 학자들은 선택 시 비교만 열심히 하면서 정작 중요한 요소를 놓치고 있는 게 아닌지 고려해볼 것을 조언한다. 또한 우리가 경험하는 것은 결국 하나의 결과이기 때문에 선택 시에도 비교 모드가 되기보다 '실제 소비 경험'에 초점을 맞춰 단일 평가 모드가 되라고 조언한다. 이런 맥락에서 시는 때론 직관이 체계적인 평가 전략보다 더 좋은 선택을 가져온다고 이야기하기도 했다.

나 개인적으로도 이런 조언을 실천하려 애쓰는 편이다. 예전 같으면 가습기 하나를 살 때에도 온갖 잘 알지도 못하는 성능을 따지며 합리적인 인간이 되겠다며 애썼을 텐데, 지금은 성능이 크게 나쁘지 않다면 딱 봐서 마음에 드는 걸로 바로 고르는 편이다. 그 결과, 어차피 잘 느끼지

도 못할 최고의 사양을 쫓느라 행복에 직결된 다른 요소를 놓치고는 "그냥 그거 할걸"이라며 뒤늦게 후회하는 일이 많이 없어진 것 같다.

　이는 물건뿐 아니라 삶의 다양한 선택 선택상황에서도 적용할 수 있다. 예컨대 진로를 선택할 때에도 연봉 같은 요소들을 비교하며 따져보는 것도 물론 매우 중요할 것이다. 하지만 비교에 열중하며 이것들만 고려하기보다는 결국 실생활 속 행복에 중요한 요소들, 예컨대 '함께 일하는 사람들이 좋은가', '적성에 맞는 일인가' 같은 요소들도 중요하게 고려하는 것이 좋다는 것이다. 이런 실제 경험과 관련된 요소들은 스펙처럼 눈에 확 띄는 게 아니라서 선택시 간과하기 쉽다. 따라서 비교에 열중하고 있을 때일수록 더 '지금 뭔가 놓치고 있는 것은 없나?'라고 질문해보는 게 중요하다.

　내 삶이 이대로는 안 될 것 같고 뭔가 해보고 싶은 게 있다면 일단 질러보는 건 어떨까? 이렇게 하는 것이 더 큰 후회를 막는 방법이 아닐까? 실제로 연구에 의하면 무엇을 해서 망했을 때보다 아예 하지 않은 것("한번 해볼걸")에 대한 후회가 더 크다고 한다. 늘 안전하고 성공 가도를 달리더라도 이런 저런 이유로 하고픈 일을 하지 않았다면 "그렇게 해볼걸"이라며 후회 막심한 삶을 사는 살게 될 수도 있다는 점을 기억해보자.

세상이 만든 불행,
고통받는 우리

　우리의 행복은 우리가 속해 있는 사회로부터 어마어마한 영향을 받는다. 어떤 사회에선 사람들이 전반적으로 행복하게 살아갈 수 있지만 또 어떤 사회에선 전반적으로 불행한 삶을 살 수도 있다는 것이다. 안타깝게도 그런 사회적 측면에서 봤을 때 대한민국에 살고 있는 우리들은 상당히 행복하기 어려운 사회에서 살고 있는 게 사실이다.

　2010년 행복 연구의 대가인 에드 디너 연구팀이 130개 국가들의 행복도를 조사한 결과, 우리나라는 끝에서 열다섯 번째라는 처참한 순위를 기록했다. 도대체 무엇이 우리나라 사람들을 불행하게 만드는 걸까? 여기서는 디너 연구팀과 연세대학교 서은국 교수의 2010년 논문을 중심으로 이야기를 해보겠다.

···▶ 한국이 불행한 이유

행복 순위에 대한 다양한 조사에서 우리나라는 항상 하위를 기록하고 있다. 경제적 수준이 비슷한 나라들과 비교해도 이상하리만큼 행복도가 낮은데, 그 때문에 학자들은 우리나라를 살기 힘들고 불행한 사회라고 인식한다. 그래서 행복을 연구하는 심리학자들은 '한국이 불행한 이유'에 관심을 갖고 그에 관한 여러 가지 가능성들을 따져보았다.

그 가능성 중 하나가 바로 '돈'이다. 그런데 각종 경제 지표들만 놓고 봤을 때 우리나라는 더 이상 빈곤국가가 아니다. 그리고 앞에서도 살펴봤듯 돈은 행복에 필수적인 요소이지만 충분히 먹고살 만한 수준을 벗어나면 더 이상 행복도에 큰 영향을 주지 않는다. 또 디너는 비슷한 수준의 행복도를 보이는 아프리카의 짐바브웨나 남미 국가들과 비교해봤을 때 우리나라의 GDP는 훨씬 높고 절대적인 빈곤률은 훨씬 낮다는 점을 지적했다. 물질적으로 이렇게 차이가 나는데 행복도는 큰 차이가 없다는 사실은 연구자들의 호기심을 더욱 자극하여 그들이 이제 사회적 요소로 눈을 돌리게 했다. 바로 문화적인 관점에서 바라보기로 한 것이다.

심리학에서 문화를 이해하는 여러 가지 방법 중 지금 살펴볼 것은 문화를 '집단주의-개인주의'라는 축 위에서 보는 것이다. 디너에 의하면 개인주의 사회와 집단주의 사회는 다음과 같은 차이를 보인다. 우선 개인주의적인 사회(캐나다, 호주, 뉴질랜드나 서유럽 국가들)에서는 '개인'이 가장 기본적이고 중요한 단위가 된다. 모든 사람들은 고유하고 특별한 존재이며, 개인의 욕구가 집단의 목표와 상충되더라도 개인들은 자신이 원하는 선택을 내릴 권리가 있다고 여겨진다. 반면 집단주의 문화권(우리나라를 비롯한 동아시아 국가들)에서 중요한 주체는 가족, 학교, 회사 등의 '집단'이다. 개인들은 고유하고 개별적인 욕구를 가진 자유로운 존재이기보다 집단의 구성원으로써 특정 역할과 의무를 수행하는 존재로 여겨진다. 이런 집단주의 사회에서는 개인들이 자신의 욕구를 억누르고 집단의 목표를 따르는 현상이 흔하게 일어나며 집단과 개인의 욕구가 상충될 때 개인의 욕구를 희생하는 것이 당연시된다. 예컨대 모두가 짜장면을 시키는데 혼자만 짬뽕을 시키는 것은 당연히 핀잔받을 일이 되는 것이다.

이렇게 집단주의 사회에서는 집단이 개인보다 더 중요하며 개인의 삶을 규정한다. 그러다 보니 "당신은 어떤 사람입니까?"라는 질문을 받으면 개인주의 문화권의 개인들은 "나는 아름다운, 예술적인, 멋진 사람입니다"처럼 개인의 고유한 특성으로 자신을 규정짓는 반면, 집단주의 문화권의 개인들은 "나는 착한/좋은 딸, 학생, 회사원, ○○나라 사람입니다"라며 집단에서 부여받은 역할과 평가를 통해 자신을 규정짓는 모습을 훨씬 많이 보인다.

그리고 집단주의 문화권에서는 '과연 집단에 유익한 좋은 부품인가' 하는 여부에 따라 사람들의 가치가 규정되는 모습이 비교적 강하게 나타나며, 좋은 부품인지 아닌지 훈수를 두는 등 오지랖과 꼰대질이 비교적 흔하게 일어난다. 즉 집단주의 사회는 '내 삶이 온전히 내 삶이 아닌' 사회, 많은 사람들이 내 삶에 지분을 행사하는 사회라고 할 수 있을 것 같다.

결국 집단주의 사회의 개인들은 비교적 정체성이 불분명한 모습을 보인다. 자신이 원하는 게 뭔지 찾기도 전에 주변의 기준에 맞춰 살다 보

Sunday
행복해지는 방법

니 "나는 내가 도대체 누군지 모르겠어" 같은 말을 하는 사람들이 비교적 많다는 것이다. 또 주변의 요구에 의해 하기 싫은 일을 억지로 하며 사는 사람들이 비교적 많다. 예컨대 주변의 시선을 신경 쓰며 원하지 않는 결혼이나 직장생활을 하는 경우가 비교적 많으며 개인주의적인 국가들에 비해 이혼율과 이직률은 낮지만 결혼생활이나 직장생활에 대한 만족도는 낮다. 그리고 잘하는 걸 더 잘하기보다 '욕먹지 않기 위해' 못하는 것을 없애는 것에 더 열심이며 자신이 좋아하고 잘하는 일보다 잘 못하는 일을 더 붙잡고 늘어지는 모습을 보이기도 한다.

물론 이런 특성들을 두고 어떤 문화가 더 좋고 나쁘다고 얘기할 수는 없다. 각기 서로 다른 영역에서 장단점을 가지고 있기 때문이다. 예컨대 집단주의 문화의 장점 중 하나는 개인의 리스크가 분산되는 것이라고 볼 수 있다. 연구들에 의하면, 개인주의 문화보다 집단주의 문화에서 더 의무적으로 가족이나 친구에게 사업자금을 빌려준다거나, 빚을 대신 갚아주는 일들이 흔하게 일어난다고 한다. 개인이 (특히 금전적으로) 실패한 경우 그 책임을 개인이 고스란히 다 떠안기보다 책임이 특히 가족구성원들 같은 주변 사람들에게도 분산되는 경향이 비교적 크게 나타난다. 또한 개인들의 행동을 집단과 사회 전체에 유익한 방향으로 통제할 수 있기 때문에 나라 경제발전 같은 사회적 목표를 달성하는 데에는 집단주의 문화가 큰 도움이 될지도 모르겠다. 하지만 다른 건 몰라도 개인의 자유를 제한한다는 면에서 '행복'은 집단주의 문화보다 개인주의 문화가 훨씬 이득인 경향이 나타나게 된다.

55개 국가의 행복도를 비교한 디너 연구팀에 의하면, 소득, 인권 수준, 교육 기회의 평등, 소득 격차의 영향을 전부 배제해도 집단주의 국가 사람들은 개인주의 국가 사람들에 비해 불행한 현상이 나타났다. 개인주의 문화권 사람들이 집단주의 문화권 사람들보다 더 많은 자유감 *sense of freedom*을 느끼기도 했다. 최근 약 40년간 쌓인 63개국 40만 명에 달하는 데이터를 분석한 연구에서는 국가의 소득 수준보다도 개인주의의 정도가 더 각 나라 사람들의 행복지수를 잘 예측하기도 했다. 연구자들은 사회가 부유해지는 것보다도 개인들이 자신의 삶을 원하는 대로 살 수 있는 자율성을 부여하는 것이 행복에 더 중요하다고 언급했다.

그리고 (회사나 국가의 경제 성장이라든가) 집단의 목표를 위해서라면 개인의 행복쯤은 충분히 희생할 수 있다고 여기는 사회 분위기를 잘 반영하듯, 집단주의 문화권 사람들은 개인주의 문화권 사람들에 비해 "나 자신의 행복이라는 것에 대해 별로 생각해본 적 없다", "행복하게 사는 게 별로 중요한 것 같지 않다"와 같은 응답을 더 많이 하기도 한다.

그래서 디너와 서은국 교수는 이렇게 과도한 집단주의 문화와 그 속에서 자유롭지 못한 개인들을 우리나라 사람들이 불행한 이유 중 하나로 꼽고 있다.

···⟩ 행복을 저해하는 물질주의

우리나라 사람들이 불행한 원인으로 중요하게 지적되는 또 다른 한 가지는 물질주의와 사회적 부패다. 물질주의는 "뭐니 뭐니 해도 돈이 최고"라며 다른 어떤 가치들보다 물질적 가치를 중요시하는 태도다. "돈

을 위해서라면 남을 속이는 일도 얼마든지 할 수 있다", "친구보다 돈이 더 중요하다" 같은 태도라고 할 수 있다.

우리나라는 이런 물질주의가 굉장히 높은 사회다. 디너 연구팀의 조사에 의하면 물질주의 정도(10점 만점)에 있어 미국이 5.5, 물질이 간절한 나라인 짐바브웨가 5.8점을 기록한 반면 우리나라는 7.2로 상당히 높은 점수를 기록했다. 미국에서는 미국 사회에 전반적인 물질주의가 점점 올라가고 있는 것에 대한 우려의 목소리가 커지고 있는데, 우리 사회의 물질주의 점수에 비하면 우스운 수준이다. 또 연구들에 의하면 이런 물질주의는 돈에 집착하는 사이에 돈보다 행복에 훨씬 중요한 삶의 여유나 인간관계 등을 경시하게 만들기 때문에 불행의 서막을 연다고도 볼 수 있다. 즉 행복에 있어 크나큰 마이너스 요소라는 말이다.

그런데 우리나라는 왜 이렇게 물질주의 점수가 높을까? 여러 가지 원인이 있겠지만 많은 연구들에 의하면, 사람들이 물질을 이상 수준으로 추구하게 되는 순간 중 하나는 두려움이 몰려올 때다. 예컨대 '죽음'에 대해 떠올리게 하면 물질에 대한 욕구가 커지기 때문에 길에서 단돈 1,000원을 주울 경우 평소보다 훨씬 더 기뻐하게 된다는 연구들이 있다. 911 테러 직후 소비가 엄청나게 상승했다는 연구도 있으며, 위험이 예상될 때 물질을 축적하는 현상인 사재기는 우리 주변에서 흔히 볼 수 있는 현상이다.

이러한 현상이 나타나는 이유는 우리의 생존과 안전을 지키는 가장 효과적인 방법 중 하나가 바로 돈과 물질이기 때문이다. 따라서 사람들은 안전에 위협을 느끼거나 두려움을 느끼게 되면 자동적으로 평소보다 높은 수준의 물질주의를 보이게 된다. 결국 내가 나 스스로를 지켜야 된다고 느낄 때 "돈만이 나를 구원해줄 수 있어!"라고 생각하게 된다는 것인데 이를 '위협에 대처하기 위한 도구로서의 물질주의*terror management account of materialism*'라고도 한다.

그러면 우리나라 사람들이 유독 물질주의가 높다는 것은 다른 나라 사람들보다 위협을 많이 느끼기 때문이라는 걸까? 만약 그렇다면 왜 그럴까? 여기에 대해서 한 가지 힌트를 얻을 수 있는 것은, 우리나라 사람들이 느끼는 타인이나 사회(시스템)에 대한 신뢰에서 찾아볼 수 있다.

타인에 대한 신뢰, 사회적 지지: 내가 위험할 때 나를 도와줄 수 있는 사람들, 믿고 의지할 수 있는 사람들이 있는가?
시스템에 대한 신뢰: 내가 노력한 만큼의 결과를 얻을 수 있도록 이 사회의 룰은 공정한가?

주변 사람들과 사회를 믿고 의지할 수 있을 때, 즉 어려울 때 도와줄 사람들이 있고 노력하면 반드시 좋은 결과를 거둘 수 있다고 믿을 때, 그래서 불안할 필요가 없다고 느낄 때 사람들은 '안전감*sense of safety*'을 갖게 된다. 반대로 어려울 때 도와줄 사람이 단 하나도 없다고 여기고 노력과 결과가 매치가 안 돼서 앞날이 예측 불가능하다고 하면 불안해지게 된다. 그런데 안타깝게도 디너 연구팀의 연구 결과에 따르면 우리 사회는 타인에 대한 신뢰도나 사회 시스템에 대한 신뢰가 둘 다 낮은 편이다. 타인에 대한 신뢰는 한국인의 약 20퍼센트(미국과 유럽 국가들은 3~4퍼센

트대)가 "위기 시에 믿고 의지할 수 있는 사람이 단 한 명도 없다"고 응답한 충격적인 조사 결과가 있었고, "하나의 인간으로서 존중받고 있다"고 느끼는 사람들이 절반밖에 안 된다(미국과 유럽은 90퍼센트대)는 또 하나의 충격적인 결과도 있었다. 이런 결과들을 종합해서 연구자들은 "한국인의 3분의 1이 자신의 삶이 안전하지 못하다고 느끼며, 절반이 인간으로서 존중받지 못하고 있다고 느낀다"는 결론을 내렸다.

또 연구자들은 사회 시스템에 대한 신뢰와 관련해서 한국의 국가 청렴도 지수가 경제 수준이 비슷한 다른 국가들에 비해 상당히 낮은 수준이라며 우려를 표했다. 여기저기서 사회 곳곳이 썩었다며 한탄하는 소리들이 많이 들리는 것을 보면 사람들이 '지각하는' 부패 지수는 실제 보다도 더 심각한 듯 보인다.

디너 연구팀은 결국 "낮은 수준의 사회적 지지와 신뢰도, 높은 수준의 부패(공정하지 못하다는 지각), 인간으로서 존중받지 못한다는 느낌, 불안 등이 모두 한국인들의 행복 수준을 낮추는 심각한 사회적 문제들이다"라고 말했다.

우리나라 사람들이 심각한 불행에서 벗어나기 위해서는 결국 지나친 집단주의에서 탈피해서 개인이 자신의 삶을 자신이 '원하는 대로 살 수 있는 자유'를 부여해주고, '안전감'을 느낄 수 있도록 각종 심리적, 사회적 안전망들을 구축해주는 것이 꼭 필요하다고 할 수 있겠다.

지금까지 행복해지기 위해 우리가 할 수 있는 일들이 무엇인지에 대해 살펴보았다. 다양한 차원에서 이야기하고 보니 행복이란 참 어려운 것처럼 느껴진다. 하지만 어떤 것들이 행복에 중요한지 아는 것만으로도 앞으로 나아갈 가능성은 충분히 생길 것이다. 이렇게 현실을 똑바로 직시하면서 앞서 이야기한 일상적이고 소소한 일들도 하나둘 실천하게 되면, 어제보다 더 나은 오늘을, 오늘보다 더 행복한 내일을 살 수 있을 것이다.

공동체 의식도 지나치면 병이다

●
●

　우리의 행복을 망치는 집단주의 문화의 폐해를 어떻게 피할 수 있을까? 우선 사회적 차원에서 개인들에게 자율성과 통제감을 부여해보자. 관계, 특히 부모-자녀 관계 같은 가족관계에서 "네 인생은 네 인생이고 내 인생은 내 인생" 같은 수평적인 분리가 필요하다. 어렵고 힘들 때야 서로 조언을 구하고 격려하는 것이 필요하지만, 이와 별개로 "내 요구에 맞춰 살지 않으면 나쁜 자식이나 부모"라는 공식은 사라질 때가 되지 않았나 싶다. 직장에서도 공적인 영역에서 부여되는 권한을 업무와 상관없는 사적인 영역에서까지 들고 오는 것은 바람직하지 않다. 예를 들어 "부하직원이라면 식사를 할 때 물을 따르고 수저를 세팅하는 건 당연지사"라는 생각은 없어져야 할 것이다. 요즘 '일이 끝나면 남이 되는 회사'라는 구호가 인기를 끄는 이유를 한번 생각해보자.

　우리나라 사람들이 인간관계에서 '끈끈함'이 자주 강조되는 데도 불구하고 특히 외로워하는 이유도 이런 의무들(특히 가족 관계의 경우 서로의 삶을 책임져야 한다는 식의 커다란 짐들)이 너무나 크게 요구되기 때문이 아닐까? 즉 많은 관계들이 서로 아끼거나 자기 역할에 충실하면 되는 것 이상의 큰 '과제'인 경우가 많다는 것, 우리나라 사람들에게는 관계들이 '일'이라는 것이다. 실제로 연구에 의하면 집단주의 문화에서의 사회적 관계란 (상대적으로) 자발적으로 형성되고 서로에 대한 배려를 바탕으로 하기보다 '미리 규정된 의무와 책임'에 의해 서로를 속박하는 양상을 띤다고 한다. 가족관계나 직장에서의 관계에서 오는 여러 가지 짐을 내려놓고 가볍게 임할 수 있으면 사회생활이 좀 덜 피곤하지 않을까?

두 번째로는 올바른 삶에 대한 빡빡한 기준을 들이미는 것과 이래라저래라 하는 오지랖들을 거둘 필요가 있을 것 같다. 이와 관련해서 다음과 같은 이야기를 들은 적이 있다. 한 외국 TV 프로그램에서 성전환 수술을 앞둔 아들과 가족들이 파티를 하는 장면을 촬영했다고 한다. 아들의 결정에 대해서 어떻게 생각하느냐는 인터뷰에 "솔직히 잘 이해가 되지 않는다. 앞으로 평생 이해하지 못할 것이다. 하지만 그의 결정이니 존중한다", "그가 행복하다니 나도 좋다"라는 답을 했다고 한다. 하나의 사례에 불과하지만 "네 인생에 대한 권리는 100퍼센트 너에게 있고 나는 그걸 존중한다"는 마인드를 크게 느낄 수 있었다. 그리고 이런 개인의 고유한 삶의 방식에 대한 존중이 바로 우리에게 가장 필요한 게 아닐까라는 생각을 했다. 내가 타의에 의해 휘둘리는 삶을 살기 싫은 만큼 남도 그럴 거라는 인식과 타인의 삶에 대해 이래라저래라 하는 게 그렇게 당연한 권리가 아닐 수 있다는 인식 말이다.

문화는 하루아침에 바꿀 수 없다. 하지만 그런 문화적인 특성을 받아

들여 나도 똑같이 행동할 것인가에 대해서는 아마 어느 정도 선택의 여지가 있을 것이다. '의견을 가지는 것과 그 의견을 휘두르는 것은 매우 다르다'는 것을 기억하고 불필요한 오지랖을 삼가려는 노력들이 우리 모두에게 필요하지 않을까?

'있는 그대로의 나'로
살게 하다

지금까지 해온 이야기들을 정리해보자. 월요병을 극복하기 위해서는 우선 충분한 휴식과 당 보충이 필요하다. 느슨해진 정신줄을 꽉 붙드는 일에는 많은 양의 에너지가 소모되기 때문이다. 또 사회적 편견, 스트레스처럼 내 정신력을 흩뜨리는 요소가 없는지 살펴봐야 한다. 화요일에는 본격적으로 일을 잘해내기 위해 에너지 소모가 적고 효과적인 자기통제 방법들과 간단한 동기부여 방법들에 대해 이야기했다.

수요일에는 높디높은 목표와 무조건적인 긍정적 사고 등 우리가 맹목적으로 따라온 지침들이 정말 바람직한지, 그리고 좋은 목표란 무엇인지에 대해 살펴보았다. 목요일에는 불현듯 우리를 찾아오는 슬럼프를 현명하게 대처하는 방법(삶의 의미 다지기)과, 삶의 의미와 행복은 별개가 아님을 알아보았다.

금요일에는 자존감이 높다고 해서 무조건 좋은 건 아니며 자존감을 추구하는 방법이 건강한지가 더 중요하다는 점, 그리고 건강한 자존감을 갖기 위해 엄청난 스펙을 가질 필요는 없다는 점을 살펴보았다. 마지막으로 토요일과 일요일에는 행복한 삶에 대해 이야기했다.

책에 소개한 무수한 연구 결과들을 통해 나는 개인적으로 일상생활 여러 곳에서 많은 도움을 얻었다. 그리고 삶을 향한 비현실적인 요구들도 좀 내려놓게 되었다. 모든 걸 정신력으로 극복하려던 생각, 불안은 약한 사람에게만 찾아온다는 생각, 자존감이 높지 않거나 행복하지 않은 것은 마음을 바르게 먹지 않아서라는 생각 등등. 책에서 살펴보았듯 정신력에는 에너지가 필요하고, 불안은 현실적인 감정이며 꼭 필요할 때가 있다. 또 건강한 자존감은 개인의 내적 영역에서만 이루어지는 게 아니라 관계 속에서 사랑받고 인정받는다는 느낌과 큰 관련이 있다. 행복 역시 개인의 통제 밖에 있는 요인들의 영향을 받는다.

이러한 사실들을 알고 나니 단순히 '마음 탓'을 하는 세상의 여러 이야기들이 얼마나 비현실적인 것이며, '있는 그대로의 나'가 아닌 '다른 뛰어난 누군가'가 되라는 무리한 요구가 얼마나 만연해 있었는지 깨달았다. 그러면서 자연히 나 자신이나 주변 사람들을 지나치게 몰아세우는 일을 이제는 좀 덜 하게 된 것 같다.

이 책에서 나는 인간에 대해 가장 객관적으로 밝혀진 사실들을 통해 '실현 가능하고 지속 가능한 삶을 사는 방법'에 대해 이야기하고 싶었다. 이를 통해 책을 읽는 모든 독자가 자유로워지고, '다른 뛰어난 누군가'가 아닌 '있는 그대로의 나'로서 인간답게 살 수 있게 되길 바라본다.

출처

월요일_ 월요병 타파하기

살짝 풀린 나사를 조여야 할 때

1. Tangney, J. P., Baumeister, R. F., & Boone, A. L. (2004). High self-control predicts good adjustment, less pathology, better grades, and interpersonal success. *Journal of Personality, 72,* 271-324.

의지력 똑똑하게 쓰는 법

1. Gailliot, M. T. et al. (2007). Self-control relies on glucose as a limited energy source: willpower is more than a metaphor. *Journal of Personality and Social Psychology, 92,* 325.

설탕이 필요한 일들

1. Vohs, K. D., Baumeister, R. F., & Ciarocco, N. J. (2005). Self-regulation and self-presentation: Regulatory resource depletion impairs impression management and effortful self-presentation depletes regulatory resources. *Journal of Personality and Social Psychology, 88,* 632-657.
2. Butler, E. A., Egloff, B., Wlhelm, F. H., Smith, N. C., Erickson, E. A., & Gross, J. J. (2003). The social consequences of expressive suppression. *Emotion, 3,* 48.

화요일_ 효율적으로 일하기

기꺼이 그 일을 하고 싶은 마음

1. Vohs, K. D., Wang, Y., Gino, F., & Norton, M. I. (2013). Rituals enhance consumption. *Psychological Science, 24,* 1714-1721.

수요일_ 왔던 길 돌아보기

완벽하지 않아도 괜찮아

1. Aron, A., Aron, E. N., & Smollan, D. (1992). Inclusion of Other in the Self Scale and the structure of interpersonal closeness. *Journal of Personality and Social Psychology, 63,* 596-612.

목요일_ 나는 왜 살까?

내 인생의 진정한 의미 찾기

1. ©wikicommons
2. Steger, M. F., Frazier, P., Oishi, S., & Kaler, M. (2006). The meaning in life questionnaire: Assessing the presence of and search for meaning in life. *Journal of Counseling Psychology, 53,* 80-93.

내가 중요하게 생각하는 게 뭘까?

1. Schwartz, S. H. (1994). Are there universal aspects in the structure and contents of human values?. *Journal of Social Issues, 50,* 19-45.
2. Lindeman, M., & Verkasalo, M. (2005). Measuring values with the short Schwartz's value survey. *Journal of Personality Assessment, 85,* 170-178.

토요일_ 행복을 찾아서

행복한 삶은 어디서 오는가?

1. 소냐 류보머스키 (2007), 《How to be happy : 행복도 연습이 필요하다》, 지식노마드.

당신의 스펙이 행복에 미치는 영향

1. 알랭 드 보통 (2005), 《불안》, 이레.
2. Inglehart, R., & Klingemann, H.-D. (2000). Genes, culture, democracy, and happiness. In E. Diener & E.M. Suh (Eds.), *Culture and subjective wellbeing* (pp. 165–184). Cambridge, MA: MIT Press.

행복을 뒤흔드는 조건이 있을까?

1. Kahneman, D., Krueger, A. B., Schkade, D., Schwarz, N., & Stone, A. A. (2006). Would you be happier if you were richer? A focusing illusion. *Science, 312,* 1908-1910.

---

* 저작권자를 찾지 못해 출처를 밝히지 못한 그림이 있습니다. 관련 문의는 편집부로 주시기 바랍니다.
* 이 제작물은 아모레퍼시픽의 아리따글꼴을 사용하여 디자인되었습니다.

참고문헌

월요일_월요병 타파하기

살짝 풀린 나사를 조여야 할 때

— Baumeister, R.F., Schmeichel, B.J., & Vohs, K.D. (2007). Self-regulation and the executive function: The self as controlling agent. In A. Kruglanski & E.T. Higgins (Eds.), *Social psychology: Handbook of basic principles*. New York: Guilford.

— Baumeister, R. F., & Vohs, K. D. (2003). Self-regulation and the executive function of the self. In M. R. Leary & J. P. Tangney (Eds.), *Handbook of self and identity*. New York: Guilford Press.

— Bargh, J. A., Chen, M., & Burrows, L. (1996). Automaticity of social behavior: Direct effects of trait construct and stereotype activation on action. *Journal of Personality and Social Psychology, 71*, 230-244.

— Vohs, K. D., Mead, N. L., & Goode, M. R. (2006). The psychological consequences of money. *Science, 314*, 1154-1156.

— 티모시 윌슨 (2007), 《나는 내가 낯설다》, 부글북스.

— Shoda, Y., Mischel, W., & Peake, P. K. (1990). Predicting adolescent cognitive and self-regulatory competencies from preschool delay of gratification: Identifying diagnostic conditions. *Developmental Psychology, 26*, 978-986.

— Duckworth, A. L., & Seligman, M. E. (2005). Self-discipline outdoes IQ in predicting academic performance of adolescents. *Psychological Science, 16*, 939-944.

— Baumeister, R. F., & Juola Exline, J. (1999). Virtue, personality, and social relations: Self-control as the moral muscle. *Journal of Personality, 67*, 1165-1194.

— Hofmann, W., Adriaanse, M., Vohs, K. D., & Baumeister, R. F. (2013). Dieting and the self-control of eating in everyday environments: An experience sampling study. *British Journal of*

의지력 똑똑하게 쓰는 법

— Baumeister, R. F., Bratslavsky, E., Muraven, M., & Tice, D. M. (1998). Ego depletion: Is the active self a limited resource? *Journal of Personality and Social Psychology, 74,* 1252-1265.

— Baumeister, R. F., Vohs, K. D., & Tice, D. M. (2007). The strength model of self-control. *Current Directions in Psychological Science, 16,* 351-355.

— Gailliot, M. T. et al. (2007). Self-control relies on glucose as a limited energy source: Willpower is more than a metaphor. *Journal of Personality and Social Psychology, 92,* 325-336.

— Gailliot, M. T., & Baumeister, R. F. (2007). The physiology of willpower: Linking blood glucose to self-control. *Personality and Social Psychology Review, 11,* 303-327.

— Schmeichel, B. J., Vohs, K. D., & Baumeister, R. F. (2003). Intellectual performance and ego depletion: Role of the self in logical reasoning and other information processing. *Journal of Personality and Social Psychology, 85,* 33-46.

— Kouchaki, M., & Smith, I. H. (2014). The morning morality effect: The influence of time of day on unethical behavior. *Psychological Science, 25,* 95-102.

— Muraven, M., Shmueli, D., & Burkley, E. (2006). Conserving self-control strength. *Journal of Personality and Social Psychology, 91,* 524-537.

— Big Questions Online. "Can virtuous habit cultivated?", July, 24, 2012.

— Thayer, R. E. (1989). *The biopsychology of mood and arousal.* New York: Oxford University Press.

설탕이 필요한 일들

— Baumeister, R. F., & Leary, M. R. (1995). The need to belong: Desire for interpersonal attachments as a fundamental human motivation. *Psychological Bulletin, 117,* 497-529.

— Leary, M. R. (1995). *Self-presentation: Impression management and interpersonal behavior.* Brown & Benchmark Publishers.

— Dunbar, R. I., & Shultz, S. (2007). Evolution in the social brain. *Science, 317,* 1344-1347.

— Vohs, K. D., Baumeister, R. F., & Ciarocco, N. J. (2005). Self-regulation and self-presentation: Regulatory resource depletion impairs impression management and effortful self-presentation depletes regulatory resources. *Journal of Personality and Social Psychology, 88,* 632-657.

— Baumeister, R. F., Gailliot, M., DeWall, C. N., & Oaten, M. (2006). Self-regulation and personality: How interventions increase regulatory success, and how depletion moderates the effects of traits on behavior. *Journal of Personality, 74,* 1773-1802.

— Carver, C. S. (2003). Self-awareness. In M. R. Leary & J. P. Tangney (Eds.), *Handbook of self and identity.* New York: Guilford Press.

— Sedlovskaya, A. et al. (2013). Internalizing the closet: Concealment heightens the cognitive distinction between public and private selves. *Journal of Personality and Social Psychology, 104,* 695-715.

— Critcher, C. R., & Ferguson, M. J. (2013). The cost of keeping it hidden: Decomposing concealment reveals what makes it depleting. *Journal of Experimental Psychology: General.*

— Inzlicht, M., McKay, L., & Aronson, J. (2006). Stigma as ego depletion: How being the target of prejudice affects self-control. *Psychological Science, 17,* 262-269.

— Johns, M., Inzlicht, M., & Schmader, T. (2008). Stereotype threat and executive resource depletion: Examining the influence of emotion regulation. *Journal of Experimental Psychology: General, 137,* 691-705.

— Neel, R., Neufeld, S. L., & Neuberg, S. L. (2013). Would an obese person whistle Vivaldi? Targets of prejudice self-present to minimize appearance of specific threats. *Psychological Science, 24,* 678-687.

— Psypost. "Truth or consequences? The negative results of concealing who you really are on the job", October, 9, 2013.

— Fischer, P., Greitemeyer, T., & Frey, D. (2008). Self-regulation and selective exposure: the impact of depleted self-regulation resources on confirmatory information processing. *Journal of Personality and Social Psychology, 94,* 382-395.

— Trawalter, S., & Richeson, J. A. (2006). Regulatory focus and executive function after interracial interactions. *Journal of Experimental Social Psychology, 42,* 406-412.

— Gailliot, M. T., Plant, E. A., Butz, D. A., & Baumeister, R. F. (2007). Increasing self-regulatory strength can reduce the depleting effect of suppressing stereotypes. *Personality and Social Psychology Bulletin, 33,* 281-294.

— Gross, J. J. (2002). Emotion regulation: Affective, cognitive, and social consequences. *Psychophysiology, 39,* 281-291.

— Butler, E. A., Egloff, B., Wlhelm, F. H., Smith, N. C., Erickson, E. A., & Gross, J. J. (2003). The social consequences of expressive suppression. *Emotion, 3,* 48-67.

— Impett, E. A., Kogan, A., English, T., John, O., Oveis, C., Gordon, A. M., & Keltner, D. (2012). Suppression sours sacrifice: Emotional and relational costs of suppressing motions in romantic relationships. *Personality and Social Psychology Bulletin, 38,* 707-720.

— Baumeister, R. F., Bratslavsky, E., Muraven, M., & Tice, D. M. (1998). Ego depletion: Is the active self a limited resource?. *Journal of Personality and Social Psychology, 74,* 1252.

부록_가난이 IQ를 떨어뜨린다?
— Mani, A., Mullainathan, S., Shafir, E., & Zhao, J. (2013). Poverty impedes cognitive function. *Science, 341,* 976-980.
— Psypost. "Researcher finds that poverty's 'cognitive cost' translates to as many as 10 IQ points", August, 30, 2013.

화요일_효율적으로 일하기

화가 나지 않는 화요일 살기
— Hagger, M. S., & Chatzisarantis, N. L. (2013). The sweet taste of success: The presence of glucose in the oral cavity moderates the depletion of self-control resources. *Personality and Social Psychology Bulletin, 39,* 28-42.
— Roberts, R. O. et al. (2012). Relative intake of macronutrients impacts risk of mild cognitive impairment or dementia. *Journal of Alzheimer's Disease, 32,* 329-339.
— Gardner, G. T. (1978). Effects of federal human subjects' regulation on data obtained in environmental stressor research. *Journal of Personality and Social Psychology, 36,* 628-634.
— Oaten, M., & Cheng, K. (2005). Academic examination stress impairs self-control. *Journal of Social and Clinical Psychology, 24,* 254-279.
— Derrick, J. L. (2013). Energized by television: Familiar fictional worlds restore self-control. *Social Psychological and Personality Science, 4,* 299-307.
— Tice, D. M., Baumeister, R. F., Shmueli, D., & Muraven, M. (2007). Restoring the self: Positive affect helps improve self-regulation following ego depletion. *Journal of Experimental Social Psychology, 43,* 379-384.
— Fredrickson, B. L., Mancuso, R. A., Branigan, C., & Tugade, M. M. (2000). The undoing effect of positive emotions. *Motivation and Emotion, 24,* 237-258.
— 한겨레신문, "직장인들이 가장 많이 찾는 온라인 커뮤니티는?", 2013.06.13.
— Maddux, J. E., & Gosselin, J. T. (2003). Self-efficacy. In M. R. Leary & J. P. Tangney (Eds.), *Handbook of self and identity.* New York: Guilford Press.
— Baumeister, R. F. (2008). Free will in scientific psychology. *Perspectives on Psychological Science, 3,* 14-19.
— Vohs, K. D., & Schooler, J. W. (2008). The value of believing in free will: Encouraging a belief in determinism increases cheating. *Psychological science, 19,* 49-54.
— Baumeister, R. F., Masicampo, E. J., & DeWall, C. N. (2009). Prosocial benefits of feeling free: Disbelief in free will increases aggression and reduces helpfulness. *Personality and Social Psychology Bulletin, 35,* 260-268.

— Stillman, T. F. et al. (2010). Personal philosophy and personnel achievement: Belief in free will predicts better job performance. *Social Psychological and Personality Science, 1,* 43-50.

기꺼이 그 일을 하고 싶은 마음

— Moller, A. C., Deci, E. L., & Ryan, R. M. (2006). Choice and ego-depletion: The moderating role of autonomy. *Personality and Social Psychology Bulletin, 32,* 1024-1036.
— Inzlicht, M., Schmeichel, B. J., & Macrae, C. N. (2014). Why self-control seems (but may not be) limited. *Trends in Cognitive Sciences.*
— Vohs, K. D., Wang, Y., Gino, F., & Norton, M. I. (2013). Rituals enhance consumption. *Psychological Science, 24,* 1714-1721.
— Wiltermuth, S. S., & Gino, F. (2013). "I'll have one of each": How separating rewards into (meaningless) categories increases motivation. *Journal of Personality and Social Psychology, 104,* 1-13.
— Kahneman, D., Fredrickson, B. L., Schreiber, C. A., & Redelmeier, D. A. (1993). When more pain is preferred to less: Adding a better end. *Psychological Science, 4,* 401-405.
— O'Brien, E., & Ellsworth, P. C. (2012). Saving the last for best: A positivity bias for end experiences. *Psychological Science, 23,* 163-165.

의지력을 단련하는 지름길 코스

— Muraven, M., Baumeister, R. F., & Tice, D. M. (1999). Longitudinal improvement of self-regulation through practice: Building self-control strength through repeated exercise. *The Journal of Social Psychology, 139,* 446-457.
— Achtziger, A., Gollwitzer, P. M., &Sheeran, P. (2008). Implementation intentions and shielding goal striving from unwanted thoughts and feelings. *Personality and Social Psychology Bulletin, 34,* 381-393.
— Gollwitzer, P. M., & Schaal, B. (1998). Metacognition in action: The importance of implementation intentions. *Personality and Social Psychology Review, 2,* 124-136.
— Webb, T. L., & Sheeran, P. (2003). Can implementation intentions help to overcome ego-depletion?. *Journal of Experimental Social Psychology, 39,* 279-286.
— Wieber, F., von Suchodoletz, A., Heikamp, T., Trommsdorff, G., & Gollwitzer, P. M. (2011). If-then planning helps school-aged children to ignore attractive distractions. *Social Psychology, 42,* 39-47.
— Parks-Stamm, E. J., Gollwitzer, P. M., & Oettingen, G. (2010). Implementation intentions and test anxiety: Shielding academic performance from distraction. *Learning and Individual*

Differences, 20, 30 33.
— Milkman, K. L., Beshears, J., Choi, J. J., Laibson, D., & Madrian, B. C. (2011). Using implementation intentions prompts to enhance influenza vaccination rates. *Proceedings of the National Academy of Sciences, 108,* 10415-10420.
— Dickson, J. M., & Moberly, N. J. (2013). Reduced specificity of personal goals and explanations for goal attainment in major depression. *PloS one, 8,* e64512.
— Baumeister, R. F., & Vohs, K. D. (2003). Self-regulation and the executive function of the self. In M. R. Leary & J. P. Tangney (Eds.), *Handbook of self and identity.* New York: Guilford Press.
— Mischel, W., Shoda, Y., & Peake, P. K. (1988). The nature of adolescent competencies predicted by preschool delay of gratification. *Journal of Personality and Social Psychology, 54,* 687-696.
— Metcalfe, J., & Mischel, W. (1999). A hot/cool-system analysis of delay of gratification: dynamics of willpower. *Psychological Review, 106,* 3-19.
— Elliot, A. J. (2006). The hierarchical model of approach-avoidance motivation. *Motivation and Emotion, 30,* 111-116.
— Cacioppo, J. T., Priester, J. R., & Berntson, G. G. (1993). Rudimentary determinants of attitudes: II. Arm flexion and extension have differential effects on attitudes. *Journal of Personality and Social Psychology, 65,* 5-17.
— Strack, F., Martin, L. L., & Stepper, S. (1988). Inhibiting and facilitating conditions of the human smile: A nonobtrusive test of the facial feedback hypothesis. *Journal of Personality and Social Psychology, 54,* 768-777.
— Baumeister, R. F., & Vohs, K. D. (2003). Self-regulation and the executive function of the self. In M. R. Leary & J. P. Tangney (Eds.), *Handbook of self and identity.* New York: Guilford Press.
— Vohs, K. D., Redden, J. P., & Rahinel, R. (2013). Physical order produces healthy choices, generosity, and conventionality, whereas disorder produces creativity. *Psychological Science, 24,* 1860-1867.
— Liljenquist, K., Zhong, C. B., & Galinsky, A. D. (2010). The smell of virtue: Clean scents promote reciprocity and charity. *Psychological Science, 21,* 381-383.

부록_지나친 이상화 경계하기
— Laurin, K., Kille, D. R., & Eibach, R. P. (2013). "The way I am is the way you ought to be": Perceiving one's relational status as unchangeable motivates normative idealization of that status. *Psychological Science, 24,* 1523-1532.

— Laurin, K., Shepherd, S., & Kay, A. C. (2010). Restricted emigration, system inescapability, and defense of the status quo system-justifying consequences of restricted exit opportunities. *Psychological Science, 21,* 1075-1082.

수요일_왔던 길 돌아보기

완벽한 게 좋기만 할까?

— Hewitt, P. L., & Flett, G. L. (1991). Perfectionism in the self and social contexts: Conceptualization, assessment, and association with psychopathology. *Journal of Personality and Social Psychology, 60,* 456-470.
— Vohs, K. D., Bardone, A. M., Joiner Jr, T. E., & Abramson, L. Y. (1999). Perfectionism, perceived weight status, and self-esteem interact to predict bulimic symptoms: A model of bulimic symptom development. *Journal of Abnormal Psychology, 108,* 695-700.
— Observer. "The Price of Perfectionism", March, 2012.
— Fry, P. S., & Debats, D. L. (2009). Perfectionism and the five-factor personality traits as predictors of mortality in older adults. *Journal of Health Psychology, 14,* 513-524.
— Blankstein, K. R., Hewitt, P. L., Koledin, S., & Flett, G. L. (1992). Components of perfectionism and procrastination in college students. *Social Behavior & Personality: An International Journal.*
— Stoeber, J., Feast, A. R., & Hayward, J. A. (2009). Self-oriented and socially prescribed perfectionism: Differential relationships with intrinsic and extrinsic motivation and test anxiety. *Personality and Individual Differences, 47,* 423-428.
— Sherry, S. B., Hewitt, P. L., Sherry, D. L., Flett, G. L., & Graham, A. R. (2010). Perfectionism dimensions and research productivity in psychology professors: Implications for understanding the (mal) adaptiveness of perfectionism. *Canadian Journal of Behavioural Science, 42,* 273-283.
— Lee, M. A., Schoppe-Sullivan, S. J., & Kamp Dush, C. M. (2012). Parenting perfectionism and parental adjustment. *Personality and Individual Differences, 52,* 454-457.
— Schwartz, B., Ward, A., Monterosso, J., Lyubomirsky, S., White, K., & Lehman, D. R. (2002). Maximizing versus satisficing: Happiness is a matter of choice. *Journal of Personality and Social Psychology, 83,* 1178-1197.
— Jain, K., Bearden, J. N., & Filipowicz, A. (2013). Do maximizers predict better than satisficers?. *Journal of Behavioral Decision Making, 26,* 41-50.
— Hills, T. T., Noguchi, T., & Gibbert, M. (2013). Information overload or search-amplified risk? Set size and order effects on decisions from experience. *Psychonomic bulletin &*

review, 20, 1023-1031.

완벽하지 않아도 괜찮아

— Hewitt, P. L., & Flett, G. L. (1991). Perfectionism in the self and social contexts: Conceptualization, assessment, and association with psychopathology. *Journal of Personality and Social Psychology, 60,* 456-470.

— Knee, C. R. (1998). Implicit theories of relationships: Assessment and prediction of romantic relationship initiation, coping, and longevity. *Journal of Personality and Social Psychology, 74,* 360-370.

— Cobb, R. A., DeWall, C. N., Lambert, N. M., & Fincham, F. D. (2013). Implicit theories of relationships and close relationship violence: Does believing your relationship can grow relate to lower perpetration of violence?. *Personality and Social Psychology Bulletin, 39,* 279-290.

— Frost, D. M., & Forrester, C. (2013). Closeness discrepancies in romantic relationships: Implications for relational well-being, stability, and mental health. *Personality and Social Psychology Bulletin, 39,* 456-469.

긍정적 사고와 부정적 사고 활용하기

— Scheier, M. F., & Carver, C. S. (1993). On the power of positive thinking: The benefits of being optimistic. *Current Directions in Psychological Science, 2,* 26–30.

— Rand, K. L. (2009). Hope and optimism: Latent structures and influences on grade expectancy and academic performance. *Journal of Personality, 77,* 231-260.

— Troy, A. S., Shallcross, A. J., & Mauss, I. B. (2013). A person-by-situation approach to emotion regulation cognitive reappraisal can either help or hurt, depending on the context. *Psychological Science, 24,* 2505-2514.

— Sweeny, K., Carroll, P. J., & Shepperd, J. A. (2006). Is optimism always best? Future outlooks and preparedness. *Current Directions in Psychological Science, 15,* 302-306.

— Dobson, K., & Franche, R. L. (1989). A conceptual and empirical review of the depressive realism hypothesis. *Canadian Journal of Behavioural Science, 21,* 419.

— Hmieleski, K. M., & Baron, R. A. (2009). Entrepreneurs' optimism and new venture performance: A social cognitive perspective. *Academy of management Journal, 52,* 473-488.

— 짐 콜린스 (2002), 《좋은 기업을 넘어 위대한 기업으로》, 김영사.

— Norem, J. K., & Cantor, N. (1986). Defensive pessimism: harnessing anxiety as motivation. *Journal of Personality and Social Psychology, 51,* 1208.

— Spencer, S. M., & Norem, J. K. (1996). Reflection and distraction defensive pessimism, strategic optimism, and performance. *Personality and Social Psychology Bulletin, 22,* 354-365.

— Spiegel, S., Grant-Pillow, H., & Higgins, E. T. (2004). How regulatory fit enhances motivational strength during goal pursuit. *European Journal of Social Psychology, 34,* 39-54.

— Lockwood, P., Jordan, C. H., & Kunda, Z. (2002). Motivation by positive or negative role models: regulatory focus determines who will best inspire us. *Journal of Personality and Social Psychology, 83,* 854-864.

— Higgins, E. T. (2005). Value from regulatory fit. *Current Directions in Psychological Science, 14,* 209-213.

— Tice, D. M. (1991). Esteem protection or enhancement? Self-handicapping motives and attributions differ by trait self-esteem. *Journal of Personality and Social Psychology, 60,* 711-725.

— Elliot, A. J., & Church, M. A. (2003). A motivational analysis of defensive pessimism and self-handicapping. *Journal of Personality, 71,* 369-396.

부록_ 무조건적인 노력에 대한 경고

— Hsee, C. K., Zhang, J., Cai, C. F., & Zhang, S. (2013). Overearning. *Psychological Science, 24,* 852-859.

부록_ 긍정이 문제를 정당화한다?

— Kay, A. C., & Jost, J. T. (2003). Complementary justice: effects of 'poor but happy' and 'poor but honest' stereotype exemplars on system justification and implicit activation of the justice motive. *Journal of Personality and Social Psychology, 85,* 823-837.

목요일_나는 왜 살까?

내 인생의 진정한 의미 찾기

— Heine, S. J., Proulx, T., & Vohs, K. D. (2006). The meaning maintenance model: On the coherence of social motivations. *Personality and Social Psychology Review, 10,* 88-110.

— Baumeister R. F., Vohs K. D. (2002). The pursuit of meaningfulness in life. In SnyderC. R., Lopez S. J. (Eds.), *Handbook of positive psychology* (pp. 608-618). New York, NY: Oxford University Press.

— Whitson, J. A., & Galinsky, A. D. (2008). Lacking control increases illusory pattern perception. *Science, 322,* 115-117.

— McGregor, I., Nash, K., & Prentice, M. (2010). Reactive approach motivation (RAM) for religion. *Journal of Personality and Social Psychology, 99,* 148-161.

— Vyse, S. A. (2013). *Believing in Magic: The Psychology of Superstition-Updated Edition.* Oxford University Press.

— Waytz, A., Morewedge, C. K., Epley, N., Monteleone, G., Gao, J. H., & Cacioppo, J. T. (2010). Making sense by making sentient: Effectance motivation increases anthropomorphism. *Journal of Personality and Social Psychology, 99,* 410-435.

— Steger, M. F. (2009). Meaning in life. In C. R. Snyder & S. J. Lopez (Eds.), *Handbook of positive psychology.* New York: Oxford University Press.

— Steger, M. F., Frazier, P., Oishi, S., & Kaler, M. (2006). The meaning in life questionnaire: Assessing the presence of and search for meaning in life. *Journal of Counseling Psychology, 53,* 80-93.

— Greenberg, J., Pyszczynski, T., Solomon, S., Pinel, E., Simon, L., & Jordan, K. (1993). Effects of self-esteem on vulnerability-denying defensive distortions: Further evidence of an anxiety-buffering function of self-esteem. *Journal of Experimental Social Psychology, 29,* 229-251.

— Ryff, C. D. (1989). Happiness is everything, or is it? Explorations on the meaning of psychological well-being. *Journal of Personality and Social Psychology, 57,* 1069-1081.

— Mascaro, N., & Rosen, D. H. (2005). Existential meaning's role in the enhancement of hope and prevention of depressive symptoms. *Journal of Personality, 73,* 985-1014.

— Levy, B. R., Slade, M. D., Kunkel, S. R., & Kasl, S. V. (2002). Longevity increased by positive self-perceptions of aging. *Journal of Personality and Social Psychology, 83,* 261-270.

부록_ 불확실성이 얼마나 싫기에?
— Mueller, J. S., Melwani, S., & Goncalo, J. A. (2012). The bias against creativity: Why people desire but reject creative ideas. *Psychological Science, 23,* 13-17.

— Mueller, J. S., Goncalo, J. A., & Kamdar, D. (2011). Recognizing creative leadership: Can creative idea expression negatively relate to perceptions of leadership potential?. *Journal of Experimental Social Psychology, 47,* 494-498.

내가 중요하게 생각하는 게 뭘까?
— Freitas, A. L., Gollwitzer, P., & Trope, Y. (2004). The influence of abstract and concrete mindsets on anticipating and guiding others' self-regulatory efforts. *Journal of Experimental Social Psychology, 40,* 739-752.

— Schwartz, S. H. (1994). Are there universal aspects in the structure and contents of human values?. *Journal of Social Issues, 50,* 19-45.

— Schwartz, S. H. (1996). Value priorities and behavior: Applying of theory of integrated value systems. In C. Seligman, J. M. Olson, & M. P. Zanna (Eds.), The psychology of values: *The Ontario symposium, Vol. 8*(pp. 1-24). Hillsdale, NJ: Erlbaum.

— Lutz-Zois, C. J., Bradley, A. C., Mihalik, J. L., & Moorman-Eavers, E. R. (2006). Perceived similarity and relationship success among dating couples: An idiographic approach. *Journal of Social and Personal Relationships, 23,* 865-880.

— Lindeman, M., & Verkasalo, M. (2005). Measuring values with the short Schwartz's value survey. *Journal of Personality Assessment, 85,* 170-178.

— Pulfrey, C., & Butera, F. (2013). Why neoliberal values of self-enhancement lead to cheating in higher education: A motivational account. *Psychological science, 24,* 2153-2162.

나는 언제 기쁘고 즐거울까?

— King, L. A., Hicks, J. A., Krull, J. L., & Del Gaiso, A. K. (2006). Positive affect and the experience of meaning in life. *Journal of Personality and Social Psychology, 90,* 179.

— Nakamura, J., & Csikszentmihalyi, M. (2002). The concept of flow. In C. R. Snyder & S. J. Lopez (Eds.), *Handbook of positive psychology* (pp. 89-105). Oxford, UK: Oxford University Press.

— Jackson, S. A. (1995). Factors influencing the occurrence of flow state in elite athletes. *Journal of Applied Sport Psychology, 7,* 138-166.

— Steger, M. F., Kashdan, T. B., Sullivan, B. A., & Lorentz, D. (2008). Understanding the search for meaning in life: Personality, cognitive style, and the dynamic between seeking and experiencing meaning. *Journal of Personality, 76,* 199-228.

— King, L. A., Hicks, J. A., Krull, J. L., & Del Gaiso, A. K. (2006). Positive affect and the experience of meaning in life. *Journal of Personality and Social Psychology, 90,* 179-196.

금요일_나 자신을 사랑하는 것

자존감, 넌 대체 누구냐

— Crocker, J., & Park, L. E. (2004). The costly pursuit of self-esteem. *Psychological Bulletin, 130,* 392-414.

— Leary, M. R. (2003). Individual differences in self-esteem: A review and theoretical integration. In M. R. Leary & J. P. Tangney (Eds.), *Handbook of self and identity.* New York: Guilford Press.

— Tarlow, E. M., & Haaga, D. A. (1996). Negative self-concept: Specificity to depressive symptoms and relation to positive and negative affectivity. *Journal of Research in Personality, 30,* 120-127.

— Crocker, J., & Park, L. E. (2003). Seeking self-esteem: Construction, maintenance, and protection of self-worth. In M. R. Leary & J. P. Tangney (Eds.), *Handbook of self and identity.* New York: Guilford Press.

— Uchino, B. N. (2009). Understanding the links between social support and physical health: A life-span perspective with emphasis on the separability of perceived and received support. *Perspectives on Psychological Science, 4,* 236-255.

— Baumeister, R. F., Campbell, J. D., Krueger, J. I., & Vohs, K. D. (2003). Does high self-esteem cause better performance, interpersonal success, happiness, or healthier lifestyles?. *Psychological Science in the Public Interest, 4,* 1-44.

— Leary, M. R. (2003). Individual differences in self-esteem: A review and theoretical integration. In M. R. Leary & J. P. Tangney (Eds.), *Handbook of self and identity.* New York: Guilford Press.

— Bushman, B. J., & Baumeister, R. F. (1998). Threatened egotism, narcissism, self-esteem, and direct and displaced aggression: Does self-love or self-hate lead to violence?. *Journal of Personality and Social Psychology, 75,* 219-229.

건강한 자존감 만들기

— Crocker, J., Sommers, S. R., & Luhtanen, R. K. (2002). Hopes dashed and dreams fulfilled: Contingencies of self-worth and admissions to graduate school. *Personality and Social Psychology Bulletin, 28,* 1275-1286

— Crocker, J., Luhtanen, R. K., Cooper, M. L., & Bouvrette, A. (2003). Contingencies of self-worth in college students: Theory and measurement. *Journal of Personality and Social Psychology, 85,* 894-908.

— Suh, E., Diener, E., & Fujita, F. (1996). Events and subjective well-being: Only recent events matter. *Journal of Personality and Social Psychology, 70,* 1091-1102.

— Brickman, P., Coates, D., & Janoff-Bulman, R. (1978). Lottery winners and accident victims: Is happiness relative?. *Journal of Personality and Social Psychology, 36,* 917-927.

— DeWall, C. N., & Baumeister, R. F. (2006). Alone but feeling no pain: Effects of social exclusion on physical pain tolerance and pain threshold, affective forecasting, and interpersonal empathy. *Journal of Personality and Social Psychology, 91,* 1-15.

— Wilson, T. D., Wheatley, T., Meyers, J. M., Gilbert, D. T., & Axsom, D. (2000). Focalism: A source of durability bias in affective forecasting. *Journal of Personality and Social Psychology, 78,*

821-836.

— Gilbert, D. T., Pinel, E. C., Wilson, T. D., Blumberg, S. J., & Wheatley, T. P. (1998). Immune neglect: a source of durability bias in affective forecasting. *Journal of Personality and Social Psychology, 75*, 617-638.

— Crocker, J., & Park, L. E. (2003). Seeking self-esteem: Construction, maintenance, and protection of self-worth. In M. R. Leary & J. P. Tangney (Eds.), *Handbook of self and identity.* New York: Guilford Press.

— Tesser, A. (2003). Self-evaluation. In M. R. Leary & J. P. Tangney (Eds.), *Handbook of self and identity.* New York: Guilford Press.

— Dunning, D., Meyerowitz, J. A., & Holzberg, A. D. (1989). Ambiguity and self-evaluation: The role of idiosyncratic trait definitions in self-serving assessments of ability. *Journal of Personality and Social Psychology, 57*, 1082-1090.

— Crocker, J. (1993). Memory for information about others: Effects of self-esteem and performance feedback. *Journal of Research in Personality, 27*, 35-48.

— Aberson, C. L., Healy, M., & Romero, V. (2000). Ingroup bias and self-esteem: A meta-analysis. *Personality and Social Psychology Review, 4*, 157-173.

— Cialdini, R. B., Borden, R. J., Thorne, A., Walker, M. R., Freeman, S., & Sloan, L. R. (1976). Basking in reflected glory: Three (football) field studies. *Journal of Personality and Social Psychology, 34*, 366-375.

— De Dreu, C. K. W., Beersma, B., Steinel, W., & Van Kleef, G. A. (2007). The psychology of negotiation: Principles and basic processes. In A.W. Kruglanski & E. T. Higgins (Eds.), Social psychology: *Handbook of basic principles.* New York: Guilford.

— Pietroni, D., Van Kleef, G.A., De Dreu, C.K.W., & Pagliaro, S. (2008). Emotions as strategic information: Effects of other's emotional expressions on fixed-pie perception, demands, and integrative behavior in negotiation. *Journal of Experimental Social Psychology, 44*, 1444-1454.

— De Dreu, G. K. W., Koole, S. L., & Steinel, W. (2000a). Unfixing the fixed pie: A motivated information-processing approach to integrative negotiation. *Journal of Personality and Social Psychology, 79*, 975-987.

— Crocker, J., & Wolfe, C. T. (2001). Contingencies of self-worth. *Psychological Review, 108*, 593-623.

— Kernis, M. H., Cornell, D. P., Sun, C. R., Berry, A., & Harlow, T. (1993). There's more to self-esteem than whether it is high or low: The importance of stability of self-esteem. *Journal of Personality and Social Psychology, 65*, 1190-1204.

— Kernis, M. H., Grannemann, B. D., & Barclay, L. C. (1989). Stability and level of self-esteem as predictors of anger arousal and hostility. *Journal of Personality and Social Psychology, 56*, 1013-1022.

— Baumeister, R. F., Smart, L., & Boden, J. M. (1996). Relation of threatened egotism to violence and aggression: The dark side of high self-esteem. *Psychological Review, 103,* 5-33.

— Stinson, D. A., Logel, C., Shepherd, S., & Zanna, M. P. (2011). Rewriting the self-fulfilling prophecy of social rejection self-affirmation improves relational security and social behavior up to 2 months later. *Psychological Science, 22,* 1145-1149.

— Suh, E. M. (2002). Culture, identity consistency, and subjective well-being. *Journal of Personality and Social Psychology, 83,* 1378-1391.

— Choi, I., & Choi, Y. (2002). Culture and self-concept flexibility. *Personality and Social Psychology Bulletin, 28,* 1508-1517.

— Schmitt, D. P., & Allik, J. (2005). Simultaneous administration of the Rosenberg Self-Esteem Scale in 53 nations: Exploring the universal and culture-specific features of global self-esteem. *Journal of Personality and Social Psychology, 89,* 623-642.

— Heine, S. J., & Buchtel, E. E. (2009). Personality: The universal and the culturally specific. *Annual Review of Psychology, 60,* 369-394.

— Heine, S. J., Lehman, D. R., Markus, H. R., & Kitayama, S. (1999). Is there a universal need for positive self-regard?. *Psychological Review, 106,* 766-794.

사회적 동물의 자존감
— Baumeister, R. F., & Leary, M. R. (1995). The need to belong: Desire for interpersonal attachments as a fundamental human motivation. *Psychological Bulletin, 117,* 497-529.

— Shaver, P., Schwartz, J., Kirson, D., & O'connor, C. (1987). Emotion knowledge: Further exploration of a prototype approach. *Journal of Personality and Social Psychology, 52,* 1061-1086.

— Leary, M. R., Tambor, E. S., Terdal, S. K., & Downs, D. L. (1995). Self-esteem as an interpersonal monitor: The sociometer hypothesis. *Journal of Personality and Social Psychology, 68,* 518-530.

— MacDonald, G., Saltzman, J. L., & Leary, M. R. (2003). Social approval and trait self-esteem. *Journal of Research in Personality, 37,* 23-40.

— Leary, M. R., Schreindorfer, L. S., & Haupt, A. L. (1995). The role of low self-esteem in emotional and behavioral problems: Why is low self-esteem dysfunctional?. *Journal of Social and Clinical Psychology, 14,* 297-314.

— Leary, M. R. (2003). Individual differences in self-esteem: A review and theoretical integration. In M. R. Leary & J. P. Tangney (Eds.), *Handbook of self and identity.* New York: Guilford Press.

— Parker, J. S., & Benson, M. J. (2004). Parent-adolescent relations and adolescent functioning:

Self-esteem, substance abuse, and delinquency. *Adolescence, 39,* 519-530.

— Harter, S., Whitesell, N. R., & Junkin, L. J. (1998). Similarities and differences in domain-specific and global self-evaluations of learning-disabled, behaviorally disordered, and normally achieving adolescents. *American Educational Research Journal, 35,* 653-680.

— Vohs, K. D., Mead, N. L., & Goode, M. R. (2008). Merely activating the concept of money changes personal and interpersonal behavior. *Current Directions in Psychological Science, 17,* 208-212.

— Thoits, P. A., & Hewitt, L. N. (2001). Volunteer work and well-being. *Journal of Health and Social Behavior,* 115-131.

— Aknin, L. B. et al. (2013). Prosocial spending and well-being: Cross-cultural evidence for a psychological universal. *Journal of Personality and Social Psychology, 104,* 635-652.

부록_감사와 격려에는 힘이 있다

— Grant, A. M., & Gino, F. (2010). A little thanks goes a long way: Explaining why gratitude expressions motivate prosocial behavior. *Journal of Personality and Social Psychology, 98,* 946-955.

— Finkelstein, S. R., & Fishbach, A. (2012). Tell me what I did wrong: Experts seek and respond to negative feedback. *Journal of Consumer Research, 39,* 22-38.

— Sutin, A. R., & Terracciano, A. (2013). Perceived weight discrimination and obesity. PloS one, 8, e70048.

— Major, B., Hunger, J. M., Bunyan, D. P., & Miller, C. T. (2014). The ironic effects of weight stigma. *Journal of Experimental Social Psychology, 51,* 74-80.

토요일_행복을 찾아서

행복한 삶은 어디서 오는가?

— Schimmack, U. (2008). The structure of subjective well-being. In M. Eid & RJ Larsen (Eds.), *The science of subjective well-being* (pp. 97-123). New York: The Guilford Press.

— Lyubomirsky, S., Sheldon, K. M., & Schkade, D. (2005). Pursuing happiness: The architecture of sustainable change. *Review of General Psychology, 9,* 111-131.

— Diener, E., Suh, E. M., Lucas, R. E., & Smith, H. L. (1999). Subjective well-being: Three decades of progress. *Psychological Bulletin, 125,* 276-302.

— Lykken, D., & Tellegen, A. (1996). Happiness is a stochastic phenomenon. *Psychological Science, 7,* 186-189.

— McCrae, R. R., & Costa, P. T. (1999). A five-factor theory of personality .In L. Pervin & O. John (Eds.), *Handbook of personality: Theory and research* (2nd ed., pp. 139-153). New York: Guilford Press.

— Weiss, A., Bates, T. C., & Luciano, M. (2008). Happiness is a personal (ity) thing: The genetics of personality and well-being in a representative sample. *Psychological Science, 19,* 205-210.

— DeNeve, K. M., & Cooper, H. (1998). The happy personality: A meta-analysis of 137 personality traits and subjective well-being. *Psychological Bulletin, 124,* 197-229.

— Lucas, R. E., Diener, E., Grob, A., Suh, E. M., & Shao, L. (2000). Cross-cultural evidence for the fundamental features of extraversion. *Journal of Personality and Social Psychology, 79,* 452-468.

— Rusting, C. L., & Larsen, R. J. (1997). Extraversion, neuroticism, and susceptibility to positive and negative affect: A test of two theoretical models. *Personality and Individual Differences, 22,* 607-612.

— Argyle, M., & Lu, L. (1990). The happiness of extraverts. *Personality and Individual Differences, 11,* 1011-1017.

— Bienvenu, O., Hettema, J., Neale, M., Prescott, C., & Kendler, K. (2007). Low extraversion and high neuroticism as indices of genetic and environmental risk for social phobia, agoraphobia, and animal phobia. *American Journal of Psychiatry, 164,* 1714-1721.

— Lahey, B. B. (2009). Public health significance of neuroticism. *American Psychologist, 64,* 241-256.

당신의 스펙이 행복에 미치는 영향

— Biswas-Diener, R. (2008). In M. Eid & RJ Larsen (Eds.), *The science of subjective well-being* (pp. 307-322). New York: The Guilford Press.

— 에드 디너, 로버트 비스워스 디너 공저 (2009), 《모나리자 미소의 법칙》, 21세기북스.

— Quoidbach, J., Dunn, E. W., Petrides, K. V., & Mikolajczak, M. (2010). Money giveth, money taketh away: The dual effect of wealth on happiness. *Psychological Science, 21,* 759-763.

— Clark, A. E. (1999). Are wages habit-forming? Evidence from micro data. *Journal of Economic Behavior & Organization, 39,* 179-200.

— Inglehart, R., & Klingemann, H.-D. (2000). Genes, culture, democracy, and happiness. In E. Diener & E.M. Suh (Eds.), *Culture and subjective wellbeing* (pp. 165-184). Cambridge, MA: MIT Press.

— Kahneman, D., & Deaton, A. (2010). High income improves evaluation of life but not emotional well-being. *Proceedings of the National Academy of Sciences, 107,* 16489-16493.

부록_불공평하다는 느낌

— Oishi, S., Kesebir, S., & Diener, E. (2011). Income inequality and happiness. *Psychological Science, 22,* 1095-1100.

— Jost, J., & Hunyady, O. (2003). The psychology of system justification and the palliative function of ideology. *European Review of Social Psychology, 13,* 111-153.

— Guth, W., Schmittberger, R., & Schwarze, B. (1982). An experimental analysis of ultimatum bargaining. *Journal of Economic Behavior & Organization, 3,* 367-388.

— Diener, E., Suh, E. M., Kim-Prieto, C., Biswas-Diener, R., & Tay, L. S. (2010). Unhappiness in South Korea: Why it is high and what might be done about it. *Seoul, Korean Psychological Association.*

— Neville, L. (2012). Do economic equality and generalized trust inhibit academic dishonesty? Evidence from state-level search-engine queries. *Psychological Science, 23,* 339-345.

행복을 뒤흔드는 조건이 있을까?

— Kahneman, D., Krueger, A. B., Schkade, D., Schwarz, N., & Stone, A. A. (2006). Would you be happier if you were richer? A focusing illusion. *Science, 312,* 1908-1910.

— Schkade, D. A., & Kahneman, D. (1998). Does living in California make people happy? A focusing illusion in judgments of life satisfaction. *Psychological Science, 9,* 340-346.

— Killingsworth, M. A., & Gilbert, D. T. (2010). A wandering mind is an unhappy mind. *Science, 330,* 932-932.

— Hsee, C. K., Zhang, J., Yu, F., & Xi, Y. (2003). Lay rationalism and inconsistency between predicted experience and decision. *Journal of Behavioral Decision Making, 16,* 257-272.

— Harvardgazette. "Money, marriage, kids", February, 21, 2013.

부록_예쁘고 잘생기면 더 행복할까?

— Diener, E., Wolsic, B., & Fujita, F. (1995). Physical attractiveness and subjective well-being. *Journal of Personality and Social Psychology, 69,* 120-129.

— 김진주, 구자영, 서은국 (2006). 객관적인 신체적 매력과 행복. 한국심리학회지: 사회 및 성격, 20, 61-70.

일요일_행복해지는 방법

행복으로 가는 마지막 비밀

— Diener, E., & Seligman, M. E. (2002). Very happy people. *Psychological Science, 13,* 81-84.
— 존 카치오포, 윌리엄 패트릭 공저 (2013), 《인간은 왜 외로움을 느끼는가》, 민음사.
— Finkel, E. J., & Baumeister, R. F. (2010). Attraction and rejection. In R. F. Baumeister &E. J. Finkle (Eds.), *Advanced social psychology: The state of the science* (pp. 419-459). New York: Oxford University Press.
— Mehl, M. R., Vazire, S., Holleran, S. E., & Clark, C. S. (2010). Eavesdropping on happiness: Well-being is related to having less small talk and more substantive conversations. *Psychological Science, 21,* 539-541.
— Sheldon, K. M. et al. (2010). Persistent pursuit of need-satisfying goals leads to increased happiness: A 6-month experimental longitudinal study. *Motivation and Emotion, 34,* 39-48.
— Oishi, S., Seol, K. O., Koo, M., & Miao, F. F. (2011). Was he happy? Cultural difference in conceptions of Jesus. *Journal of Research in Personality, 45,* 84-91.

익숙한 일도 낯선 일처럼 하기

— Wilson, T. D., Centerbar, D. B., Kermer, D. A., & Gilbert, D. T. (2005). The pleasures of uncertainty: Prolonging positive moods in ways people do not anticipate. *Journal of Personality and Social Psychology, 88,* 5-21.
— Bar-Anan, Y., Wilson, T. D., & Gilbert, D. T. (2009). The feeling of uncertainty intensifies affective reactions. *Emotion, 9,* 123-127
— Van Boven, L., & Gilovich, T. (2003). To do or to have? That is the question. *Journal of Personality and Social Psychology, 85,* 1193-1202.
— Lyubomirsky, S., Sheldon, K. M., & Schkade, D. (2005). Pursuing happiness: The architecture of sustainable change. *Review of General Psychology, 9,* 111-131.
— Hsee, C. K., Hastie, R., & Chen, J. (2008). Hedonomics: Bridging decision research with happiness research. *Perspectives on Psychological Science, 3,* 224-243.
— Emmons, R. A., & McCullough, M. E. (2003). Counting blessings versus burdens: An experimental investigation of gratitude and subjective well-being in daily life. *Journal of Personality and Social Psychology, 84,* 377-389.
— Jose, P. E., Lim, B. T., & Bryant, F. B. (2012). Does savoring increase happiness? A daily diary study. *The Journal of Positive Psychology, 7,* 176-187.
— House, J., DeVoe, S. E., & Zhong, C. B. (2013). Too impatient to smell the roses: Exposure to fast food impedes happiness. *Social Psychological and Personality Science.*
— Mogilner, C., Chance, Z., & Norton, M. I. (2012). Giving time gives you time. *Psychological*

Science, 23, 1233-1238.

소중한 돈 행복하게 쓰기

— Van Boven, L., & Gilovich, T. (2003). To do or to have? That is the question. *Journal of Personality and Social Psychology, 85,* 1193-1202.

— Kim, H. S., & Drolet, A. (2009). Express your social self: Cultural differences in choice of brand-name versus generic products. *Personality and Social Psychology Bulletin, 35,* 1555-1566.

— Houghton, D., Joinson, A., Caldwell, N., & Marder, B. (2013). Tagger's delight? Disclosure and liking in Facebook: the effects of sharing photographs amongst multiple known social circles. Discussion Paper. University of Birmingham, Birmingham.

— Zhang, J. W., Howell, R. T., & Caprariello, P. A. (2013). Buying life experiences for the "right" reasons: A validation of the Motivations for Experiential Buying Scale. *Journal of Happiness Studies, 14,* 817-842.

— Wilcox, K., & Stephen, A. T. (2013). Are close friends the enemy? Online social networks, self-esteem, and self-control. *Journal of Consumer research, 40,* 90-103.

— Cacioppo, J. T., Cacioppo, S., Gonzaga, G. C., Ogburn, E. L., & VanderWeele, T. J. (2013). Marital satisfaction and break-ups differ across on-line and off-line meeting venues. *Proceedings of the National Academy of Sciences, 110,* 10135-10140.

— Hsee, C. K., & Zhang, J. (2004). Distinction bias: Misprediction and mischoice due to joint evaluation. *Journal of Personality and Social Psychology, 86,* 680-695.

— Hsee, C. K., Hastie, R., & Chen, J. (2008). Hedonomics: Bridging decision research with happiness research. *Perspectives on Psychological Science, 3,* 224-243.

— Dunn, E. W., Gilbert, D. T., & Wilson, T. D. (2011). If money doesn't make you happy, then you probably aren't spending it right. *Journal of Consumer Psychology, 21,* 115-125.

— Gilovich, T., & Medvec, V. H. (1995). The experience of regret: What, when, and why. *Psychological Review, 102,* 379-395.

세상이 만든 불행, 고통받는 우리

— Diener, E., Suh, E. M., Kim-Prieto, C., Biswas-Diener, R., & Tay, L. S. (2010). Unhappiness in South Korea: Why it is high and what might be done about it. *Seoul, Korean Psychological Association.*

— Triandis, H. C., Bontempo, R., Villareal, M. J., Asai, M., & Lucca, N. (1988). Individualism and collectivism: Cross-cultural perspectives on self-ingroup relationships. *Journal of*

Personality and Social Psychology, 54, 323-338.

— 에드 디너, 로버트 비스위스 디너 공저 (2009),《모나리자 미소의 법칙》, 21세기북스.

— Choi, I., & Choi, Y. (2002). Culture and self-concept flexibility. *Personality and Social Psychology Bulletin, 28,* 1508-1517.

— Suh, E. M. (2002). Culture, identity consistency, and subjective well-being. *Journal of Personality and Social Psychology, 83,* 1378-1391.

— Diener, E. (2000). Subjective well-being: The science of happiness and a proposal for a national index. *American Psychologist, 55,* 34-43.

— Heine, S. J. et al. (2001). Divergent consequences of success and failure in Japan and North America: An investigation of self-improving motivations and malleable selves. *Journal of Personality and Social Psychology, 81,* 599-615.

— Hsee, C. K., & Weber, E. U. (1999). Cross-national differences in risk preference and lay predictions. *Journal of Behavioral Decision Making, 12,* 165-179.

— Diener, E., Diener, M., & Diener, C. (1995). Factors predicting the subjective well-being of nations. *Journal of Personality and Social Psychology, 69,* 851-864.

— Fischer, R., & Boer, D. (2011). What is more important for national well-being: Money or autonomy? A meta-analysis of well-being, burnout, and anxiety across 63 societies. *Journal of Personality and Social Psychology, 101,* 164-184.

— Arndt, J., Solomon, S., Kasser, T., & Sheldon, K. M. (2004). The urge to splurge: A terror management account of materialism and consumer behavior. *Journal of Consumer Psychology, 14,* 198-212.

부록_공동체 의식도 지나치면 병이다

— Miller, J. G. (1994). Cultural diversity in the morality of caring: Individually oriented versus duty-based interpersonal moral codes. *Cross-Cultural Research, 28,* 3-39.

심리학
일주일

ⓒ 박진영

2014년 3월 25일 초판 1쇄 발행
2014년 11월 20일 초판 3쇄 발행

지은이 | 박진영
발행인 | 이원주
책임편집 | 이연수
책임마케팅 | 조용호

발행처 | (주)시공사
출판등록 | 1989년 5월 10일(제3-248호)

주소 | 서울 서초구 사임당로 82(우편번호 137-879)
전화 | 편집(02)2046-2850·영업(02)2046-2800
팩스 | 편집(02)585-1755·영업(02)585-0835
홈페이지 | www.sigongsa.com

ISBN 978-89-527-7122-3 03180